유신진화론과의 대화

성경과 진화론 사이에 존재하는 불일치에 대한 비평

세움북스는 기독교 가치관으로 교회와 성도를 건강하게 세우는 바른 책을 만들어 갑니다.

내일을 위한 신학 시리즈 3

유신진화론과의 대화
성경과 진화론 사이에 존재하는 불일치에 대한 비평

초판 1쇄 발행 2024년 2월 5일
초판 2쇄 발행 2024년 3월 30일

지은이 | 신국현
펴낸이 | 강인구

펴낸곳 | 세움북스
등 록 | 제2014-000144호
주 소 | 서울특별시 종로구 대학로 19 한국기독교회관 1010호
전 화 | 02-3144-3500
이메일 | cdgn@daum.net

디자인 | 참디자인

ISBN 979-11-985894-4-6 (03230)

* 이 책은 신저작권법에 의하여 국내에서 보호를 받는 저작물입니다.
  출판사의 협의 없는 무단 전재와 무단 복제를 엄격히 금합니다.
* 책값은 뒤표지에 있습니다.
* 잘못된 책은 교환하여 드립니다.

내일을 위한 신학 시리즈 3

유신진화론과의 대화

신국현 지음

성경과 진화론 사이에 존재하는 불일치에 대한 비평

추천의 글

신국현 목사님은 참으로 진실한 목회자입니다. 대전중앙교회를 섬겼던 자랑스러운 목회자 가운데 한 분이요, 하나님께서 원하시는 곳이라면 기쁨으로 달려가는 헌신된 목회자입니다. 이번에 목사님이 『유신진화론과의 대화』라는 책을 저술하여 목회자의 관점으로 추천할 수 있어서 매우 기쁘게 생각합니다.

우주의 기원에 관한 주제는 언제나 흥미로운 주제입니다. 이것이 너무도 중요하기 때문에 창조주 하나님께서는 성경을 통해 세상이 어떻게 지어졌는지, 인간이 얼마나 존귀한 존재인지를 분명하게 알려 주셨습니다. 하지만 하나님을 거부하는 사람들은 자신의 이성과 지식과 경험을 중요하게 여기고 아직도 진화론을 근거로 우주를 보려 합니다. 심지어 기독교 신앙 안에서조차도 이러한 진화론을 성경과 연결하려 하는 시도들이 있어 왔습니다. 그런 점에서 독자들은 이 책을 통해 우주의 기원에 관한 다윈의 진화론과 그와 관련된 문제들, 그리고 유신진화론의 입장이 무엇인지 배우게 될 것입니다.

동시에 독자들은 전통적인 성경적 창조론에 입각한 목사님의 신앙과 유신진화론의 성경 왜곡에 따른 목사님의 고통과 아픔을 읽으실 수 있게 될 것입니다. 목사님은 본서를 통해 피조물인 인간의 지식으로 하나님과 성경을 함부로 곡해하게 될 때, 하나님의 창조는 물론 하나님의 형상으로 지음받은 인간의 존엄성, 죄 된 인간의 현실 문제, 성경의 역사성까지 부인하게 되는 무서운 결과로 이어지게 된다는 것을 경고하면서, 과학과 이성보다도 위에 있는 하나님의 말씀을 모든 판단과 결론의 근거로 삼아야 할 것을 강조했습니다.

오늘 이 시대 영혼들에게 진화론이 미친 폐해는 이루 말할 수가 없습니다. 하나님을 대적하는 세상 속에서 올바른 성경적 신앙과 개혁주의 신앙을 따라가는 가운데, 진화론의 문제가 무엇인지를 배우고 바르게 가르치기를 원하는 모든 분에게 이 책을 적극 추천합니다.

▎**고석찬** (대전중앙교회 담임목사)

유신진화론은 비록 그것의 유형이 하나로 모아지지 않는다고 할지라도, 그 기반은 진화론을 '과학이 확증한 이론'으로 받는 것에 서 있습니다. 유신진화론은 진화론에 따른 자연 세계와 생명에 대한 이해에 일치하도록 성경의 창조론을 수정할 것을 요구합니다. 아울러 전통적이며 성경적으로 믿어 온 창조론을 포기하는 것뿐만 아니라, 연관된 교리들의 수정 또한 요구합니다. 이를테면, 인류의 생물학적 조상으로서 아담만이 아니라 유인원을 인정해야 합니다. 아담은 더 이상 인류의 언약적 대표성을 갖는 한 개인으로서의 특별한 지위를 잃게 됩니다. 그리고 아담의 범죄와 관련한 죄와 죽음의 교리는 폐기되어야 합니다. 결국 기독교의 교리 체계와 복음의 핵심을 무너뜨립니다. 그럼에도 유신진화론은 이러한 문제의 심각성을 가볍게 여깁니다. 자연은 진화하고 있으며, 과학은 곧 진화론을 말한다고 믿기 때문입니다.

『유신진화론과의 대화』는 유신진화론을 근본적으로 반대하면서 그 위험성을 독자에게 알립니다. 그러면서도 유신진화론에 지지를 보이는 복음주의자들의 복음적 신앙에 대한 존중심 때문에 유신진화론과 겸손한 대화를 시도해 나갑니다. 유신진화론의 기반인 진화론을 정말 받을 수 있는 것인지, 또한 성경 해석과 신학의 변형을 올바른 진리인 양 교회에 가르쳐도 되는지를 말해 보자고 유신진화론에게 대화를 요구합니다. 이 책을 통해 우리 모두 이 대화에 참여하기를 간절히 바랍니다.

▎**김병훈** (나그네교회 담임목사, 합동신학대학원대학교 조직신학 교수)

이 시대는 진화론에 잠식된 시대라고 말할 수 있습니다. 과학계는 물론이고, 다양한 학문과 문화, 종교계에 이르기까지 진화론의 영향을 받고 있습니다. 무신론적이고, 유물론적인 이 사상은 끊임없이 교회와 충돌하다가 최근에는 하나님께서 진화론을 통해 창조와 섭리를 이루어 가신다는 '유신진화론'을 만들어 냈습니다. 진화론과의 갈등을 최소화하려고 시도한 이 유신진화론은 성경적 창조관에 어긋난 잘못된 이론입니다. 복음주의자 중에서도 이 유신진화론을 인류의 기원을 설명하는 최선의 방식으로 받아들이는 이들이 있습니다. 그 결과 역사적 아담과 하나님의 말씀으로 이루어진 완전하고 선한 창조를 부인하고 있습니다. 참으로 안타까운 일입니다.

이러한 신앙적 혼란 속에서 이번에 출간되는 『유신진화론과의 대화』라는 이 책은 성경이 분명하게 말하고 있는 하나님의 능력의 창조가 무엇인지를 밝혀 주고 있습니다. 유신진화론의 어느 부분이 성경에 어긋나는지를 명쾌하게 설명하고 있습니다. 특별히 유신진화론을 피상적으로 비판하기보다는 유신진화론의 탄생 배경과 신학적, 과학적 문제점을 구체적으로 비판하고 있습니다. 무엇보다도 개혁 신학적 관점에서 유신진화론을 비판함으로써 하나님의 절대 주권의 렌즈로 유신진화론의 문제를 보게 합니다. 논리적 전개가 탁월하여 유신진화론의 문제를 한눈에 볼 수 있습니다.

이 책의 독자들은 다음의 유익을 얻을 것입니다. 성경에서 말하는 창조의 내용과 원리, 그리고 역사적 아담과 그리스도의 중요한 구속사적 관계까지 잘 이해할 것입니다. 그래서 하나님께서 허락하신 창조와 구원의 은혜를 더욱 풍성히 경험하게 될 것입니다. 신앙의 근본을 탄탄하게 해 줄 이 책을 여러분 모두에게 강력히 추천합니다.

▍박성규 (총신대학교 총장)

심리학자들에 따르면, 대상을 있는 그대로 보기보다는 보고 싶은 대로 보는 것이 인간이라고 합니다. 직관적으로 인식한 후, 그것을 정당화하기 위해서 이성을 사용합니다. 이는 궁극적으로 두 갈래라 할 수 있는 창조론이냐 진화론이냐 하는 논쟁도 예외가 아닙니다. 하나는 믿음이고 또 하나는 이성으로 이끌어지는 과학인 양 이야기합니다. 하지만 진화론 또한 입증할 증거가 부족한 가설에 불과합니다. 한마디로 두 쪽 모두 믿음이라는 말입니다. 선택한 쪽으로 모든 것을 해석해 나가며 정당화하는 것입니다. 유신진화론도 그럴듯하게 들리지만 결론은 같습니다. 궁극적으로 진화론의 이론을 수용하면서 하나님의 창조에 관한 구절들을 '설명해 버리겠다'는 것입니다. 결론적으로 하나님의 말씀을 선택적으로 수용하는 결과로 이어질 수밖에 없습니다.

신국현 박사님의 책은 그러한 선택의 기로에 서 있는 이들에게 바른 방향을 제시해 주고 있습니다. 기독교 신앙의 가장 근본이 되는 성경을 흔들어 놓는 위험에 대한 분명한 지적을 담고 있기 때문입니다. '이성의 포로'가 되는 것을 향한 위대한 철학자이자 역사가인 아이제이아 벌린(Isaiah Berlin, 1909-1997)의 지적을 새겨 보길 바랍니다. "이성은 그것의 제한적 범위 너머에 있는 중요하고 의미 있는 생각들을 진지하게 대하지 못하도록 방해하는 '감옥'으로 작동한다." 신앙은 결코 비이성적이 아닙니다. 오히려 신앙은 초이성적입니다. 따라서 겸손함을 가지고서 하나님의 말씀을 대하는 우리의 자세가 중요합니다. 이 영역에 관심이 있는 모든 이에게 일독을 권합니다.

❙ **박성민** (C.C.C. 대표)

신국현 목사님의 첫 저서 출간을 축하드립니다. 제가 신 목사님을 처음 알게 된 것은 2022년 말 합동신학대학원대학교의 박사 논문을 심사하면서인데, 신 목사님은 유명한 영국 옥스퍼드 신학자 알리스터 맥그래스의 유신진화론에 대한 개혁주의적 평가를 담은 논문을 썼었습니다. 지난 30여 년 동안 맥그래스의 저술들을 읽고 나름 유익을 얻어온 저로서는 목사님의 학위 논문이 무척이나 자극적이고 흥미로웠습니다. 이번 신간은 그 논문을 다듬어 출간한 것은 아니고, 유신진화론 자체에 대해 대화론적이면서도 비판적인 입장에서 새로이 집필한 책입니다. 총신과 합신에서 공부한 목사님이 『유신진화론과의 대화』를 출간한 것을 보면서, 어떤 독자들은 맹목적인 비판 서적이라고만 오해할 수도 있겠습니다. 물론 역사적 개혁주의자인 저자는 쓰나미급으로 복음주의권을 쇄도하고 있는 유신진화론을 수용하지 않습니다. 하지만 원천 봉쇄하듯 비판만 하지 않습니다. 유신진화론의 역사와 주요 이론적인 흐름을 정밀하게 읽고, "오직 성경으로"라는 종교개혁 원리에 따라 비판을 하고 있습니다.

매년 가을 인간론 강의를 진행할 때마다 인간의 기원이라는 주제에 대한 강의 주간이 되면 마음이 우울해지곤 합니다. 2022년 게놈 지도의 완성 이래 인간의 몸의 진화론적인 이해가 복음주의자들에 의해서 너무나 광범위하게 수용되고 있으며 당연시되고 있기 때문입니다. 그러나 우리가 창세기 본문들이나 예수님과 바울의 본문을 부정하지 않는 한 아담의 역사성과 언약의 대표자 됨과 전가 문제를 포기할 수는 없는 일입니다. 성경적 인간 기원론을 여전히 믿되, 현대의 논의들을 제대로 이해하면서 선포하거나 비판적 토론의 기회를 가지고자 하는 독자들에게 본서를 추천하는 바입니다. 마음 문을 열고 진지하게 독서를 해 본다면, 여러모로 유익을 얻게 되리라 생각합니다. 이 책을 집어서 읽어 보시기를(tolle lege) 바랍니다.

| 이상웅 (총신대학교 신학대학원 조직신학 교수)

신국현 목사님은 정말 좋은 장로교 목사님이십니다. 장로교 신학을 개혁 신학이라고 한다면, 신 목사님은 성경적 개혁 신학에 철저하여 그것을 목회에 제대로 적용해 보려고 하시는 귀한 목사님이십니다. 동시에 신 목사님은 귀한 학자이십니다. 목회하면서 공부하는 목회자 신학자(pastor theologian)의 모습을 잘 드러내시는 분입니다. 그래서 합신에서 신학 석사와 신학 박사 학위를 조직신학으로 하면서 매 학기 정말 귀한 논문들을 제출했습니다. 특히 박사 학위(Ph. D.) 논문으로 제출하신 신 목사님의 알리스터 맥그래스에 대한 논문은 그 모든 것을 잘 반영한 귀한 논문입니다.

우리는 맥그래스 교수님께서 무신론자에서 자유주의자로, 자유주의자에서 철저한 복음주의자로 회심하신 것에 대해서 깊이 감사해하면서, 옥스퍼드에서 복음주의자들에 대한 박대를 잘 견디시며 늘 그 주변에 계셔서 귀한 역할을 하시는 것에 대해 늘 감사해하고 있습니다. 그러나 유신진화론을 허용하는 맥그래스의 입장이 다른 영역에뿐만 아니라, 복음주의에 미칠 영향력을 생각할 때 참으로 큰 안타까움을 가지게 됩니다.

신 목사님의 책 『유신진화론과의 대화』는 바로 이 안타까움을 학문적으로 잘 표현하면서, 왜 진정한 기독교는 유신진화론을 허용할 수 없는지를 잘 논의한 책입니다. 유신진화론을 수용했을 때 기독교 전체가 상당히 변화하게 된다는 것을 이 책의 논의를 통해 확인하시기 바랍니다. 이 땅의 그리스도인들이 이 책을 읽고 깊이 고민하길 바라면서 이 책을 추천합니다.

▌ **이승구** (합동신학대학원대학교 조직신학 교수)

족제비가 "Methinks it is like a weasel"를 타자기로 칠 확률은 10의 40제곱분의 1이라고 합니다. 진화는 이렇게 무한 반복적인 우연을 요구합니다. 다윈이 말하는 진화의 과정을 통해 무기물에서 인류(사람)라는 종이 될 확률은 원숭이가 타자기를 마구 쳤더니 우연히 심청전이 될 확률보다도 너 낮습니다. 진화론은 어떤 사건이 일어날 확률이 다만 0%가 아니라면, 긴 시간 속에서 그 사건이 일어날 가능성은 있다고 주장합니다.

진화론은 하나님의 창조가 없다는 전제하에서 생명의 발생과 발전이 물질 자체의 능력에 있다고 합리화하는 것이지, 절대로 합리적이지 않습니다. 진화론은 우주의 기원을 빅뱅(Big Bang)에 두지만, 정작 그 점(point)의 기원과 형성에 대해서는 정확히 말하지 못합니다. 그 점은 그들의 추측과 바람으로 만들어진 것이기에, '빅뱅

(Big Bang)'은 단어 뜻 그대로 "큰 뻥"일 수 있습니다. "하나님께서 진화의 방식을 통해 우주를 발생시키시고 운영하신다"라는 유신진화론은 진화론자의 마음을 얻으며 기독교를 전하려는 선한 의도가 있었는지는 모르지만, 결과적으로는 하나님과 성경의 완전성을 손상시키며 진화에 성경을 맞춘 꼴이 되어 버렸습니다.

이 책은 진화와 과학은 다른 개념이라는 것을, 그리고 유신진화론을 받아들이면 성경과 어떤 면에서 크게 모순이 되는지를 참으로 쉽고 재미있게 서술합니다. 과학에 대해 조금의 상식만 있어도 이해할 수 있고, 책을 읽을수록 진화론과 유신진화론에 대해서만이 아니라 하나님과 성경에 대해 더 알고 싶은 마음을 일으킵니다.

이 책의 저자는 박사 학위의 조직신학자이면서 한 교회를 담임하는 목회자입니다. 진화론에 대한 적절한 지식과 신학에 대한 탄탄한 실력, 그리고 일반 성도에 대한 따스한 마음이 조화롭게 이루어진 쉽고 재미있고 유익하게 쓰인 이 책을 적극 추천합니다. 제가 담임하는 교회에서도 이 책을 성경공부 교재로 쓰려고 합니다.

▎**정요석** (세움교회 담임목사, 개신대학원대학교 조직신학 교수)

저자는 과학과 종교에 관해 매우 균형 잡힌 시각을 가지고서 이 책을 통해 진화론의 배경과 본질을 상세히 설명하고 있습니다. 독자들이 이 책을 통해 진화론의 핵심을 이해하게 되면, 그동안 '과학'과 '진화'라는 개념이 얼마나 혼란스럽게 사용되어 왔는지 인식하게 될 것입니다. 이는 자연스럽게 유신진화론의 발생 배경과 문제점을 정확히 파악할 수 있는 배경을 제공해 주고 있습니다. 하나님이 진화를 통해서 생명을 창조하고 보존하고 있다고 주장하는 유신진화론의 이론적이며 교리적인 문제점들이 무엇인지를, 저자는 논리적이고 통찰력 있게 설명함으로써 성경적 창조론의 본질을 깨닫게 해 주고 있습니다.

▎**하주헌** (한국창조과학회 회장)

추천의 글 ● 4

서문　종교는 과학과 대립하는가? ● 17

01　논의에 앞선 몇 가지 제안들 ● 21

　　1. 존중과 솔직함 ● 22

　　2. '과학'과 '진화'의 개념을 혼용해서는 안 된다 ● 25

　　3. 유신진화론자들이 유념해야 할 전제들 ● 29

　　4. 그리스도의 사랑 안에서 ● 33

　　　깊이 있는 나눔과 토론을 위한 질문 ● 36

02   다윈의 진화론과 파생된 논쟁들 ● 37

  1. 다윈과 진화론 ● 39

  2. 진화론의 Key-Word ● 48

  3. 다윈의 진화론 이후의 논쟁 ● 54

  4. 논쟁의 사례들 ● 79

  5. 다윈의 진화론 논쟁 이후 파생된 견해들 ● 91

    깊이 있는 나눔과 토론을 위한 질문 ● 97

03   유신진화론이란 무엇인가? ● 99

  1. 유신진화론의 등장 ● 100

  2. 유신진화론에 대한 정의(definition)와 키워드 ● 105

  3. 유신진화론 내의 다양한 스펙트럼 ● 113

  4. 창세기 1-3장 해석 ● 116

    깊이 있는 나눔과 토론을 위한 질문 ● 138

04 유신진화론이 가진 논리적·신학적 문제점 • 139

1. 유신진화론은 불확실하며 논리적 모순을 가지고 있다 • 142

2. 유신진화론은 엄밀히 '믿음'을 요구한다 • 179

3. 유신진화론은 하나님의 '완전한' 창조를 부인한다 • 210

4. 유신진화론은 아담의 역사성과 언약적 대표성을 부인한다 • 231

5. 유신진화론은 '하나님의 형상(Image of God)' 개념을 • 248
   비천하게 만든다

6. 유신진화론은 '죄와 대속의 문제'를 모호하게 만든다 • 259

   깊이 있는 나눔과 토론을 위한 질문 • 274

05 글을 마무리하며 • 277

　　　　깊이 있는 나눔과 토론을 위한 질문 • 285

부록 (Q&A) • 286
참고 문헌 • 299

서문

종교는 과학과 대립하는가?

신학자 존 호트(John F. Haught)는 그가 쓴 『과학과 종교, 상생의 길을 가다』라는 책의 서두에서 독자들을 향해 위와 같은 질문을 던졌다.[1] 사실 이러한 질문은 과학과 종교 사이에 이미 다양한 갈등들이 발생해 왔다는 점을 전제한 것이기도 하다. 실제로 과거 코페르니쿠스(Nicolaus Copernicus)의 '지구 중심적 우주관(Geocentrism)'이나 갈릴레이(Galileo Galilei)의 '지동설(Heliocentrism)' 등은 종교계의 거센 반발을 샀다. 그리고 후대에 등장한 다윈(Charles R. Darwin, 1809-1882)의 진화론 역시 종교계와의 큰 갈등을 피할 수 없었다. 물론 이러한 갈등들이 처음부터 종교계와 과학계의 대립으로 나타났던 것은 아니다. 왜냐하면 당시 종교계뿐만 아니라 과학계의 주류 역시도 진화론이 가진 근거의 빈약성을 들어 진화론을 선뜻 받아들이지 않았기 때문이다.[2] 다만 확실한 것은 그 시대의 천재 과학자들이 전통적인 성경 이해에 반(反)한다는 이유로 종교계의 괴롭힘을 받아 왔다는 것이다. 그러한 점에서 종교와

---

1 존 호트, 『과학과 종교, 상생의 길을 가다』, 구자현 옮김 (파주: 들녘, 2021), 17.
2 알리스터 맥그래스, 『과학과 종교: 충돌과 조화』, 정성희 · 김주현 옮김 (고양: 린, 2017), 38.

과학은 시대마다 어떠한 사안에 대하여 자주 긴장 관계를 가져왔다고 볼 수 있다.

물론 그렇다고 해서 과학과 신학이 항상 갈등과 대립의 관계만을 형성했던 것만은 아니다. 무수의 기독교 과학자들이 과학을 통해 하나님의 섭리를 발견하고자 노력해 왔고, 또 신학자들 역시도 성경의 내용을 과학적인 방식을 도입해서 좀 더 명확하게 검증하고자 하는 시도들을 해 왔다. 적어도 그러한 시도를 해 온 사람들은 그러한 노력을 통해 서로가 서로의 영역을 더 풍성하게 해 주리라는 믿음과 확신을 가지고 있었다. 최근 들어 알리스터 맥그래스(Alister McGrath)나 토마스 토랜스(T. F. Torrance)와 같이 과학과 신학에 대한 학문적 역량을 갖춘 사람들이 '과학 신학(Scientific Theology)'이라는 범주 안에서 과학과 신학의 상보적 관계를 설명하고자 했던 시도들 역시 이와 같은 맥락이라고 볼 수 있다.

이들은 과학과 신학의 영역 중 어느 한편에 더 확실한 우위를 두기보다는, 서로가 서로를 보완하는 관계 안에서 상대 영역을 더욱 발전시킬 수 있다고 여기고 있다. 예를 들어 그들은 형이상학적이고 영적인 측면의 것들을 과학적 지식으로 설명하는 것에는 한계가 있는 것으로 여서, 신학과 종교의 주도하에 그러한 것들을 설명하고자 했다. 그리고 실존하는 현상 세계를 조율하고 유지하는 법칙과 객관적 실체에 대한 부분에서는 과학적인 방식으로 설명하는 것이 더 적절하다고 보았다. 적어도 그들은 신앙인의 정체성을 가지고서 과학과 신학이 가진 고유성을 보존하고 훼손하지 않는 가운데, 서로의 영역을 더욱 명료하

게 완성시킬 수 있다고 생각하였다.³

물론 이들의 바람대로, 과학과 신학이 상호 보완적인 관계 안에서 서로의 영역이 가진 고유성을 인정해 주고, 각 영역을 더욱 깊이 있고 풍성하게 해 줄 수 있다면 더 바랄 것이 없을 것이다. 그러나 이 두 영역을 병합하는 가운데 나타나는 자연스러운 문제점은, 만일 공정(公正)이라는 기준선에서 두 영역 간의 조화를 적절히 이루지 못할 경우 오히려 이 둘은 서로가 가진 고유성을 해치게 되고, 어느 한편의 우위성 안에 갇히게 된다는 점이다. 예를 들어, 과학을 해석하려는데 종교심을 과도하게 부여하여 정작 과학이 가진 객관성을 해치는 경우라든지, 반대로 오감의 경험치를 가지고서 습득할 수 있는 과학적 지식만을 절대적인 것으로 여기면서, 기적과 초자연적인 영역마저 과학적 기준으로 평가한 나머지 종교가 가진 절대적 영역을 손상하는 경우가 있을 수 있다. 이러한 시도들은 과학과 종교를 무리하게 병합시키면서 발생한 좋지 못한 결과라고 볼 수 있다. 따라서 우리는 과학과 신학이 서로의 영역을 존중해 주고 각기 가진 고유성을 보존해 주며 공정성을 유지하는 가운데, 하나님이 우리에게 주신 특별하고도 일반적인 은총들이 하나님의 영광을 더욱 명료하게 드러낼 수 있도록 노력해야 한다.

다시 호트의 질문으로 돌아가 보자. 종교는 과학과 대립하는가? 답은 'Yes'일 수도 있고, 'No'일 수도 있다. 이 책은 과학과 신학이 서로에 대하여 가지게 되는 상보적 기능을 충분히 동의하고 지지함과 동시에, 반대로 서로의 영역을 과도하게 침범하거나 병합하면서 생기는 문제

---

3   J. P. 모어랜드, W. L. 크레이그, 『과학 철학』, 김명석 옮김 (서울: 기독교문서선교회, 2013), 106.

들에 대해서는 예리하게 반론을 제기해 볼 것이다. 특별히 과학과 신학의 건전한 조화를 추구하고자 하는 유신진화론자들의 진실성을 높이 평가하면서도, 과학적 이론을 우위에 둔 나머지 전통적인 성경 해석과 신학적 지지대를 과도하게 폄하하고 왜곡시킨 부분에 대해서는 적절한 근거를 들어 이의를 제기하고 답변해 볼 것이다.

다시 한번 말하지만, 이 책은 과학을 전적으로 신뢰하고 있는 자들이나 진화론을 절대적인 진리로 여기고 있는 자들을 비판하기 위한 책이 아니라, 성경과 진화론 사이에 존재하는 불일치에 대하여 지적하고자 하는 책이다. 즉, 무신론자들이 기대 독자가 아니라, 기독교인들 중에 유신진화론을 받아들이고 있는 사람들, 혹은 유신진화론에 대하여 동의하지 않으나 적절한 근거가 부족했던 사람들을 위한 책이다. 그러나 이 책을 통해 서로의 진영 간에 불편한 갈등이나 과도한 비판이 양산되기를 원하지 않는다. 오히려 과학과 신학이 각자의 영역을 존중하고 보완하는 가운데, 서로의 견해를 더욱 견고하게 발전시키는 것이 이 책의 진실한 목적이다. 결과적으로 이 책에서 제시하는 다양한 내용을 통해 과학과 신학의 영역이 각자의 영역에서 추구하는 하나님의 영광에 대하여 다시 한번 생각해 보고, 그리스도의 사랑 안에서 서로를 더욱 빛내 주며 진일보하는 밑거름이 될 수 있기를 기대해 본다.

01

논의에 앞선 몇 가지 제안들

1. 존중과 솔직함
상대에 대한 존중과 솔직함이 없다면 차라리 대화를 시작하지 말자!

만일 신학과 과학 사이의 논의 속에서 서로에 대한 존중과 사랑을 전제하지 않는다면, 이러한 논의 자체가 전혀 불필요한 일이 될지도 모른다. 특별히 과학과 신학은 어느 학문들보다 '객관성(Objectivity)'에 대한 중요도가 높은 영역이기에, 서로에 대한 불신을 과도하게 심어 줄 필요는 없다. 물론 어느 지점에 가서는 '다름(difference)'이 아닌 '틀림(Not true)'에 대한 부분을 불가피하게 다룰 수밖에 없겠지만, 그러한 부분들까지도 서로에 대한 존중 속에서 다루어져야 한다.

필자 역시도 목회자요 신학자로서 생물학과 지질학, 천문학과 공학을 포함한 과학의 다양한 분과들이 세계의 구성과 이치에 대한 정보를 제공해 주고, 인간의 삶에 편리와 안전을 제공하면서 인간들의 삶의 질을 높여 주고 있음을 전적으로 인정한다. 당연히 선한 의도를 가지고서 세상의 진보에 기여하는 과학자들의 노고에도 존경심을 표한다. 만일 과학자들의 도전과 희생이 없었다면 인간은 하나님께서 주신 선한 재료들을 적절히 사용하지 못하고 있었을지도 모른다. 최근 언론을 통해 과학자들의 급여 문제나 지원 문제가 다소 열악하다는 기사를 보았다. 사실 과학 분야는 우리가 살고 있는 사회가 진보하는 데 실제적인 도움을 주고 있기 때문에 결코 홀대받아서는 안 되며, 과학자들에게도 당연히 보다 적절한 보상과 지원이 돌아가야 함이 마땅하다.

그럼에도 불구하고 주의해야 할 점이 있다면, 그것은 바로 '과학'이라는 영역 자체에 결코 절대성을 부여해서는 안 된다는 점이다. 실험을 통해 증명되었거나 실험이 가능하지는 않더라도 그 결괏값을 명확하게 예측할 수 있는 부분에 한해서는 '절대적(absolute)'이라는 표현을 사용하는 것이 허용되겠지만, '과학'의 영역 안에도 여전히 결괏값을 미정(未定)으로 둘 수밖에 없는 부분들, 혹은 아직 가설 단계에 머물러 있는 부분들이 있다. 그러하기에 '과학'이라는 이름이 붙었다고 해서 그 자체로 절대성을 부여할 수는 없다. 그러한 의미에서 특별히 '진화론(Evolution Theory)에 대하여 과연 절대성을 부여할 수 있을 것인가?' 하는 문제가 제기될 수밖에 없다.

시간과 공간, 차원(Dimension)이 없던 무로부터(out of nothing) 시작된 빅뱅(Big Bang), 그 빅뱅에 의해 형성된 원자의 구성, 그 구성들의 조화를 이루는 법칙과 질서, 그 질서 속에서 우연히 탄생한 지구라는 행성, 그 행성에서 나타난 생명의 발현과 진화, 그리고 모든 진화의 최종 단계인 인간(Human)에 이르기까지[1] 모든 일들이 한 직선상에서, 그것도

---

[1] '우주의 세밀한 구성과 법칙', '인간 생명의 발현에 최적화된 조건적 환경'에 대해서는 Alister McGrath의 *A Fine-Tuned Universe The Quest for God in Science and Theology* (한역: 정교하게 조율된 우주)를 참고하라.

단지 우연에 의하여(by coincidence) 이루어진다는 설명은 솔직히 믿기 힘든(불충분한) 면이 있다. 결국 우리는 유신진화론자인 알리스터 맥그래스의 솔직한 답변과 같이 우리는 "진화론이 충분한 증거와 검증 가능성을 가졌기 때문에 그것을 신뢰할 수 있는 것이 아니라, 그것이 가장 훌륭한 설명이라는 '믿음'이 있기 때문에 수용될 수 있는 것"이라는 자세로 진화론과 마주해야 한다.²

물론 이 부분에서 신학도 마찬가지다. 사실 '기독교'라는 하나의 이름 안에 수없이 많은 종파와 신학이 존재하고 있지 않은가? 이것은 성경을 중심으로, 신학이라는 이름 아래 그 이론이 전개될지라도 그것에 결코 절대성을 부여할 수는 없다는 사실을 방증하는 예이다. 그렇기 때문에 신학의 영역 역시도 성경의 내용에 충실하게 내용을 전개해 나가되, 혹 미지의 영역이 나온다면 잠시 생각에 제동 장치를 걸고, 깊이 또 깊이 고민해야만 한다. 신학자 진영은 만일 과학과의 대화 안에서 자신들이 모르는 영역이 나온다면 겸손하게 과학자들이 하는 말에 귀를 기울이고, 그것을 알아 가도록 힘쓰며, 혹 자신들이 실수한 부분이 있으면 언제든지 그 실수를 인정하고 상대의 견해를 받아들일 자세를 가지고 있어야 한다.

이처럼 만일 과학과 신학이 서로의 영역에 대한 존중과 각자의 주장들이 절대적이지 않다는 솔직한 자세로 대화에 임한다면, 적어도 그 두 진영 사이에는 지금보다 훨씬 더 발전적인 논의가 진행될 수 있을 것이라고 생각한다. 그리고 하나님께서 우리에게 일반은총으로 주신 두 영

---

2   알리스터 맥그래스, 『우주의 의미를 찾아서』, 박규태 옮김 (서울: 새물결플러스, 2013), 84.

역의 진실한 대화를 통해, 하나님께서 지으신 세계는 오히려 더욱 그 본연의 아름다운 빛을 드러낼 수 있으리라는 기대감을 가져 본다.

2. '과학'과 '진화'의 개념을 혼용해서는 안 된다
진화를 거부하는 것이 과학을 거부하는 것은 아니다

미국에 권위 있는 유신진화론자의 글과 자료를 게재한 웹사이트, 'BioLogos'[3]의 메인 화면에는 복음주의 목회자요 탁월한 저서들의 저자인 팀 켈러(Tim Keller, 1950-2023)의 글이 다음과 같이 게재되어 있다. "오늘날 많은 세상 사람들과 기독교인들은 우리에게 과학과 종교는 공존할 수 없다고 믿기를 요구한다. 그러나 그것은 사실이 아니다. 오히려 우리는 과학과 신앙 사이에 나누어지는 사려 깊은 대화(thoughtful dialogue)가 오늘날 사람들의 생각과 마음을 사로잡는 데 필수적이라고 믿는다."[4]

켈러의 말은 분명히 과학과 종교 사이의 갈등 관계를 부드럽게 만들어 줄 수 있는 전제가 될 수 있다. 기독교가 과학의 영역을 종교의 영역보다 하등한 것으로 여겨 과학자들의 말에 귀를 닫아 버린다면, 그 기독교는 세상과 소통할 수 없는 기독교가 되어 복음의 문이 닫혀 버리고 말 것이다. 그렇기 때문에 기독교는 늘 세상과의 소통 차원에

3　유신진화론자들의 주장과 경향에 대하여 더욱 자세히 이해하기 위해서는 'BioLogos(바이오로고스)' 공식 웹사이트인 "https://biologos.org/"를 참고하라.
4　켈러의 말에 대한 원문은 다음과 같다. "Many people today, both secular and Christian, want us to believe that science and religion cannot live together. Not only is this untrue, but we believe that a thoughtful dialogue between science and faith is essential for engaging the hearts and minds of individuals today."

서 그들의 학문과 문화를 존중해 주고, 늘 대화하고자 하는 자세로 나아가야 할 것이다.

다만 켈러가 위와 같은 말을 한 의도에 대해서는 한번 더 생각해 볼 필요가 있는데, 그것은 그가 대화 속에서 사용하는 '과학(Science)'이라는 용어의 의미가 통상적으로 우리가 이해하는 '실험과 검증을 통한 확정적인 지식'을 뜻한다기보다는 '진화(Evolution)'에 초점을 둔 의도적(intentional) 표현이기 때문이다.

'BioLogos'에서는 주로 진화 이론의 정당성을 과학적 근거를 들어 제안한다. 그리고 진화를 수용하지 않는 자들의 견해에 대해서는 과학적, 상황적 근거를 들며 비판한다. 물론 이러한 제안과 비판은 건강한 신앙을 가진 성도들 사이에서도 충분히 논의될 수 있는 부분들이다. 즉, 누구든지 진화에 대하여 자신의 견해를 말할 수 있고, 또 상대방의 주장을 반박할 수 있다. 만일 이러한 논의가 서로를 존중하는 가운데 적절한 근거를 들며 행해질 수 있다면, 그러한 제안과 비판에는 분명히 유익이 있을 수 있다고 인정한다. 다만 유신진화론자들이 종종 혼용하는 '진화'와 '과학'이라는 용어에 대해서는 분명한 구분이 필요하다. 왜냐하면, '진화'와 '과학'을 동일한 개념으로 혼용할 경우, 결론에 이르러서는 의노하지 않은 아주 커다란 논리적 비약이 생기기 때문이다.

예를 들어, 진화와 과학을 동일한 개념으로 생각하게 되면, 진화를 받아들이지 않음이 과학을 받아들이지 않는 것처럼 여겨지거나, "진화를 받아들이지 않는 사람들은 비과학적이고 비이성적이다"라는 발언을 확정적으로 할 수밖에 없게 된다. 그러나 이와 같은 발언들은 사실 굉장히 '틀린'(혹은 거짓된) 표현이다. 왜냐하면 진화를 받아들이지 않더라도 여전히 '과학'을 신뢰하거나 심지어 실험 과학과 관련한 일들에 종사할 수 있기 때문이다. 이를테면, 진화를 인정하지 않는 지적설계자들과 창조과학회에 속한 많은 이들도 과학자로서 연구와 실험에 참여하거나 과학을 가르치는 위치에서 학생들을 가르치고 있다. 또한 일반 과학 분야에서도 사람들의 유익을 위하여 건전한 기여를 하는 사람들이 많이 있다. 진화를 받아들이지 않는 일반인들 역시 여전히 과학의 여러 분야에 대한 깊은 신뢰를 가지고 있는 사람들이 많이 있다.

일반적으로 대중들은 '과학'이라는 학문을 가장 오류가 적고 객관적인 분야로 인식하고 있기 때문에, 과학자들의 입에서 나오는 말들을 거의 전적으로 신뢰한다. 과학 분야는 천문학과 같은 거대 영역으로부터 분자생물학과 같은 미세 영역에 이르기까지 존재를 인지할 수 있는 모든 영역들을 객관적 근거를 토대로 한 실험과 검증을 통해, 점차 미지의 세계를 정복해 가고 있다. 특히 복수의 실험 과정과 검증을 통해 얻은 절대적인 결괏값인 법칙(law)들은 우리로 하여금 세상의 보존과 운영의 원리를 명료하게 깨닫도록 해 준다. 그렇기 때문에 적어도 대중들에게 '과학'이라는 용어는 통상적으로 '절대적 옳음'에 기초하고 있으며, '과학적(Scientific)'이라는 말은 '절대적으로 신뢰할 만한'으로 받아들여지고 있다고 볼 수 있다.[5]

이러한 측면에서 우리는 '진화'라는 용어가 과연 '절대적 옳음'에 기초한 '과학'이라는 용어와 동일시될 수 있는지를 생각해 볼 필요가 있다. 대다수의 유신진화론자들은 진화를 받아들이지 않는 자들을 향해

---

5 필자 역시도 '진화'에 대해서는 여전히 의문이 드는 부분이 많으나, '과학' 분야에 대해서는 큰 신뢰를 가지고 있다.

'비과학적'이요 '비이성적'이라고 말하면서, 진화를 받아들이지 않으면 마치 과학을 포기해야 하는 것처럼 엄포를 놓기도 한다. 그러나 그것은 결코 옳은 말이 아니다.[6] 오히려 더글라스 액스(Douglas Axe)의 말처럼, '아주 큰 불가능한 우연의 일치(a very large convergence of impossible coincidences)',[7] 혹은 '믿을 수 없는 우연의 일치(an unbelievable coincidence)'[8]를 '불가능한 일'로 단정하지 않고, 오히려 그 무한한 우연의 반복을 '무조건적 진리'로 받아들이고자 하는 진화론자들의 맹목적인 믿음에 대하여 한 번쯤은 의심을 품어 볼 필요가 있는 것이다.[9]

결론적으로, 일반 대중들이 이해하는 '절대적 옳음' 개념에서의 '과학'이라는 용어는 검증 불가능한 영역의 '진화'라는 용어와 혼용되어서는 안 된다. 그리고 진화론 지지자들은 진화론을 인정하지 않는 진영에 대하여 '반진화(anti-evolution)'를 '반과학(anti-scientific)'적 집단이라는 개념으로 단정 지어 말하는 습관을 속히 수정해야 할 것이다.

---

[6] 진화론을 인정하는 부류에서는 이에 반하는 모든 과학 계열에 '사이비'라는 말을 붙여 격하시키고 있지만, 실제로 생화학 교수인 마이클 베히(Michael Behe)나 과학철학자인 스티븐 마이어(Stephen C. Meyer), 수학자인 윌리엄 뎀스키(William A. Dembski), 분자생물학자 더글라스 액스(Douglas Axe) 등은 수·과학 분야에서 활발하게 활동하면서 진화에 동의하지 않는 적절한 근거들을 제시하고 있다.
[7] 유신진화론자인 프랜시스 콜린스(Francis S. Collins)도 우주의 형성을 설명하면서, 그러한 완전한 구성과 질서는 '대단히 희박한 확률(massive improbabilities)'에 의해 형성된다고 설명한다. Francis S. Collins, *The Language of God* (New York: Free Press, 2006), 200.
[8] 액스는 진화론자들을 향하여 이러한 '아주 많은 불가능한 우연의 일치의 연속성'에 대하여 '완전히 불가능한 일'로 알기만 하면 된다고 했다.
[9] 이 밖에도 진화론의 무(無)에서 유(有)의 존재적 측면에 대해서도 살펴볼 필요가 있다.

3. 유신진화론자들이 유념해야 할 전제들

성경은 과학책이 아니다! 마찬가지로 과학책은 성경이 아니다!

앞서 말한 바와 같이, 진화론을 지지하는 입장에 있는 사람들은 이따금씩 자신들의 주장을 펼칠 때 '과학'과 '진화'를 혼용하면서, '반진화(anti-evolution) = 반과학(anti-scientific)'이라는 말을 확정적으로 사용할 때가 있다. 물론 현대 과학 분야에서 천문학과 지질학, 생물학의 기반이 진화론적 토대 위에 세워져 있기 때문에, 진화론에 반(反)한다는 것 자체가 반(反)과학적인 것으로 받아들여지는 것은 이상한 일이 아니다.

다만, 그 부분에서 과학자들은 때론 크리스천 대중들을 기만하게 될 수도 있다. 예를 들어 성경의 내용과 진화론이 전혀 배치되지 않는다고 말하면서도, 실제적인 내용에 들어가서는 성경의 내용을 심각하게 왜곡하는 경우이다. 예를 들어 유능한 신약 성경 학자인 톰 라이트(N. T. Wright)의 경우, 아담의 존재를 설명하면서 그의 존재를 하나님이 창조하신 완전성을 갖춘 인간으로 이해하지 않고, 유인원과 인간의 중간 단계에 있는 호미니드(Hominid)로 이해한다.[10]

물론 진화론을 의심 없이 받아들이는 사람들은 그가 사용하는 용어에 대하여 큰 거부감을 가지지 않을 수 있다. 진화된 호미니드는 우리가 일상적으로 사용하는 '오스트랄로피테쿠스(Australopithecus)' 정도로 이해할 수도 있기 때문이다. 그러나 막상 (침팬지와 흡사한) 호미니드를 상상한 사진을 내밀면서 "이것이 성경이 말하는 아담일까요?"라고

---

[10] N. T. Wright, *Surprised by Scripture Engaging Contemporary Issues* (SanFransisco: HaperOne, 2015), 37.

묻는다면, 그들은 당혹감을 감추지 못할 것이다.

오른쪽 사진 속에 등장하는 대상은 한 기사에 나온 비교적 진화된 단계에 있는 호미니드 종이다.[11] 만일 누군가가 옆의 사진 속의 대상이 하나님과 인류 사이에 첫 언약을 맺은 '아담'이라고 설명한다면, 여러분은 어떤 생각이 들겠는가? 이 종(種)에 관하여 연구하는 과학자들은 이 호미니드가 두 발로 걸었는지, 네 발로 걸었는지, 혹은 손가락과 발가락의 힘을 이용하여 나무에 매달릴 수 있는 능력이 있었는지에 관한 연구를 하면서, 그가 나무에 매달릴 수 있는 능력이 있었다는 것을 나름대로 증명할 수 있는 근거를 찾는다면 굉장히 큰 연구 업적을 쌓았다고 자평할 것이다. 그러나 그러한 개념에서 우리가 아담의 존재를 이해하게 되면, 지금까지 성경의 증거를 통해 제시된 하나님의 창조 및 하나님의 형상 개념, 그리고 인류의 대표인 아담과 하나님 사이에 언약을 맺은 사건들, 신약 성경에 나타난 그리스도와 아담의 병렬적 구조, 예수님의 족보에 나타난 아담의 이름 등은 모조리 수정되어야 하거나 폐기되어야 할 것이다. 그러므로 유신진화론자들은 이러한 부분들을 가벼이 여기지 말고, 그 자료를 충

일반적으로 알려져 있는 호미니드(Hominid)의 모습

---

11 본 사진은 Australia의 과학 저널 *Cosmos*의 2018년 7월 5일자에 실린 기사를 인용함.

분히 제시하고 스스로의 견해들을 변증하면서, 성경과 진화가 완전히 조화될 수 없음을 인정할 수 있어야 한다. 일부 유신진화론을 지지하는 성경 신학자들은 결국 신·구약을 통틀어 중요하게 제시되는 아담의 존재를 부인하거나, 인정하더라도 애매한 해석을 할 수밖에 없다. 이 부분은 뒤에서 좀 더 자세히 다루어 보겠다.

또한 유신진화론자들은 진화를 반대하는 과학자들에 대해서도 존중을 표할 필요가 있다. 물론 이러한 논의는 과학자들 본인들끼리 내부적으로 나누어야 할 내용인지도 모르겠다. 하지만 적어도 유신진화론자들은 진화론을 인정하는 무신론 과학자들보다 진화론을 인정하지 않는 그리스도인 과학자들의 말을 더 무시하는 경향이 있다. 가령, 대표적인 유신진화론자인 프랜시스 콜린스와 대표적인 무신론적 진화론자인 리처드 도킨스(Richard Dawkins)와의 논쟁은 비교적 부드러운 데 비해, 유신진화론자들이 창조과학이나 지적설계 진영에 있는 과학자들을 대하는 태도는 일관적으로 냉소적이고 무시하는 듯 보인다. 이것은 아마도 유신진화론자들에게 있어서 전자는 '신앙'의 문제로 다루어지고, 후자는 '진리'의 문제로 다루어지기 때문일 것이다. 즉, 유신진화론자들은 하나님을 믿지 않는 자들에 대해서는 신앙적 자율을 허용하지만, 진화론이라는 진리에 대해서는 결코 타협이 불가능하다는 것이다. 그래서 그들은 끊임없이 성경과 진화를 배척점에 두면서, 만일 진화를 따르지 않으면 마치 '비진리(比眞理)'로 나아가고 있다고 확신하기도 한다.

그러나 과연 그러할까? 정말 창조과학 진영이나 지적설계 진영의 과학자들은 '사이비 과학자'들로서, 전혀 과학을 모르고 과학 할 자격

이 없는 자들일까? 정말 그들의 주장은 일말 들을 가치도 없는 멍청하고 사악한 잡지식들일까? 그렇지 않다. 사실 진화론을 주장하는 사람들에게 '진화론'은 과학은 물론이요, 이 사회와 정치 종교의 흐름을 주도하는 대표적인 세계관이라 할 수 있다. 하지만[12] 진화론을 반대하는 입장에서 진화론은 일상을 살아가는 데 그리 큰 영향을 주지 못하는 굉장히 미미한 사안일 뿐이다. 그렇기 때문에 진화론을 반대하는 과학자들이 마치 지구가 반대로 돌고 있다고 주장하는 듯이, 그들의 주장을 폄하해서는 안 된다. 그들 역시 성경을 진실하게 보고 해석하려고 노력하는 가운데 그러한 주장을 하고 있기 때문이다. 따라서 유신진화론자들은 성경을 기반으로 자신들의 과학적 견해를 소신 있게 주장하고 있는 창조과학회와 지적설계론자들의 견해를 무조건 비과학적이고 비논리적인 사이비 과학으로 치부하기보다는, 그들이 왜 그러한 견해들을 제안하고 있는지에 대해서 좀 더 열린 마음으로 대할 수 있어야 한다.

더불어 유신진화론자들은 비진화론자들이 성경책을 과학책으로 읽고 있다든지, 말씀으로 이루신 하나님의 창조를 '마법사의 마법' 정도로 이해하고 있다든지, 코페르니쿠스나 갈릴레이의 견해를 여전히 인정하지 않는 것처럼 과장하여 말하는 발언들을 모두 삼갈 필요가 있다. 실제 그 누구도 성경책을 과학책으로 생각하면서 읽고 있지 않으며, 말씀으로 세상을 창조하셨다는 성경의 증언이 무시받아야 할 이유도 없다. 게다가 오늘날 코페르니쿠스나 갈릴레이의 견해를 따르지 않

---

12   물론, 이 부분은 신학자들에게도 매우 중요한 주제이다.

는 기독교인들은 더더욱 없다. 결과적으로 그러한 폄하와 모욕은 진솔하고 건설적인 대화에 하등 도움이 되지 않는다. 당연히 진화론을 거부한다고 해서 과학 자체를 거부하는 것은 아니며, 과학이 진화론자들의 전유물도 아니다. 즉, 진화론을 인정하지 않더라도 과학은 누구나 말할 수도, 가르칠 수도 있는 영역이다. 오히려 과학은 하나님께서 우리 모두에게 허락하신 일반은총으로서, 우리는 과학을 통해 이 세계에 대한 하나님의 섬세한 창조와 섭리하심을 깨닫게 된다. 유신진화론자들은 자신들의 견해를 자유롭게 말할 수는 있겠지만, 과학이 자신들의 전유물이 아님을 인정해야 하며, 상대방의 견해들을 조롱하고 폄하하는 자세는 가급적 자제해야 한다.

4. 그리스도의 사랑 안에서

서로의 신앙 양심을 지켜 주자, 그리스도의 사랑 안에서

진화론에 관한 논의가 세상 밖으로 나오면서, 여러 사람들은 이로 인해 발생하게 된 '갈등 상황'과 그 논의점에 주목한다. 더불어 그들 중에 다수는 어느 한편의 견해가 다른 한편의 견해를 완벽하게 제압하면서 이 논의가 끝나기를 기대하기도 한다. 그러나 여러 사람들의 기대와는 달리 진화론에 관한 논의는 그렇게 끝날 수 있는 문제가 아니다. 왜냐하면 이것은 한편으로 보면 '믿음의 충돌'이기 때문이다. 어느 한편에 객관적으로 자신의 견해를 증명할 만한 분명한 증거 자료가 있다면 어렵지 않게 문제를 해결 지을 수 있겠지만, 이것은 결코 그럴 수 있는 문제가 아니다. 그 이유는 누구도 세계와 인류가 시작된 최초의

시간으로 되돌아갈 수는 없기 때문이다. 진화론이나 성경적 창조론이나 결국은 자신들이 가지고 있는 지식의 기반(진화론 혹은 성경)이 제공하는 최초의 상황에 대한 묘사를 자신들의 신념, 혹은 신앙으로 받아들여야만 한다는 것이다. 이러한 가운데 유신진화론 진영과 성경적 창조론 진영의 끊임없는 질의와 응답, 혹은 협업은 서로의 발전을 위해 필요한 것들이다. 그 이유는 유신진화론자들이든 성경적 창조론자들이든 모두 하나님의 말씀을 중요한 가치로 여기면서 말씀을 따라 살아가는 자들이며, 혹 어떠한 논의가 성경적으로 옳지 않다고 여겨질 때는 반드시 그것에 대하여 의문을 제기하고, 자신의 생각을 성경을 기반으로 마음껏 말하며, 그러한 기반 아래서 서로를 설득시켜야 할 의무를 가지고 있기 때문이다.[13]

다만 우리는 서로 간에 견해가 좁혀지지 않을지라도 그 속에서 서로가 가지고 있는 신앙 양심과 하나님을 향한 진실함을 폄하하거나 무시해서는 안 된다. 조금 다른 범위의 이야기이긴 하지만, 나는 개혁신학을 지지함에도 불구하고, 도르트회의(Synod of Dort, 1618-19)에서 개혁파에 저항한 알미니우스주의자들의 신앙 양심과 용기에는 늘 감동받는다. 왜냐하면 적어도 그들은 자신들이 패배하고 생명 잃을 것을 미리 알았음에도 불구하고, 사형 법정과 같은 회의 장소에 나와 자신들의 신학적 견해를 굽히지 않고 당당히 말하였기 때문이다. 그들은 왜 죽음을 불사하고 그러한 선택을 했는가? 적어도 그들은 자신들이 생각하고 있는 바가 하나님의 뜻이요, 하나님의 말씀이라는 확신이 있었

---

[13] 중요한 것은 우리가 점점 더 성경이 말하는 바대로 나아가는 것이다.

기 때문이다. 그렇기 때문에 그들의 신학적 견해에는 동조할 수 없더라도 그들의 신앙 양심에는 박수를 보낼 수 있는 것이다.

사실 진화와 성경을 주제로 논의되는 이와 같은 사안들은 한편으로 비슷한 면이 있다. 누군가에게는 쉽게 받아들여지는 내용들이 누군가에게는 절대 받아들여지지 않을 수도 있고, 누구에게는 진리로 여겨지는 것들이 다른 편에 있는 자들에게는 미천한 사견으로 비춰질 수도 있다. 그럼에도 불구하고 우리는 상대에 대한 존중과 사랑을 잃지 말아야 한다. 다만 우리는 모두 성경이 말하는 바가 무엇인지에 대해서는 촉각을 세우면서, 끈질기게 진리를 위해 싸워야 한다. 우리의 상상력과 논리력을 배제하고 과연 성경이 무엇을 말하고 있는지에 더욱 집중해야 한다. 그러기 위해서는 다양한 견해들과 가능성들을 살펴보고, 나와 견해가 다른 사람들이 왜 그러한 주장을 하는지에 귀 기울이면서, 그 모든 견해들의 최종을 최대한 성경이 명확하게 말하는 바대로 결론을 내려야 한다.

그리고 혹 이러한 논의가 서로를 만족시키는 답을 낼 수 없고 계속해서 평행선을 달린다 하더라도 우리는 끝까지 성경을 기준으로 대화해야 하며, 적어도 우리 앞에 성경이 놓여 있다면 서로를 대할 때에 형제를 대하듯 그리스도의 사랑의 눈으로 바라보아야 할 것이다.

깊이 있는 나눔과 토론을 위한 질문

Q1. 일반적으로 과학은 명확히 검증된 정확한 학문이라 여겨지곤 합니다. 여러분이 생각하는 과학의 정의는 무엇인가요?

Q2. 진화론의 개념 안에서 우주의 시작과 지구의 시작, 인간의 몸과 영혼의 완성된 구성을 '명확하게' 설명할 수 있을까요?

Q3. 위의 개념으로 생각할 때, 여러분들이 정의한 진화의 범주는 여러분들이 정의한 과학의 범주와 일치하나요?

02

다윈의 진화론과 파생된 논쟁들

　우리는 본서를 통하여 유신진화론이 등장한 배경과 그들이 주장하는 핵심적인 내용이 무엇인지를 차근차근 살펴보게 될 것이다. 이러한 과정 안에서 유신진화론자들과 반진화론자들 사이에 나타나는 갈등 상황에 대해서도 다루게 되는데, 이때 유신진화론자들이 반진화론자들의 견해 중 어떠한 부분을 비판하고 있는지를 나누고, 마지막에 가서는 유신진화론자들의 주장 안에서 발견되는 성경신학과 관련한 해석적 오류에 대해서도 살펴보려고 한다.

　그러나 이 모든 논의에 앞서 유신진화론자들이 주장하는 세계의 시작과 형성, 질서와 발전의 토대로 삼는 '다윈의 진화론'에 관하여 어느 정도 이해하는 것이 필수적이므로, 본 장에서는 다윈의 진화론이 발생하게 된 배경과 진화론의 토대가 되는 핵심 이론을 정리해 보면서, 다윈의 진화론이 세상에 등장했을 때 발생했던 종교·사회적 논쟁들을 설명해 볼 것이다. 뿐만 아니라, 다윈의 진화론 이후에 파생된 논쟁들이 어떻게 발전되고, 어떻게 관계를 형성해 나갔는지 세밀하게 설명해 보고자 한다.

1. 다윈과 진화론

다윈의 진화론의 교과서 『종의 기원』

진화론에 관한 격렬한 논쟁은 1859년 다윈이 발간한 『종의 기원』(*On the Origin of Species*)이 세상 밖으로 나오면서부터 본격적으로 점화되었다.¹ 『종의 기원』은 다윈의 진화론을 체계적으로 잘 정리해 놓았으나, 그 내용이 기존의 과학계나 기독교계가 가르쳐 오던 전통적인 견해와 크게 다르다는 점에서 자연스럽게 과학계와 종교계의 불만을 불러일으키게 되었다. 과학계는 처음 마주하는 이 낯선 손님에 대하여 잠시 망설이는 시간이 있긴 했지만, 이내 진화론과 친밀하게 포옹을 나누며 진화론을 과학계 전 분야의 이론적 지지대로 삼았다. 반면 신학계는 처음부터 이 낯선 불청객에 대하여 격렬하게 불편함을 호소하면서 진화론에 대한 수용 범위를 어디까지 두어야 하는지를 놓고 내부적으로, 혹은 외부적으로 갈등을 일으켰다.²

영국 출신의 과학자요 철학자이자 사진작가였던 존 드레이퍼(John W. Draper)는 그가 저술한 *History of the Conflict between Religion*

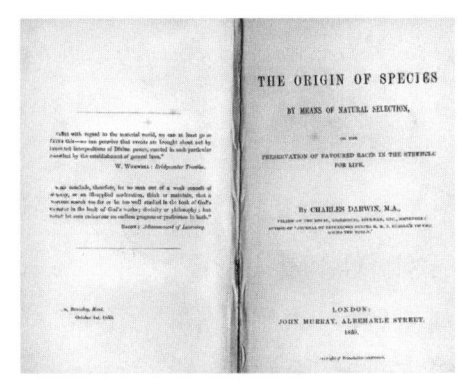

찰스 다윈의
On the Origin of Species(『종의 기원』), 1859

---

1 물론 찰스 다윈 이전에도 진화론과 관련한 아이디어들이 주장되어 온 바가 있다.
2 존 호트, 『과학과 종교, 상생의 길을 가다』(*Science and Religion*), 구자현 옮김 (파주: 들녘, 2021), 75.

and Science(종교와 과학 사이의 갈등의 역사)라는 책에서, 다윈의 진화론 이후에 발생했던 교회 안의 크고 작은 갈등 상황들에 대하여 "당시 정형화된 과학적 세계관과 기독교 내부적인 교리가 조화를 이룰 수 없다"라고 서술했다. 그는 "하나님의 완전하신 창조, 인류의 타락, 구원 계획에 관한 교리와 자연주의적 유물론을 지지하는 진화론은 조화를 이룰 수 없었기 때문에, 교회는 진화론에 대하여 부정적인 시선을 보낼 수밖에 없었다"라고 말하였다.[3] 이것은 당대 출연했던 다윈의 진화론에 대하여 기독교계뿐만 아니라 과학계와 철학계에서도 쉽사리 받아들이지 못했다는 사실을 가르쳐 주는 대목이기도 하다. 성경을 자신들의 학문 기초로 삼고 있던 이전의 과학과 기독교, 그리고 철학계는 자신들이 진리로 여기고 있던 전통적인 해석들에 대한 진화론의 도전과 도발에 큰 위협을 느끼고 있었던 것이다.

미국의 역사학자인 앤드류 화이트(Andrew D. White, 1832-1918) 역시 *History of the Warfare of Science with Theology in Christendom*(기독교 내에서의 과학과 신학의 논쟁에 대한 역사)에서 진화론으로 인해 발생된 초기 논쟁들을 기록하면서, "당시 신학자들은 진화론을 창세기의 창조 기사에 반(反)하는 책이라고 간주하면서, '만일 진화론을 정당화한다면 그것은 곧 하나님을 폐위시키려는 시도(Darwinism endeavors to dethrone God)이기에 다윈주의 자체를 심지어 거대한 사기(Huge imposture)'라고까지 말하였다"라고 서술하기도 했다.[4]

---

[3] John W. Draper, *History of the Conflict between Religion and Science* (New York: Cambridge Universe Press, 1875), 188.

[4] Andrew D. White, *A History of the Warfare of Science with Theology in Christendom* vol 1, (New York: Cambridge University Press, 2009), 71.

드레이퍼나 화이트의 서술을 통해, 우리는 당시 교회가 진화에 대하여 얼마나 적대적이었는지를 짐작해 볼 수 있다. 당시 기독교는 다윈의 진화론이 하나님의 '완전한 창조'를 부인한다는 점과 자연주의적 유물론[5]에 기초한다는 점을 들어, 전통적인 창조론과 부합하기 어렵다고 생각했다. 특별히 다윈은 인간의 존재와 형성에 대해, 인간은 생명의 계통수 속 단순 유기체(very simplest organisms)로부터 최초의 공통 조상 아래 들어가 몇몇 영장류의 목(class)과 호모 속(Genus Homo)을 포함하는 포유류를 거쳐 현대의 인류로 진화하였으며, 이러한 과정에서는 기독교의 하나님과 같은 지적이거나 지시하는 행위자가 필연적이지 않다고 설명하였다.[6] 게다가 우주와 지구, 인간의 발생과 형성에 대해, 그저 생물이 환경에 적응하는 것과 '자연선택(natural selection)'이라는 메커니즘을 제안하였고, 이로 인하여 신적 존재의 필요성마저 부인했다.[7] 따라서 그의 견해는 필연 기존의 기독교와 마찰을 빚을 수밖에 없었다.

다윈 이전까지 영국의 자연 신학계가 따르던 뉴턴의 견해는 우주의 질서가 지성을 가진 설계자에 의해 설계되었다는 이론을 지지했다. 적어도 뉴턴은 이 세계의 모든 것이 분명한 목적을 가지고 창조되어 있으며, 그러한 것들을 창조한 어떠한 존재는 분명히 살아 있는 지성적 존재여야만 한다고 생각했던 것이다. 또 한 명, 당대에 기독교 철학을 주도했던 인물로 영국의 성공회 주교 윌리엄 페일리(William Paley, 1743–

---

[5] 모든 존재가 물질로부터 자연적으로 생성되었다는 이론(필자 주).
[6] Larry Witham, *By Design: Science and the Search for God* (New York: Encounter Books, 2003), 22.
[7] 스티븐 마이어, 『하나님 존재 가설의 귀환』(*Return of the God Hypothesis*), 소현수 옮김 (서울: 부흥과개혁사, 2022), 80.

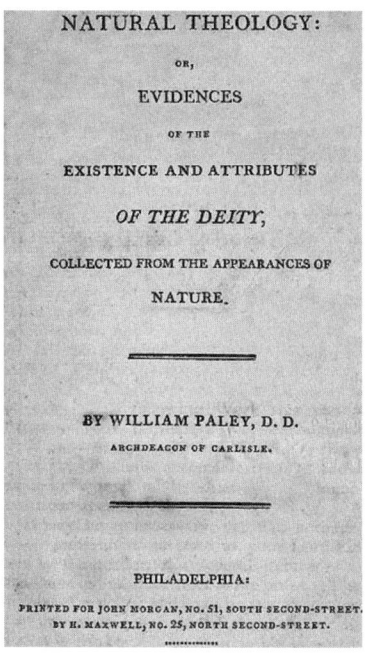

윌리엄 페일리의
Natural Theology(『자연신학』), 1802

1805)를 들 수 있는데, 페일리 역시 지적 존재의 활동을 암시하는 많은 생체계의 목록을 작성하면서, 생체계 내의 놀라운 복잡성과 목적, 그리고 그 목적을 위한 수단들의 탁월한 적응의 과정과 현상 등이 결코 맹목적인 힘에 의해 생길 수 없다는 주장을 일관적으로 했다.[8] 특별히 페일리는 자연을 통해 하나님의 존재와 그의 영광을 드러낼 수 있다는 자신의 견해를 상세하게 기록했다. 그는 자신의 책 *Natural Theology*(자연 신학)에서 뉴턴의 견해를 더욱 구체화하면서, 자연의 질서와 이를 설계한 지성을 시계공으로 비유해 설명하기도 하였다.[9] 이것이 바로 그의 유명한 '시계공 비유(watchmaker analogy)'인데, 시계공 비유에 대한 대략적인 설명은 다음과 같다.

황야를 가로지르면서 나의 발이 돌에 치였을 때, 어떻게 그 돌이 거기

---

[8] 위의 책, 81.
[9] 윌리엄 뎀스키, 『지적설계』(*Intelligent Design*), 서울대학교 창조과학연구회 옮김 (서울: IVP, 2002), 96-97.

에 있게 되었는지에 대한 의문이 생겼다고 가정한다면, 아마도 나는 (내가 아는 것과는 반대로) 그것이 항상 거기에 놓여 있었다고 대답할 것이다. … 그러나 내가 운동장에서 시계(watch)를 발견한 것에 대해, 어떻게 그 시계가 거기 있게 되었느냐고 묻는다면, 나는 앞서 했던 것과 같은 대답은 생각할 수 없을 것이다. … 두 번째의 경우가 첫 번째의 경우와 같이 허용되지 않는 이유가 무엇인가? … 즉 다른 이유 없이 이러한 이유 때문에, 우리는 시계를 검사하기 위해 오면서 시계의 여러 부분이 (우리가 돌에서 발견할 수 없었던) 목적을 위해 형성되었다는 것을 인지한다. 그것들은 움직임을 생성하도록 형성되고 조정되었으며, 그 움직임은 하루 중 시간을 가리키도록 조절된다. … 관찰된 메커니즘(mechanism)에서 우리가 생각하는 추론은, 그 시계는 반드시 어떤 시간과 공간상에 분명히 존재하는 제작자가 있어야 하며, 우리가 실제로 답을 찾는 목적을 위해 그것을 형성한 고안자(artificer), 혹은 고안자들은 그것의 구조와 그것의 용도를 설계한(designed) 사람이라는 것이다.[10]

페일리의 시계공 비유는 자연이 가진 일련의 질서들이 어떤 한 지성(知性)을 가진 존재가 고안한 것으로 이해한 것이었으며, 이 비유는 적어도 19세기 자연 신학자들 사이에서는 일반적인 견해로 받아들여지고 유행하였다.[11]

흥미로운 사실은 다윈 역시 처음에는 페일리의 견해를 설득력 있는 것으로 여기면서, 그의 견해를 대체적으로 동의하고 따랐다는 것이

10　William Paley, *Natural Theology* (London: Cambridge University Press, 1803), 1-2.
11　윌리엄 뎀스키, 『지적설계』, 97.

다.[12] 그러나 비글호(HMS Beagle) 항해 이후 다윈의 견해는 상당히 여러 부분에서 수정되었는데, 특별히 그는 기존까지 따르던 페일리의 견해를 강하게 부인하기에 이르렀다. 다윈과 페일리의 논리적 쟁점은 추후 진화론 진영과 지적설계자 진영 사이에 나타난 논쟁에서도 유사하게 나타났는데, 이것은 이 세계를 아우르는 모든 존재들의 발생과 구성이 과연 무방향성, 무목적성을 가지고 자연스럽게 형성된 것이냐, 혹은 그 존재와 구성과 질서들이 어떠한 지적인 존재에 의해서 처음부터 완벽하게 설계된(designed) 것이냐 하는 것이었다.[13]

게다가 다윈은 '발생'과 '구성'에 대해 페일리와 전혀 다른 방향을 구상했다.[14] 예를 들어 당시 다윈은 갈라파고스(Galapagos) 섬을 탐사하면서 그곳에 사는 그라운드 핀치(Ground Finch)나 아르마딜로(Armadilo) 같은 동물들이 평소 자신이 접하던 것들과는 모양이 전혀 다르다는 것을 보고, 이를 '변이(variation)'와 '생존(survival)'을 통한 진화의 개념으로 이해하기 시작했다.[15] 앞서 언급했듯이 다윈은 그의 진화론을 그의 저서인 『종의 기원』(The Origin of Species)을 통해 잘 정리하였다. 특히 다윈의 진화론의 핵심은 『종의 기원』 4장에서 소개하는 "자연선택 혹은 적자생존(natural selection or the survival of fittest)" 부분에 잘 나타나 있다. 다윈의 자연선택에 대한 주장을 간단하게 설명하자면, 생물에게서 우연히 변이(variation)가 일어나는데, 그 변이가 유용한 것일 경우, 이 유용한 변

---

12 알리스터 맥그래스, 『과학과 종교: 충돌과 조화』, 54.
13 추후 진화론자들이나 유신진화론자들은 'Design'이라는 표현보다는 'Tune'이라는 표현을 강조함으로써, 설계자에 의한 설계가 아닌 자연법칙 안에서 그러한 것들이 조화를 이루어 간다고 설명한다.
14 위의 책, 54.
15 찰스 다윈, 『종의 기원』 "역자 서문", 이민재 옮김 (서울: OLJE CLASSICS, 2012), 22.

이가 있는 개체는 다른 개체들보다 우세한 이점(利點)을 가지게 되면서 생존에 대한 최상의 기회를 갖게 된다는 것이다.[16]

다윈의 비글호(HMS) 탐험 (1831-1837)

이러한 다윈의 견해는 앞서 창조주가 모든 창조물들을 '말씀으로', '완벽하게', '확정적으로' 창조했다는 창세기 1장의 진술을 기반으로 한 신학적 견해나, 어떠한 지적설계자가 고안물을 완벽하게 설계했다는 페일리의 주장과 상이한 것이었다. 다윈은 비글호(HMS Beagle) 탐험 후, 기존의 종교계와 과학계에서 주장했던 이론들을 어설픈 설명으로 여기게 되었으며, '퇴화 구조(vestigial structure)'나 '흔적 구조(rudimentary structure)' 등을 예로 들면서, 하나님께서 왜 그러한 불필요한 부분들까

---

16 Charles Darwin, *The Origin of Species* (London: Cambridge University Press, 1872), 62.

지도 설계하셨는지에 대한 의문을 제기하기도 했다.[17] 그러면서 다윈은 점점 창조주의 완벽하고 확정적인 창조보다는 '자연선택'이라는, 당시로서는 아주 급진적인 이론을 발전시키게 되었고, 이러한 급진적인 이론은 엄청난 파장을 일으켰다.

물론 다윈은 그가 비글호를 타고 갈라파고스(Galapagos) 섬을 정탐할 때까지만 해도 자신으로 인해 이러한 거대한 논쟁이 발생하리라고는 전혀 상상을 못 했다. 유복한 의사 집안에서 태어나 부모님의 뜻을 따라 신학과 의학을 전공하며 평탄한 인생을 살아온 다윈에게 비글호 여행은 그저 한 박물학자(naturalist)의 흥미로운 탐험 이상이 아니었다. 사실 다윈은 치밀한 계획을 가지고서 세계 여행을 시작한 것이 아니라, 그의 멘토이자 스승인 존 헨슬로(John S. Henslow)의 권유로 비글호에 탑승했고, 그리고 나서 약 5년간 대륙을 떠돌며 다양한 지역을 탐험했다.[18] 그는 대륙을 횡단하면서 다양한 환경에 있는 지역들을 돌아보았다. 그중에서도 일반 대중들에게 가장 잘 알려져 있는 지역이 바로 에콰도르에 위치한 갈라파고스 섬이었다. 당시 갈라파고스에는 동물과 곤충의 종들을 줄줄이 꿰고 있던 다윈에게조차 전혀 생소한 동·식물들이 아주 다양하게 서식하고 있었다. 훗날 다윈은 갈라파고스에서 관찰한 핀치(Finches) 새들이 각기 다른 부리 모양을 가지고 있는 것을 보면서, 핀치라는 종(species)이 환경에 따라 부리에 변이(variety)를 일으켰다고 추측했다.[19] 그는 환경에 적응하기 위한 변이가 연속적으로 일어

---

17 알리스터 맥그래스, 『과학과 종교: 충돌과 조화』, 55.
18 Charles Darwin, *The Origin of Species*, 1.
19 위의 책, 36-38.

나고, 그것이 축적되면 어느 순간 그 개체가 그 환경에 가장 알맞은 형태로 진화한다고 생각했다. 재미있는 것은 다윈이 비글호를 타고 여행하는 동안 갈라파고스에 머문 시간은 불과 5주 정도밖에 되지 않았다는 점이다. 이 5주간의 연구가 전 인류의, 그리고 전 과학 분야의 이론적 틀을 송두리째 바꿔 놓았다는 점은 분명 흥미로울 수밖에 없다.[20]

다윈의 비글호 탐사가 1837년 즈음 끝났음에도, 그의 책 『종의 기원』은 무려 20년이 지난 1859년에 발행했다. 이 대목에서 우리는 다윈의 꼼꼼하면서도 소심한 성격을 확인할 수가 있다. 평소 꼼꼼하면서도 다른 사람들의 평가에 예민했던 다윈은 진화론에 대한 자기 나름의 가설을 꽤 오래전에 완성했음에도 불구하고 고심에 고심, 확신에 확신을 거듭하느라 그 오랜 시간을 흘려보냈던 것이다. 그런 다윈이 진화론을 서둘러 발표한 이유는 뜻밖에 복병이 등장했기 때문이다. 당시까지만 해도 잘 알려지지 않았던 영국의 박물학자이자 탐험가였던 앨프리드 러셀 월리스(Alfred Russel Wallace, 1823-1913)가 다윈이 연구하고 있던 진화론과 아주 유사한 주장을 먼저 발표하고자 했다.[21] 무명의 박물학자 월리스에게 진화론에 대한 우선권을 양보하고 싶지 않았던 다윈은 결국 월리스의 협조를 얻어 그와 공동 명의로 진화론에 관한 논문을 냈다.

---

20 다윈은 그 후 갈라파고스를 다시 방문하지 못했다.
21 영국의 자연주의자, 탐험가, 지리학자, 인류학자, 생물학자였던 러셀은 다윈에 비해 많이 알려지지 않은 진화론자였다. 찰스 다윈과 비슷한 자연선택을 통한 진화의 개념을 만들었으나 덜 유명했기 때문에 다윈에 비해 인정받지 못했다. 그러나 그에 대한 재평가가 현대에 와서 많이 이루어지고 있다. 월리스는 생전에 아마존 유역과 말레이 군도에서 답사 연구를 했으며 아시아에서 오세아니아까지 돌아보았다. 그는 자연선택을 주장했으며, 종의 분리를 설명하는 월리스 효과 등을 발달시켜 19세기 동안 진화론의 발달에 큰 기여를 하였다. 월리스의 진화론이 세간에 알려지기 전, 다윈은 월리스의 이론과 자신의 자연선택 이론이 거의 흡사하다는 사실을 알고, 월리스가 단독으로 발표하기 전에 다급히 그와 함께 공동으로 진화론을 발표하게 되었다. 위키백과 "앨프리드 러셀 월리스"에 대한 설명 참조.

그러나 다윈의 진화론은 오랜 시간 동안 연구한 것에 비해, 덜 완성된 상태에서 세상 밖으로 나왔다. 이것은 다윈 스스로도 인정한 부분인데, 그는 『종의 기원』의 서문에서 자신이 내놓은 진화론에 관한 제안들이 불완전(imperfect)하며, 오류(errors)가 있다는 사실을 분명하게 밝혔다.[22] 그럼에도 불구하고 다윈은 모든 생물 종들의 형성에 대해 진화론보다 더 나은 이론은 없다는 확신을 가지고 있었다. 이것은 다윈이 진화에 대한 어떤 객관적인 근거를 확보하고 있어서가 아니라, 단지 그의 확신(느낌)과 절실함이 타당하다고 여겨졌기 때문이다.[23]

결과적으로 다윈의 진화론은 어떠한 분명한 근거로부터 시작되었다기보다는 다윈의 지적인 울타리 안에서 만들어지고 견고해진 신념에 근거하여 형성된 이론이었다. 그러나 이 이론이 낳은 파급력은 가히 핵폭탄급이었으며, 많은 이들은 그 이론이 가진 객관성이나 사실성과는 별도로 이론 자체가 가진 매력에 흠뻑 빠져들었다. 그리고 이 흥미로운 이론은 상상하는 모든 것을 존재하도록 만들었다.

2. 진화론의 Key-Word

변이(Variation), 생존 경쟁(Competition for Survival),
자연선택(Natural selection), 공통 조상(Common ancestor)

다윈의 진화론의 핵심이 되는 키워드는 크게 '변이', '생존 경쟁', '자연선택', '공통 조상'이라고 볼 수 있다. 우리는 적어도 다윈의 진화론

---

[22] Darwin, *The Origin of Species*, 36-38.
[23] 위의 책, 1-2.

을 이해하기 위해서 이 용어들의 의미가 무엇인지를 어느 정도 명확하게 이해하고 있어야 하며, 더 나아가 이 용어가 기존의 정통적인 철학과 과학과 성경을 해석하는 데 어떠한 영향들을 주었는지에 대해서도 확장하여 생각해 볼 수 있어야 한다.

먼저 진화의 가장 첫 부분에서 발생하는 것은 '변이(variation)'이다. 변이가 없이는 어떠한 진화론적 사건(혹은 변화)도 일어날 수 없다. 변이에 대해서는 우선 가정되어야 할 것이 있는데, 바로 '변이성(variability)'이라는 것은 결코 어떠한 의도를 가지고서 인위적으로 만들어질 수는 없다는 것이다. 이것은 진화론이 결코 어떠한 목적성이나 방향성을 가질 수 없다는 것과 동일한 맥락이다. 다윈도 조지프 후커(Joseph Hooker, 1814-1879)와 아사 그레이(Asa Gray, 1810-1888)의 말을 빌려, "변이는 인간에 의해 직접적으로 만들어지는 것이 아니며, 또 인간은 그러한 변이와 출현을 막을 수도 없다"라고 설명했다.[24] 다만 확실한 것은 우연으로 인한 변이가 연속적으로 일어나는 개체에는 어느 순간 유용한 변이(useful variations)가 일어나게 되며, 그 유용한 변이를 가진 개체는 생존과 그 종의 번식을 우세하게 가져갈 최상의 기회를 가지게 된다는 것이다. 따라서, 엄밀한 의미에서 어떠한 종을 진화시키는 근본적인 원인은 '유용한 변이'이다. 그러나 만일 반대로 해로운 변이(injurious variation)가 일어나면 어떻게 될까? 만일 생물체 안에서 조금이라도 해로운 변이가 일어난다면, 그것은 그 당대에 파괴되고 다른 개체로 전이되지 않는다.[25] 그러므로 다윈의 진화론적 가정 아래서는 유용한 변

---

24 위의 책, 62.
25 위의 책, 63.

이를 가진 개체가 점점 진화된 형태로 발전하게 되며, 이전보다 해로운 변이를 가진 개체들은 사라지게 된다.

다음으로 다윈은 진화의 다음 키워드인, '자연선택' 혹은 '적자생존'에 대한 간단명료한 정의를 제공하는데, 바로 "유용한 개체적 차이와 변이는 보존되고, 개체적 차이와 보존에 있어서 해로운 것은 파괴된다는 것"이다.[26] 그러면서 다윈은 유용하지도, 유해하지도 않은 변이에 대해서는 그 변이를 보유한 개체가 대체로 그것을 남겨 두어 고정시킨다고 설명한다.

당연한 논리적 귀결이지만, 변이가 일어나지 않고는 자연선택이 일어날 수 없다는 것이고, 그러한 점에서 자연선택 자체는 어떠한 유용한 변이도 유발하지 않고, 변이된 개체들을 보존하는 일밖에 할 수 없다. 다만 이처럼 유용한 변이를 통해 생존한 개체들은 그 수를 더 많이 전파하여 유용한 변이를 가진 개체들이 수적 우위를 점하도록 한다. 만일 그렇지 않다면, 이러한 유용한 변이와 자연선택은 큰 의미를 갖지 못하게 될 것이다.[27] 다윈은 이러한 변이와 자연선택을 설명하면서 변이와 자연선택의 원인이 철저히 '피동적'이라는 점을 강조하고 있다.[28] 다만 그는 이러한 변화를 일으킬 만한 기후나 먹이와 같은 생활조건(Condition of Life) 정도는 있을 수 있다고 가정하는데, 그러한 이유는 앞서 말한 대로 유용한 변이는 소수의 개체에서만 일어나서는 지속

---

[26] "This preservation of favourable individual differences and variations, and the destruction of those which are injurious."
[27] 위의 책, Chap IV.
[28] 이러한 점에서 유전자 스스로 변이와 적응, 선택과 진화를 주도한다는 후대의 도킨스의 주장은 다소 다윈의 주장과는 어느 정도 차이가 있다고 보인다. Richard Dawkins, *The Selfish Gene* (New York: Oxford University Press, 1989), 38.

되거나 전파될 수 없으며, 그렇기 때문에 어느 면에서는 '집단적'으로 일어나야만 한다.[29] 그러나 이와 같은 다윈의 자연선택설은 기후나 먹이와 같은 생활 조건을 유용한 변이의 조건으로 삼는다는 점에서, 이미 앞에 세웠던 변이의 무방향성이나 무목적성과는 모순을 일으키게 된다.

그러나 다윈의 주장 중 그 어느 설명보다 신학계의 반발을 거세게 받았던 부분은 '공통 조상(universal common ancestor)'에 관한 설명이었다. 사실 다윈은 이 부분에 대해서 어떤 뚜렷한 인과 관계를 설명하지는 않았다. 단, 진화론을 어디에나 보편적으로 적용할 수 있는 이론이라고 여기는 가운데, 유용한 변이를 가진 개체의 '분기(分岐, divergence)'를 통해 유용성을 가진 기체들이 '변종(Variety)'을 이룬다고 설명했다.[30] 그리고 어느 한 개체에서 각기 유용한 형질을 가진 두 개의 개체들이 번식하면 몇 대에 가서는 두 개의 종이 나온다고 설명했다.[31] 이때 열등한 개체들은 자연적으로 파멸되는 것이다. 물론 이 이론에 많은 의구심이 들 수밖에 없다. 왜냐하면 이것은 어떤 뚜렷한 검증이나 연구 결과라기보다 단지 다윈의 상상력에서 나온 것이었기 때문이다. 그리고 다윈 역시도 이를 의식하면서 다음과 같은 서술을 첨언했다.

그러나 어떻게 이러한 원리가 자연에 적용될 수 있는가? 나는 그것이 어떤 종의 후손이 구조, 체질, 습관 면에서 더욱 다양해지게 되는 단순

---

29 Darwin, *The Origin of Species*, 55.
30 다윈은 이 부분을 '분기의 원칙(principle of divergence)'이라고 설명한다. 위의 책, 86–87.
31 위의 책, 87.

한 상황에서 그것이 가장 효율적으로 적용될 수 있고 적용된다고 믿는다. 자연의 체계에서 광범위하고 다양한 장소를 더 잘 장악할 수 있게 되었고, 따라서 숫자도 증가할 수 있게 되었다.[32]

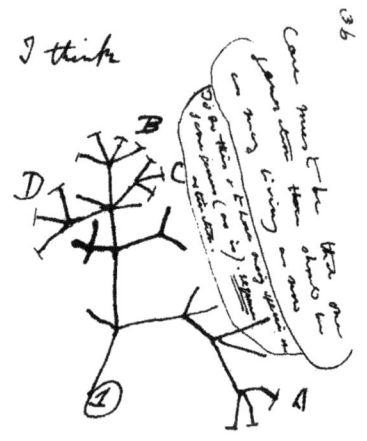

다윈의 생명 나무(the tree of life)

다윈은 유용한 변이를 가진 개체가 적응을 위해서는 환경, 즉 머무는 장소와 먹이 등을 점유해야 하며, 그러한 가운데 개체를 더 잘 번식시키고, 그 가운데 또 다른 유용한 변이가 나타나면, 그 유용한 변이를 가진 개체들이 번식하여 새로운 종을 이룬다고 믿었다. 즉, 다윈의 기준으로 보면, 자신이 사는 시대를 기점으로 위로 올라갈수록 더욱 단순하고 덜 유용한 조건을 갖춘 개체들이 존재하며, 그러한 개체들은 언젠가 하나의 종에서 만나게 된다는 것이다. 흥미로운 점은 당시 다윈이 이러한 변이가 불과 몇백 년 안에(after the lapse of centuries) 이루어질 수 있다고 생각했다는 것이다.[33]

이처럼 다윈의 진화론을 간단한 원리 안에서 살펴보면, '우연한 기회'로 '유용한 변이'를 얻은 개체는 다른 개체들보다 '생존'에 유리하며,

---

32 위의 책, 87.
33 위의 책, 87. 물론 이러한 가정을 한 데에는 지금과 같은 연대 측정 방식이 없었기 때문이었을 것이다.

이러한 생존이 유리한 개체들이 '번식'함으로, 덜 유리한 개체들은 '파괴'되고 생존에 유리한 개체들만 남게 된다는 것이다. 더불어 생존에 유리한 형질을 가진 개체들은 그 유리한 형질을 다각도로 전파시키면서, 시간이 지남에 따라 새로운 종류의 개체가 되며, 그 개체가 번식함으로 하나의 종(species)을 만들게 된다는 것이다. 다윈은 자신의 견해를 주장하면서 창조주가 부여한 본연의 성질이 있다는 사실을 부인하고, 증식하거나(multiply), 변이하는 것(vary), 그리고 약육강식의 법칙이 더 설득력이 있다고 말한다.[34]

다윈의 진화론을 다시 한번 간단히 정리해 보자면, 진화란 어떠한 개체가 '우연한 기회'에 '변이'를 일으키게 되고, 그 변이 안에서 생존에 유리한 것들은 번식하고 덜 유리한 것들은 파괴되는 가운데, 보존과 전달을 통해 더 유용한 개체가 남는다는 이론이다. 결과적으로 그 새로운 개체가 번식하게 되면, 그것은 곧 새로운 종(species)이 된다.

요컨대, 다윈의 진화론은 존재하는 다양한 생물 종의 발전 과정을 나름의 상상력을 동원해 잘 정리해 놓은 이론이다. 그러나 그것은 다윈의 상상력이라는 한계를 크게 벗어날 수 없으며, 그러하기에 여러 가지 모순되고 미흡한 점을 노출한다. 따라서 우리는 다윈의 진화론이 가지는 이론적 합리성으로부터 미흡한 부분에 이르기까지 두루 이해하면서, 추후 이 이론에 대하여 양분화된 진영들의 주요 논리들을 적절하게 평가해 볼 수 있어야 한다.

---

34 위의 책, 234.

3. 다윈의 진화론 이후의 논쟁

진화론이 교회 문을 노크했을 때 일어난 일들

다윈의 진화론이 세간에 등장한 후 신학계와 과학계 안에는 작지 않은 술렁임이 있었다. 우선 다윈이 진화론을 발표하기 전까지 알려졌던 진화 이론은 프랑스의 생물학자인 라마르크(Lamarck, 1744-1829)가 주장한 용불용설(用不用說)이었다. 용불용설이란, 어떤 개체의 자주 사용하는 기관은 점점 발전되고, 획득된 유용한 형질은 유전될 수 있다는 이론이다.[35] 그러나 라마르크의 용불용설은 근거가 부족하고 사실 관계가 명확하지 않았기 때문에 확정적인 학설로 받아들이기에는 다소 어려움이 있었다. 예를 들어, 어떤 오른손잡이 아버지가 사고로 팔을 다쳐 왼손을 자주 사용하면서 양손잡이가 되었다 할지라도, 그의 자녀가 그러한 형질을 이어받아 태어나자마자 자연스럽게 양손잡이가 되지는 않는다. 또 흔히 우리가 알고 있는 바와 같이 기린이 높은 나무에 달려 있는 풀을 뜯어 먹기 위해 목이 길어졌다는 이론 역시 설득력이 없어 보인다. 특별히 기린의 목이 길어진 것과 관련하여, '왜 토끼나 소, 말과 같은 다른 초식 동물은 기린만큼 목이 길어지지 않았는가?', '과연 넓은 평원에 사는 동물이 목이 길어지는 데 더 유리하다고 볼 수 있는가?'라는 식의 의문을 낳기에 충분했다.

이에 반해 진화론은 '우연히 일어난 유용한 변이'라는 특정한 상황을 설정함으로써 좀 더 대중들에게 설득력 있게 다가왔다. 왜냐하면

---

[35] 흔히 기린이 높은 나무의 잎사귀를 따먹기 위해서 목을 늘이다 보니 목이 길어졌다는 설로 잘 알려져 있다.

이러한 유용한 변이를 가진 개체들이 늘어나면서 환경을 지배하게 되고, 그러한 유용성을 가진 변이들이 보존되고 후대까지 전달된다면 후대에는 더 나은 개체로 진화된다는 것이 불가능해 보이지는 않았기 때문이다. 결과적으로 과학계는 다윈의 주장을 충분히 설득력 있는 이론으로 받아들였고, 어느 순간부터는 적극적으로 다윈의 진화론을 과학계의 이론적 지지대로 삼았다.

그러나 다윈의 진화론 속에 함의된 몇 가지 주장들은 신학계 내에서 아주 큰 반발을 불러일으킬 수밖에 없었다. 무엇보다 다윈은 하나님의 창조에 관한 창세기의 기사에 대해 불신을 가지고 있었는데,[36] 예를 들어, 그는 만일 하나님께서 생물들을 완벽하게 만드셨다면 모든 생물들은 어느 환경에서든지 완벽하게 적응하여 살 수 있도록 창조되었을 것이라고 주장하면서, 어느 특정 개체가 환경의 어려움을 극복하지 못하고 어느 특정 지역에서만 적응하여 사는 것은 하나님의 완전한 창조와는 부합하지 않는다고 말하였다.[37] 다윈에게서 '완벽성'을 갖춘 동물이란 추운 곳에서든지, 더운 곳에서든지, 넓은 지역에서든지, 협소한 지역에서든지, 산에서든지, 바다에서든지 살 수 있는 그런 동물을 말한다. 만일 그 동물이 어떠한 지역에서는 잘 적응하여 사는데, 다른 환경의 지역에서는 잘 살지 못한다면 그 동물은 완벽성이 결여된 동물이라는 것이다.

이 밖에도 다윈이 하나님께서 오직 '말씀만으로' 세상을 창조한 내

---

36 다윈은 캠브리지에서 신학을 전공한 경험이 있기 때문에 성경이나 신학에 대해서 어느 정도의 깊이 있는 지식을 가지고 있었다.
37 Darwin, *The Origin of Species*, 351

용에 대해 의심을 품은 것과, 인간과 하등한 생물들이 어느 한 부분에 가서는 공통 조상을 두고 있다고 주장한 것들은 성경이 말하는 바에 정면으로 배치되는 내용들이었기에, 기독교는 다윈의 진화론에 대해 거부감을 가질 수밖에 없었다.

그러나 기독교 안에서도 다윈의 진화론을 무조건적으로 배척한 것은 아니었다. 기독교 안에서도 과학과 신학이 구태여 갈등을 일으킬 필요가 없고, 과학이라는 학문 영역이 충분히 신뢰할 만하며, 진화론의 내용이 오히려 하나님의 권능과 영광을 더 풍족하게 해 줄 수 있으므로, 다윈의 진화론을 받아들이는 것이 오히려 하나님의 영광과 능력을 더욱 풍성하게 하는 길이라고 주장하는 사람들이 있었다.

다윈의 진화론에 대한 기독교의 이분화된 반응은 현대에 이르러서도 비슷하게 적용이 되므로, 우리는 다윈의 진화론이 등장했던 때에 그것을 긍정적 입장에서 받아들인 사람들과 부정적 입장에서 반대한 사람들의 견해를 잘 살펴볼 필요가 있다. 진화론에 대한 다양한 견해를 잘 살펴보면서, 오늘날 우리는 반대 진영에 있는 사람들이 무엇을 주장하고 있는지를 잘 이해할 수 있으며, 또 반대 진영에 있는 사람들의 주장에 대해 어떠한 말로 대응할 수 있는지를 생각해 볼 수 있다.

진화론을 적극적으로 수용하는 기독교의 입장 :

"진화론은 하나님의 창조의 권능을 더욱 풍성하게 해 준다."

앞서 언급한 바와 같이, 다윈의 진화론이 성경의 창조론과 배치된다고 해서 기독교 전체가 이를 거부한 것은 아니었다. 기독교 내에서도 다윈의 진화론을 적극적으로 수용하면서 발전된 과학의 흐름에 맞게 성경을 재해석하고자 하는 시도들이 있었다. 당시 다윈의 진화론을 가장 적극적으로 수용했던 사람 중 하나는 영국의 성공회 사제이자 박물학자였던 찰스 킹즐리(Charles Kingsley, 1819-1875)였다. 그는 다윈의 진화론이 기존의 성경적 창조 이론을 부인하지 않으며, 오히려 성경의 창조론을 더욱 명확하고 풍성하게 이해할 수 있도록 해 준다고 주장하면서, 진화론을 적극적으로 지지하였다. 킹즐리는 다윈이 말한 진화론의 토대와 내용들을 거의 전적으로 받아들이는 가운데, "인간은 단순 생물(simple germ)로부터 진화되었으며, 다윈이 주장하는 바와 같이 '변이'와 '자연선택' 등이 진화의 중요한 틀을 형성하였다"라고 말했다.³⁸

찰스 킹즐리
(Charles Kingsley, 1819-1875)

또한 킹즐리는 인종의 차이를 진화론적으로 해석하기도 했다. 특별히 '킹즐리'를 검색하면, 인종 차별에 관한 글들이 연관 검색어로 나오기도 하는데, 이것은 킹즐리가 오늘날과 같이 백인종과 유색 인종을 악의적인 의도를 가지고서 차별했기 때문은 아니고, 단지 인종 사이에 나타나는 차이를 진화적인 측면으로 설명하고자 했었기 때문이다. 예

---

38 Charles Kingsley, "Preface" in *Westminster Sermons* (London: Macmillan and Co, 1881).

를 들어 그는 영국인들과 흑인들을 비교하면서 흑인들이 영국인들보다 덜 진화되었다고 생각했으며, 흑인들 중에서도 사는 지역에 따라 더 진화된 흑인과 덜 진화된 흑인이 있다고 주장했다.[39] 이러한 킹즐리의 견해는 당연히 사람들로부터 큰 반발을 사게 되었는데, 그는 이러한 반발을 무마하기 위해서 흑인들도 언젠가는 자신과 같은 백인으로 진화할 수 있다거나, 백인이나 흑인이나 결국 공통 조상은 동일하기에 그 권위는 동등하다는 주장을 하기도 했다.[40] 그럼에도 불구하고 킹즐리의 주장 안에는 백인들이 주도적 입장에서 다른 인종에 대한 우월성을 점유할 수 있다는 점이 기저에 있었다. 그는 다음과 같은 말로 백인들의 진화론적 우월성을 정당화하려 하였다.

자연과학(physical science)은 인종에 대한 엄청난 중요성, 곧 가장 낮은 식물에서 가장 높은 동물에 이르기까지 모든 조직된 존재에서 유전력과 유전 기관과 유전 습관의 중요성 등을 점점 더 증명하고 있다. 또, 자연과학은 인종 간의 차이에 대한 편재적인 행동을 점점 더 많이 증명하고 있다. 예를 들어 '더 많이 선호받는' 인종이 '덜 선호받는' 인종을 근절하는 방법, 또는 적어도 그들(덜 선호받는 인종)을 추방하여, 사형을 선고받도록 하거나 새로운 상황에 적응하도록 강요한다. 한마디로 말하면, 모

---

[39] 그는 "부자와 가난한 자, 젊은이와 노인, 영국인과 흑인"이라는 표현을 통해서, 영국인과 흑인이 대조점에 있다는 것을 보여 주었다. Charles Kingsley, *Sermons on National Subjects*, Sermon XXV, (New York: Macmillan & Co, 1880), 264; 더불어 킹즐리는 흑인들 중에서도 아프리카의 흑인들은 죄에 대한 깨달음과 복음을 통한 회복의 여지가 있다고 서술하면서도, 오스트레일리아의 흑인들에 대해서는 야만스러운 짐승(brute beast)이라는 표현을 쓰면서 희망이 없다고 보았다. 위의 책, Sermon XLI, 414-15.

[40] As for the Negro, I not only believe him to be of the same race as myself, but that—if Mr Darwin's theories are true—science has proved that he must be such. 위의 책, "Preface."

든 인종과 모든 개인 간의 경쟁과 축출에 대한 대가(reward according to deserts)는 우리가 볼 수 있는 한, 생명체의 보편적인 법칙(universal law)이다. 그리고 과학은 그것이 식물과 동물의 종족(races)들 사이에서 그러하듯이 오늘날까지 인간 종족들 사이에서도 그러했다고 말한다.[41]

킹즐리는 인간 종족들을 포함한 모든 세계를 지배하는 보이지 않는 보편적인 법칙이 존재하며, 그것이 곧 진화론이라는 사실을 가정하면서, 궁극적으로 인간 종족들을 포함한 모든 존재는 우월한 인자가 그렇지 못한 인자를 지배한다는 사실을 인정하였다. 당연히 여기서 말하는 인간 편에서의 우월한 인자는 백인들을 말하는 것이며, 그렇지 못한 인자는 흑인들, 혹은 유색 인종을 말하는 것이었다. 물론 킹즐리가 어떠한 면에서는 백인들과 흑인들 사이의 동등성을 말한 부분이 있고,[42] 백인의 우월성을 표면적으로 내세우면서도 흑인들을 소유하거나 학대하는 근거로 삼지는 않았기 때문에 그를 명백하게 백인우월주의자라고 확단할 수는 없지만, 적어도 그의 주장 안에서 백인들을 흑인들보다 진화론적으로 더 우위에 두었다는 것과 그의 주장이 훗날 백인우월주의를 촉발하고 흑인들을 학대하는 것에 타당성을 제공하였다는 점은 충분히 추측해 볼 수 있다.[43]

---

[41] 위의 책, "Preface."
[42] 위의 책, "Preface."
[43] 킹즐리가 진화론적 가설 위에 인종별 차등이 있다고 여긴 것은 비단 흑인과 백인 사이의 차이에만 있지 않았다. 그는 백인들 가운데서도 좀 더 진화한 자들이 있다고 믿었는데, 일례로 그는 아일랜드인들을 향해 '하얀 침팬지(white chimpanzees)'라고 불렀다. 이것은 그의 인종에 대한 개념이 철저히 진화론적 가설 위에 정립되었다는 것을 의미한다. Amy E. Martin, "Victorian Ireland: Race and the Category of the Human" *Victorian Review*, Vol. 40 (2014): 52.

그러나 킹즐리가 활동할 당시만 해도, 사회적 분위기는 진화론에 전적으로 호의적인 입장은 아니었다. 종교계에서는 물론이고 과학계에서도 진화론 등장 초반에는 그것을 낯설어하면서 잘 받아들이지 않는 상황이었다. 그렇기 때문에 성공회 주교였던 킹즐리는 자신의 위치에서 진화론을 적극적으로 지지함이 얼마나 위험한 것인지를 잘 알고 있었다. 우선 그는 최대한 진화론이 기존의 전통적인 성경신학적 입장들과 결코 적대적인 관계가 아니며, 내용 면에서도 크게 배치되지 않는다는 점을 강조해야만 했다. 예를 들어, 킹즐리는 다윈이나 헉슬리의 견해를 받아들이면서도 동시에 페일리의 자연신학(natural theology)을 충분히 보존할 수 있다는 말로 기독교의 심기를 건드리지 않으려고 노력했다.[44] 그는 적어도 진화론이 성경의 가치와 내용을 왜곡하거나 축소하기보다는 그 내용의 장엄함을 더욱 드러낸다고 주장하면서, 다음과 같이 말했다.

우리는 하나님의 능력이 우리가 꿈꾸는 것보다 더 크고 지혜가 더 깊다는 말을 들으면 그분을 덜 존경해야 하는가, 아니면 더 많이 경배해야 하는가? 우리는 하나님의 보살핌이 모든 일 위에 있다고 믿었고, 주님의 섭리가 온 우주를 영원히 지켜보고 계신다고 믿었다. 우리는 성경을 통해 우주의 모든 역사가 특별한 섭리로 구성되어 있다고 믿도록 배웠다. 그렇다면 다윈의 서술들이 사실일 경우 자연선택은 모든 세계에서 가장 작은 변화들이 매일 매 순간 정밀하게 포착된다고 은유적으로 말

---

[44] harles Kingsley, "Preface" in *Westminster Sermons*.

할 수 있다. 나쁜 것은 거부하고, 좋은 것은 보존하고 더하며, 모든 유기체의 개선을 위해 기회가 있을 때마다 조용히, 끊임없이 노력한다. 만일 이것이 사실이라면, 하나님의 보살핌과 하나님의 섭리는 우리 눈에 더 웅장하게 보이겠는가, 덜 장엄하게 보이겠는가?[45]

킹즐리는 매일매일 선한 방향으로 발전되는 이 세계를 보면서, 하나님의 장엄하면서도 세밀하신 섭리, 은혜, 지혜를 보게 된다고 말했다. 그러면서 진화론은 결코 성경에 도전하는 것이 아니며, 오히려 하나님의 일하심을 더욱 선명히 보게 해 주기에 우리가 그러한 선량한 과학과 말다툼할 필요가 없다고 주장했다.[46]

그러면서도 킹즐리는 기존의 전통적인 성경적 창조론을 도발하는 발언을 꺼내기도 했다. 그는 진화론에 따르면 하나님께서 태초에 '말씀을 통해', '직접적으로', '완성된' 세상을 창조하신 것은 아니며, 오히려 진화의 방법을 통해 이 세상에 대한 창조가 이루어졌다고 말했다. 그리고 그는 하나님이 모든 생물체를 미생물로부터 진화하도록 만들었다고 해서 하나님의 창조가 부인되는 것은 결코 아니며, 이러한 진화의 '자연선택'의 논리는 생물의 생성과 발전을 넘어 우주 전체의 생성과 발전, 조직에도 동일하게 적용된다고 설명했다.[47]

킹즐리는 진화론에서 설명하는 모든 이론에 대하여, 모든 것을 확정적으로 사실이라고 말할 수는 없지만, 진화론이 '창조주와 인간의

---

[45] 위의 책, "Preface."
[46] 위의 책, "Preface."
[47] 위의 책, "Preface."

관계' 및 '창조주와 우주의 관계'를 동일한 원리에서 믿도록 만들어 준다고 말하면서, 모든 '종(species)'들이 '변이(variation)'와 '자연선택(natural selection)' 등에 의해 점차적으로 만들어졌는지, 혹은 '설계(design)'와 '고안(contrivance)', '적응(adaptation)' 등을 통해 만들어졌는지에 대한 부분들을 각자가 잘 생각해 보고 판단해 볼 것을 권유했다.[48]

특별히 우리는 킹즐리의 주장 중에서 인종의 차이를 진화론적 우월성으로 설명하고자 했던 부분을 되짚어 볼 필요가 있다. 왜냐하면 이러한 질문은 오늘날 진화론을 주장하는 사람들을 여전히 곤욕스럽게 만드는 주장이기 때문이다. 예를 들어, 그리 좋은 표현은 아니지만 우리가 일반적으로 인종을 구분할 때 피부색을 가지고 백인과 황인과 흑인으로 구분하곤 하는데, '그렇다면 진화론적인 입장에서 어떤 인종이 가장 진화한 인종이라고 말할 수 있겠는가?'라는 것이다. 인종 간에 외적 차이가 존재하는 것은 엄연한 사실이고, 또 그 차이가 육체적, 정신적, 기능적 차이로도 나타나는 것이 사실이지만, 과연 그러한 차이를 어떻게 일관성 있게 설명할 수 있겠느냐는 말이다. 이와 같은 질문에 대해서는 어떤 답을 내놓더라도 모두를 만족시킬 수 없으며, 그저 불만 섞인 논란이 있을 수밖에 없다.

킹즐리와 함께 제임스 오어(James Orr, 1844-1913)[49]도 다윈의 진화론을 대체로 수용하는 편이었다. 스코틀랜드 장로교 목사이자 교회사 교수였던 오어 역시 다윈의 진화론이 충분히 성경적 입장과 조화를 이룰 수 있다고 믿었다. 오어의 주장은 오늘날 유신진화론자들이 주장하는

---

48 위의 책, "Preface."
49 한글 문서 중에는 '제임스 오르'라고 표기된 곳도 많다.

것과 크게 다르지 않은데, 그는 "진화론을 믿는 많은 사람들이 가정하듯 하나님께서 진화의 모든 과정에 내재하시고 그 안에 그분의 지혜와 목적이 표현되었다면, 이후로는 진화론이 한층 더 발전된 새로운 형태의 유신론적 이론으로 자리 잡게 될 것"이라고 말하면서, 다윈의 진화론이 기존의 신앙과 충분히 조화를 이루고 오히려 창조를 통해 나타난 하나님의 능력을 더욱 풍성하게 할 것이라고 주장했다.[50]

동시에 오어는 진화론적 가설이 성경에 의해 교정당하는 것 자체를 좋아하지 않았는데, 특별히 그는 어떠한 개체가 특정 지성에 의해 설계된다는 이론을 거부했다. 아무리 어떤 개체가 명확하게 설계된 것처럼 보일지라도, 그러한 정교함 자체가 특정 지성에 의해 설계되었다는 것을 확신시켜 주지는 않는다고 설명한 것이다.[51] 오어는 이 부분을 설명하면서 눈(eye)을 예로 들었다. 그는 눈이 가진 정교함은 어떠한 지적 존재에 의해 정교하게 디자인된 것처럼 보이지만 실제로는 그러한 것이 아니라, 내부적으로 다양한 환경에서 스스로의 생존 투쟁을 통해 얻어 낸 이점(the advantage)들이 점진적으로 축적되어 구

제임스 오어
(James Orr, 1844-1913)

50　James Orr, *God's Image of Man* (London: Hodder & Stoughton, 1904), 96; 에드워드 J. 라슨, 『신들을 위한 여름』 한유정 옮김 (서울: 글항아리, 2014), 44에서 재인용.

51　James Orr, *Christian View of God and the World* (Grand Rapids, Mi: Christian Classics Ethereal Library, 1897), 87.

성되었다고 설명했다.[52] 오늘날에도 그렇지만 오어와 같은 유신진화론자들은 눈을 구성하는 기본 세포, 근육, 신경, 혈관, 각막이나 망막과 같은 막(膜), 수정체, 홍채와 같은 물리적인 구성체는 물론이요, 빛의 반사, 굴절, 모양 및 거리감 파악 등과 같은 세밀한 기능까지도 우연히, 점진적으로, 자연적으로 형성되고 작동된다고 믿었다.

그러나 오어가 당시 교계의 거센 비판을 받은 가장 큰 이유는 진화론을 끝까지 지키려다 결국에 가서는 창세기 1장의 창조와 아담에 대한 내용까지 수정해 버린 것 때문이다. 그는 아담이 어느 수준의 고상한 능력, 순수하고 조화로운 성품, 올바른 의지, 창조주의 명령을 이해하고 순종하는 능력을 가지고는 있었을지언정, 통상적으로 인정되는 바와 같이 하나님의 형상으로 완전하게 지어진 피조물은 아니었으며, 특별히 지능이나 예술, 과학에 대한 탁월성이나 직관적인 지식도 없었다고 주장했다.[53]

오어의 주장 중에 또 하나 특이한 점이 있다면, 오어는 진화론을 단순히 물리적인 영역에만 적용한 것이 아니라 종교와 철학적인 영역에도 대입했다는 점이다. 예를 들어 그는 아리우스주의(Arianism)[54]가 아타나시우스(Athanasius, 296-373)를 필두로 한 정통 기독교에 패배한 이유를 진화론의 '생존 경쟁'에 견주어 설명하기도 했다. 오어는 아리우스가 정통 기독교에 패배한 원인에 대하여 주류에 대한 아류가 가진 '고

---

[52] 위의 책, 88. 흥미로운 점은 마이클 베히(Michael Behe)와 같은 지적설계자들이 '눈이 가진 정교함이야말로 지적인 존재에 의한 설계의 증거'라고 주장한다는 점이다. Michael J. Behe, 『다윈의 블랙박스』(*Darwins Black Box*), 김창환 옮김 (서울: 풀빛, 2001), 36.
[53] James Orr, *Christian View of God and the World*, 153.
[54] 성부와 성자의 신적 본질이 동일하지 않으며, 성자 예수님이 성부 하나님에 종속적이며 하등하다고 주장함.

유한 연약함' 때문이라고 말했는데, 그는 아리우스주의의 멸망 원인을 생존 투쟁에서 실패한 중간 종들(Intermediate species)에 비유하면서, 그들의 주장이 그리스도의 인격에 대해서 신도 인간도 아닌 다소 중도적 입장을 취했기 때문에 결국 실패하고 멸망한 것이라고 설명했다.[55] 오어의 설명을 간략하게 정리해 보자면, 당시 주류 기독교에서는 성부와 성자의 신적 본질을 동일시하며 그 권위와 영광이 동등하다고 주장한 반면, 아리우스는 그리스도의 신적 권위를 약화시키면서 탁월한 인간성만을 강조하다 보니 애매한 해석적 결과가 나왔다는 것이다. 이러한 오어의 해석은 진화를 단순히 물질적인 영역을 넘어 영적이고 관념적인 영역으로까지 확장하고자 한 시도였기에 특이할 만한 것이었다.

이처럼 진화를 물질적인 영역을 넘어 관념적인 영역으로 확장하고자 했던 시도는 오늘날 리처드 도킨스의 견해에서도 볼 수 있다. 도킨스는 진화의 핵심 키워드를 유전자(gene)로 이해하면서, 유전자는 자체적으로 생존과 진화에 대한 본능을 가지고 있다고 생각했다. 특별히 그는 문화, 종교, 정치, 인간 감정의 영역도 이러한 유전자의 생존 본능에 의해 발전한다고 설명했는데, 가장 유명한 도킨스의 제안은 바로 문화적 진화 개념인 '밈(meme)'이다. 도킨스는 우월한 문화를 존속시키고 계승하기 위한 유전자적 활동을 '밈'이라고 설명하면서, 진화의 영역을 물리적인 영역을 넘어 형이상학적인 개념으로까지 발전시켜 설명했다.

---

[55] 위의 책, 46.

이러한 면에서 앞서 오어가 종교 영역을 진화론적으로 설명했던 것과 도킨스가 문화 영역을 진화론적으로 설명하고자 했던 시도는 그 결이 비슷하다고 볼 수 있다. 둘 다 더 나은 이점(advantage)에 있으면서 적응에 합당한 문화와 종교의 영역이 이로움과 적응력이 상대적으로 떨어지는 문화와 종교의 영역을 지배한다고 여기기 때문이다. 물론 오어의 주장은 앞서 다윈의 진화론을 받아들이면서도 기존의 창조론을 의식하면서 견지하고자 했던 킹즐리의 주장보다는 조금 더 진보적인 것이었다. 적어도 오어는 킹즐리만큼 기존의 성경적 창조론을 많이 의식하지는 않았다. 그럼에도 불구하고 두 사람 모두 다윈의 진화론이 교회의 문을 노크했을 때, 그 문을 기꺼이 열어 주며 맞이했고, 진화론의 친구가 되어 주었다. 다만 이러한 과정에서 그들은 이전까지 자신들이 진리로 여겨 오던 성경의 내용과 교리의 내용들을 필히 수정해야 했다. 그리고 함께 신앙생활을 해 오던 믿음의 동반자들과 갈등을 일으키고 그들을 설득시켜야 하는 피곤한 상황을 계속해서 마주할 수밖에 없었다.

진화론을 반대하는 기독교적 입장:

"진화론은 성경적 창조를 부인하고, 논리가 빈약하다."

다윈의 진화론이 세상에 공개된 시점에서, 당대의 많은 기독교 신학자들은 진화론이 가진 이론적 빈약함과 반(反)성경적 주장들을 근거로 진화론은 결코 수용될 수 없는 이론이라고 못 박았다.[56] 특히 이들 중에서도 진화론을 가장 적극적으로 반대했던 사람은 바로 찰스 하지(Charles Hodge, 1797-1878)였다.[57] 하지는 그가 저술한 책 *What is Darwinism?*(다위니즘이란 무엇인가?)에서 적어도 진화론은 무신론적 관점에서 창조를 이해하고 있다고 비판했다. 모든 세계의 시작이 물질로부터 시작되어 세계를 구성하고 유지한다는 관점은 솔직히 성경이 진술하는 창조론과는 거리가 먼 것이었기에, 하지의 입장에서는 그것을 받아들이기 어려웠다. 그는 '우연히', '저절로' 세계가 형성되었다고 주장하는 진화론적 관점과 성경의 창조론을 억지스럽게 조화시키려고 했던 당대 기독교 신자들을 향해 "아무것도 하지 않는 부재의 신은 우리에게 신이 아니다"라고 비난했다.[58]

또 하지는 진화론은 성경신학적인 근거에서뿐만 아니라 과학적인 근거로 보더라도 썩 명확한 근거를 가지고 있지 않다고 했다. 예를 들어 살아 있는 유기체가 단순한 물리적 원인에 의해 생성된 증거는 어디에도 없었다는 점이나,[59] 속(genera)과 종(species)은 결코 다른 속이나 종으로 넘어가지 않는다는 점, 우연한 사건들의 무한한 연속이나 무

---

[56] 바빙크는 다윈의 진화론이 신학계뿐만 아니라 과학계에서도 환영받지 못하는 교리라고 주장하면서, 그에 대한 이유를 다음과 같이 제시했다. 첫째, 다윈의 진화론은 지금까지 생명의 기원에 대해 납득할 만한 설명을 전혀 하지 못했고, 둘째, 다윈주의는 유기적 존재들의 후속적 발전을 해설할 수 없으며, 셋째, 다원주의에서 인간이 동물로부터 진화했다는 실재적인 증거들이 사실상 존재하지 않고, 넷째, 무엇보다 다윈주의는 인간의 정신적인 부분을 설명하지 못한다는 것이다. 헤르만 바빙크, 『개혁교의학 2』, 박태현 옮김 (서울: 부흥과개혁사, 2011), 520-544.
[57] 하지는 그의 조직신학 2권에서 Chapter 하나를 통째로 다윈의 진화론에 관해 설명하고 반론할 만큼 진화론에 적극적으로 대응했다.
[58] 에드워드 J. 라슨, 『신들을 위한 여름』, 40. 신이 창조에 대해 초자연적 개입을 절대 하지 못하도록 하는 것을 '방법론적 자연주의'라고 부르기도 한다.
[59] 모든 유기체는 생명을 가진 다른 유기체에서 파생된다.

(無)에서 우주의 기원을 생각한다는 것 자체가 절대로 불가능하다는 점 등을 생각할 때 진화론이 완벽하거나 탁월할 수는 없다는 것이었다.[60]

이러한 하지의 견해는 오늘날 진화론의 허점을 지적하는 사람들의 생각과도 유사한 면이 있다. 예를 들어 허공에 보이지 않게 떠다니는 먼지가 어떠한 우연한 계기를 통해 생물체로 변할 수는 없다는 것, 고독한 울음소리로 먹이

찰스 하지
(Charles Hodge, 1797-1878)

를 구하는 길고양이가 우연한 계기로 예쁜 푸들이 될 수 없다는 것, 오랜 시간 수도꼭지에서 떨어지는 물방울이 땅바닥을 뚫고 지구 반대편으로 솟아오를 가능성이 없다는 것 등이다. 이 모든 가정들이 꽤나 흥미롭게 들리기는 하지만, 분명한 사실은 그러한 일들은 지금까지 일어난 적이 없으며 앞으로도 일어날 가능성이 없다는 것이다.[61]

무엇보다 하지는 진화론이 철저히 무신론(thoroughly atheistic)에 기반을 두고 있다는 점을 지적하면서 진화론을 적극적으로 반대했다. 하지가 생각하기에 하나님께서는 자신의 존재와 세상에 대한 통치를 성경을 통해 너무도 명확하게 계시하셨기 때문에, 그러한 말씀의 진리와 일치하지 않는 철학적, 과학적 추측은 마치 '토네이도의 궤도에 있는

---

60 Charles Hodge, *Systematic Theology*, vol. 1 (Michigan: Grand Rapids, 2005), 219.
61 하지는 다윈이 제시하는 자연선택 이론이 결코 참일 수 없다고 주장했다. 왜냐하면 예를 들어 벌새(humming-bird)에게서 고래가, 모기에게서 사람이 나올 수 없기 때문이다. Charles Hodge, *Systematic Theology*, vol. 2 (Michigan: Grand Rapids, 2005), 27.

거미줄(cobwebs in the track of a tornado)'과도 같다고 여겼다.[62] 즉, 하지는 진화론이 확실한 증거의 토대 위에 세워져 있지 않고, 진리인 성경과도 그 내용이 일치하지 않기 때문에 언젠가는 진화론이 무너질 거라는 확신을 가지고 있었다. 그는 오랜 시간 연구한 결과, 진화론은 무신론적이면서 이신론적이고, 비과학적이면서 성경에 반하는 것이라고 결론 내렸으며, 그러한 이유로 그리스도인들은 결코 진화론을 지지할 수 없다고 판단했다.

이렇게 하지만큼 진화론에 대해 깊은 관심을 가지고 연구하면서 이를 분석하고 비판한 학자로는 헤르만 바빙크(Herman Bavinck, 1854-1921)가 있었다. 바빙크는 진화론이 가진 비성경성이나 한계를 논의하기에 앞서 자연과학(natural science) 영역이 가진 한계에 대해 먼저 이야기했다. 무엇보다 그는 자연과학은 항상 자연으로부터 출발하여 자연 안에서 이루어지는 현상들을 설명하기 때문에, 만일 그 자연 너머에 무언가가 존재하고 있다면 자연과학은 그 부분까지는 설명하지 못한다고 말했다. 즉, 만일 자연의 한계 안에서 논의할 수 없는 그 이상의 것이 자연과학에서 다루어진다면, 그것은 말 그대로 자연과학이 아니라 형이상학(metaphysics)이 되고 마는 것이다.[63]

바빙크의 말은 충분히 일리가 있다. 과학이라는 영역에 관한 연구와 결론은 늘 객관성을 바탕으로 이루어지는 것이기 때문에 객관적 정보, 혹은 그것을 바탕으로 예측할 수 있는 확실성 있는 결론이 아니고서는 침묵하는 것이 옳기 때문이다. 그럼에도 불구하고 진화론은 객관적 정

---

62 위의 책, 28.
63 헤르만 바빙크, 『개혁교의학 2』, 520.

헤르만 바빙크
(Herman Bavinck, 1854-1921)

보가 아닌 경험할 수 없고 볼 수 없는 영역까지도 정의하는 경향이 있으므로, 이에 대한 지적은 정당한 것이었다.

이를테면 진화론의 개념에서는 애초에 '무로부터의 창조(Creation out of nothing)'라는 개념을 주장할 수가 없다. 왜냐하면 물질적이고 경험적인 측면에서는 무의 상태를 설명할 수 없기 때문이다. 만일 운동력을 가지지 않은 어느 물질로부터 생명과 운동력이 생겨난다고 믿는다면, 이것은 이미 과학이 아니라 철학과 관념의 영역으로 기울어진 것이다.[64] 그러나 진화론은 무로부터 유가 생성되고, 물질로부터 생명이 생기며, 부동자(不動者)가 운동자가 된다는 사실을 큰 고민 없이 진술하고 있다. 더욱이 유신진화론자들은 무신론적 진화론자들과 같이 물질적 창조와 진화를 말하면서도 그들과 다른 점을 하나님께서 그러한 방식을 사용해 세상에 대한 창조와 구성과 형성을 주도하신다고 말한다. 그러면서 그들은 하나님이 그러한 물질적 창조에 대해 초자연적으로 개입할 수는 없다고 주장한다. 즉, 하나님께서는 물질들에 어떠한 진화의 가능성을 부여하신 후 손을 놓고 계셔야만 한다는 것이다. 그러나 하나님께서 세계를 창조하시고 그것에 간섭하심에 초자연적 능력을 개입시킬 수 없다는 주장은 결과적으로 물질 스스로 창

---

[64] 위의 책, 520.

조와 구성을 주도해 나가는 유물론으로 기울어질 수밖에 없다.

물론 바빙크가 살던 시대와 오늘날을 비교하면, 과학의 영역은 그 정교함이나 정확성 면에서 비교조차 할 수 없을 만큼 발전했다. 시간이 지나면서 기존에 확실시되던 과학적 정론들이 하나둘씩 그 한계를 드러내어 다른 새로운 이론으로 대체되곤 했다. 그럼에도 불구하고 변할 수 없는 부분이 있는데, 그것은 바로 형이상학적 토대 위에 세운 가설들은 형이상학에서 멈춘다는 것이다. 쉽게 말해, 형이상학은 아무리 시간이 지나도 형이상학이다. 예를 들어 진화론에서 우주의 시점으로 정설화되어 있는 '빅뱅(Big Bang)' 이론은 다분히 형이상학적이다. 이것은 우주가 어느 '한 점(single point)'으로부터 시작되어 확장되었다는 이론인데, 중요한 사실은 이들이 말하는 우주의 시작점이라 일컫는 그 점(point)의 존재가 대체 무엇인지는 아무도 말할 수 없다는 것이다. 도대체 그 점이 어떠한 점이길래 폭발 시, 시간과 공간과 차원의 실재들을 생성한다는 말인가? 그러나 진화론자들은 이 알 수 없는 '점(point)'의 존재를 확실시하면서, 그 점을 통해 시간과 공간과 차원이라는 실재(實在)가 발생했다고 고집스럽게 주장한다.

성경은 이러한 태초의 세상의 시작점에 대해 오직 영존하시는 '하나님의 말씀'으로 이루어졌다고 간단명료하게 말하지만, 진화론자들은 그 존재도 알 수 없는 점이 어떠한 이유에서인지 폭발하게 되었고, 그 폭발을 시점으로 시간과 공간과 차원을 가진 우주가 탄생하였다고 말한다. 그렇게 탄생한 우주는 무한히 팽창하면서 셀 수 없는 별들을 스스로 만들어 냈으며, 그 사이에 자전과 공전이라는 정교한 운동 질서를 만들고, 믿기 힘들 정도의 정교한 우연을 통해 생명체를 품은 '지구'

라는 별이 생성되기도 했는데, 이 지구별은 이후로도 엄청난 우연들을 반복하며 무기물에서 유기물로 변환을 일으켰으며, 우연히 생성된 그 유기물은 역시 놀라운 우연(이로운 변이)을 무한(無限) 반복하여 미생물에서 인간으로까지 진화되었다는 것이다.

이러한 면에서 봤을 때, 진화론은 확실성 있는 실험과 경험을 가지고서 형성된 이론이 아니라, 무한한 상상력과 절대적인 믿음을 기초로 하는 이론이라고 볼 수 있다. 솔직히 말해서 이 놀라운 가설들을 의심 없이 받아들이는 진화론자들의 믿음은 가히 성경적 창조론을 믿는 신자들의 믿음을 압도한다.[65]

과학계에서도 이러한 형이상학적이면서도 불분명한 진화론적 입장에 대해 처음에는 냉소적인 반응을 보였다. 바빙크는 다음과 같은 이유에서 다윈의 진화론이 과학자들에게 환영받지 못했다고 설명했다.

> 첫째, 진화론은 생명의 기원에 관해 납득할 만한 설명을 전혀 하지 못했고,
> 둘째, 유기적 존재들의 후속적 발전을 해설할 수 없으며,
> 셋째, 인간이 동물로부터 진화되었다는 실제적 증거들이 사실상 존재하지 않고,
> 넷째, 무엇보다 인간의 정신적인 부분을 설명하지 못했다.[66]

---

65 이것은 조롱이 아니라 진심이다.
66 다윈주의는 하나의 종에서 다른 종으로의 전이를 주장하나, 지금까지 종에서 다른 종으로, 저등한 존재에서 고등한 존재로 전이되었다는 명확한 증거가 없다. 이에 반해 성경은 하나님의 전능하신 말씀에 의해 각기 유기적 존재들은 처음부터 종(species)으로 구별되어 존재했다. 헤르만 바빙크, 『개혁교의학 2』, 644-48.

바빙크는 적어도 다윈주의가 이러한 문제들에 대해서는 결코 대답할 수 없을 것이라고 하면서, 이러한 유물론적 사고 위에 세워진 다윈의 가설 안에서는 인간의 도덕성, 양심, 책임, 의무, 죄의식, 참회와 징벌의 문제 등과 같은 영적이거나 심리적 영역들이 부당하게 다뤄질 수밖에 없다고 주장했다.[67] 그는 또한 인간이 동물로부터 진화되었다고 하는 진화 이론은 인간에게 특별하게 부여된 하나님의 형상 개념과, 죄와 타락에 대한 성경의 진술을 손상시키기 때문에, 그러한 이유에서 타락한 인간보다 고도로 발전된 동물이 되기를 택하는 것은 아무런 유익이 없다고 말하기도 했다.[68]

물론 바빙크의 최대 관심은 진화론의 과학적·철학적 타당성에 대한 논쟁에 있지 않았다. 그의 관심은 오히려 성경의 내용, 특별히 창세기 초반에 나오는 창조의 내용을 수호하는 것에 집중되어 있었다. 바빙크는 적어도 성경의 내용에 충실했을 때 창조는 오직 삼위 하나님으로부터 비롯되었으며, 그 창조는 신적인 사역이자 하나님의 무한한 능력의 행위이므로, 그 어떤 피조물도 그 부분을 대체할 수 없다는 점을 강조했다.[69] 더불어 그는 모든 창조물은 하나님의 선하신 동기에 의해 창조되었기에, 당연히 그 존재 자체로 하나님의 미덕들을 계시해야 한다고 말하기도 했다.[70] 그러나 유물론을 기반으로 한 진화론으로는 하나님의 무한한 능력과 그 창조물에 부여된 하나님의 선하신 목적들을 설명할 수 없으므로, 바빙크는 진화론을 결코 성경의 창조론과 조화시킬

---

[67] 위의 책, 648.
[68] 위의 책, 648.
[69] 위의 책, 528.
[70] 위의 책, 544.

수 없다고 확정적으로 말했다.

결론적으로 바빙크는 진화론적 관점으로는 하나님의 형상으로서의 인간을 옹호할 수 없고, 성경의 내용을 굳이 언급하지 않더라도 진화론 자체가 가진, 이론적 허술함과 논리적 모순들이 다수 드러나기 때문에, 진화론은 실패할 것이며 결국에는 우리가 창조론으로 돌아가게 될 것이라고 자신의 입장을 정리했다.[71]

다윈의 진화론을 성경 주해의 측면에서 심도 있게 비판한 또 다른 학자로는 게할더스 보스(Geerhardus J. Vos, 1862-1949)가 있었는데, 그는 무엇보다 진화론적 세계관이 성경 주석의 영역을 침범하는 것을 경계했다. 특별히 보스는 당시 창세기 1장 전체 속에 진화론이 포함되어 있다고 주장하는 자들의 견해를 반대하면서, 물리학과 지질학, 천문학 등의 고도의 과학 이론들을 창세기 해석에 반영하고자 하는 진화론자들의 시도는 '나쁜 주석(bad exegesis)'이라고 말했다.[72] 보스는 이에 대해 과학이 과학 안에서 발견하고자 하는 것과 창세기 본연의 의미가 담고 있는 내용은 엄연히 서로 다르다고 설명하면서, 창세기 1, 2장을 포함한 성경에 대한 모든 해석은 성경 주석적으로 정당화되어야 한다고 주장했다.[73] 보스에 따르면 성경의 해석은 하나님의 뜻 안에서, 그리스도를 중심으로, 성경 전체 혹은 최소한 각 사이의 장과 절 사이의 문맥들이 자연스럽게 통일성을 이루어 가면서 해석이 되어야 했다. 그렇게 해야만 성경이 하나님께서 주신 의도대로 해석될 수 있으며, 그렇

---

[71] 위의 책, 648.
[72] Geerhardus Vos, *Reformed Dogmatics* vol. 1, Richard B. Gaffin, JR. Trans. (WA: Lexham Press, 2014), 127.
[73] 위의 책, 127.

지 않고 과학의 일부를 가지고서 성경을 해석하는 것은 바른 결론을 낼 수 없다고 정의했다.[74]

이어 보스는 성경적인 창조 해석이 무엇인지를 예로 들었는데, 이를테면 성경에서 말하는 "태초에(in the beginning)"라는 말은 '만물보다 먼저(before all thing)'라는 의미를 가지고 있으며, 이것은 만물의 생성으로부터 시작된 창조 행위를 말하는 것이 아니라, 시간의 절대적인 시작으로 보아야 한다고 설명했다.[75] 또한 창세기 1장 1절에서 사용된 태초 시에 '창조하다'를 뜻하는 히브리어 '바라(בָּרָא)'는 신적인 유일성(divine uniqueness) 안에서의 직접적인 창조를 나타내는 단어라고 말하면서, 창세기에서 가장 먼저 사용된 '창조'라는 말이 가지는 특이점을 강조하기도 했다.[76]

게할더스 보스
(Geerhardus J. Vos, 1862-1949)

보스는 '태초에', '하나님의 말씀으로', '완성적인' 세상을 창조했다는 성경의 창조 기사에 반대해, '시간 안에서', '단일한 물질로부터', '자연법칙에 따라' 세계가 시작되었다고 하는 진화론적 가설은 이신론(deism)이나 범신론(pantheism)에 기초한 것이라고 주장했다. 그러면서 그는 솔직히 세계를 발전시키는 그러한 법칙이 도대체 어디서 나왔는지 알 수

74　위의 책, 127.
75　위의 책, 127.
76　히브리어 칼(능동형) 형태는 인간에게서는 사용되지 않는다. 위의 책, 128.

없으며, 적어도 창세기를 해석함에 그 정당성조차 불분명한 진화론은 결코 성경의 창조론을 대처할 수 없다고 주장했다.[77]

이런 가운데 보스는 진화론의 영향을 받은 철학적 경향이 성경 신학에도 영향을 미칠 수 있다고 보았다. 이것은 당시 일부 신학계에서 하나님을 믿는 기독교가 진화론의 '질적 진보(qualitative advancement)'의 과정 속에서 출현했다는 설을 받아들이고 있었기 때문이다.[78] 이러한 이론에 따르면, 모든 세계는 낮은 곳에서 높은 곳으로, 야만적인 것에서 문명적인 것으로, 거짓에서 참으로, 악에서 선으로 전진하게 되므로, 이러한 발전적 흐름을 따라가다 보면, 종교 역시도 잡다한 것으로부터 하나 된 것으로 발전하게 된다는 것이다. 이러한 논리에 따르면, 유일하신 하나님은 잡다한 신들 사이에서 경쟁을 뚫고 유일신이 된 것이 되고 만다. 즉, 그러한 과정들은 결국 여러 신들의 경쟁을 뚫고 하나님이 유일신이 되었다고 말하는 것이기에, 하나님의 절대성이 가진 의미가 희미해지고 만다.[79]

그러므로 보스는 이러한 진화론의 반성경적 이유를 들어, 진화론적 성경 해석과 진화론적 철학이 교회 안으로 침투하는 것을 반대했으며, 진화론 자체도 단순히 눈에 보이는 현상들만을 말할 수밖에 없으므로, 내적이거나 형이상학적이거나 영적인 것들을 전혀 설명할 수 없는 허점을 가지고 있다고 지적했다.[80]

이 밖에도 이 장에서 다루어져야 할 학자가 한 명 더 있다. 그는 바

---

77 위의 책, 142.
78 Geerhardus Vos, *Biblical Theology: Old and New Testament* (Mi: Grand Rapids, 1971), 20.
79 위의 책, 20.
80 위의 책, 20.

로 벤자민 워필드(Benjamin B. Warfield, 1851-1921)이다. 왜냐하면 많은 사람들이 워필드를 진화론을 지지하는 입장에 서 있다고 확신하고 있기 때문이다. 예를 들어 마크 놀(Mark Knoll)이나 데이비드 리빙스턴(David Livingston, 1813-1873), 제임스 패커(James I. Packer, 1926-2020)와 알리스터 맥그래스(Alister McGrath) 등은 워필드를 '유신진화론자'로 분류하고 있다.[81] 그러나 결론부터 말하자면, 그들의 말은 사실이 아니다.

워필드는 다윈이 『종의 기원』을 출간했을 당시, 이에 대해 적극적으로 대응하면서, 진화의 정당성을 파악하기 위해 그와 관련된 과학과 신학 문헌을 철저하게 파악하였다.[82] 특별히 그는 『종의 기원』에 나오는 자연주의(naturalism)를 중심으로 한 표현들이 창세기 서두에 나오는 하나님과 우주의 창조에 관하여 이전과는 전혀 다른 새로운 질문을 제기했고, 이는 분명히 전통적인 창세기 해석과는 반대되는 개념이라고 말했다.[83] 그는 진화론이 말하는 모든 추측들은 사실 설명하기에 부적절하며, 특별히 인류의 죄에 대한 성경의 가르침을 완전히 뒤집고, 인간의 궁극적 기원을 설명할 수 없으며, 무엇보다 그리스도의 성육신을 설명할 수 없기에, 기독교의 교리를 훼손하는 교리라고 말하기도 했다.[84]

---

[81] 맥그래스는 워필드를 그 시대 가장 유명한 보수적 개신교 신학자이자 유신론적 진화론자라고 소개한다. 그는 워필드가 "진화론의 다윈주의적 형태가 기독교와 양립할 수 있는지에 대해 의문의 여지가 없었다"라고 하면서, 자연선택에 대한 다윈의 교리가 하나님의 일반 섭리의 보호 아래 작동하는 자연법으로서 복음주의자들에 의해 쉽게 수용될 수 있음을 주장했다고 말한다. Alister McGrath, *Science and Religion: An New Introduction* (New York: Paulist List, 1995), 192.

[82] Fred G. Zaspel, *The Theology of B. B. Warfield: A Systematic Summary* (Wheator Illinois: Crossway, 2010), 43.

[83] 위의 책, 43.

[84] 위의 책, 400. 물론 워필드는 다윈이 불가지론(agnostic)의 단계에 있을 수도 있다고 가정했다. 그러나 분명한 점은 워필드가 진화를 성경과 조화를 이룰 수 없는 이론으로 받아들였다는 것이며, 특별

벤자민 워필드
(Benjamin B. Warfield, 1851-1921)

그러면서 워필드는 '자연(nature)'의 존재에 대해 스스로 만들어졌거나, 스스로 존재하거나, 진화나 변경(modification)의 결과도 아니라고 주장하면서, 창조는 초월적인 신에 의해 지어진 초자연적 현상이요, 우주는 창조주요 통치자이신 하나님을 의존해야만 설명될 수 있다고 말했다.[85] 다만 워필드는 과학자들의 수고에 대해서는 격려했다. 그는 과학을 통해 성경과 신학이 더욱 높은 단계로 끌어올려지리라는 기대감을 가지고 있었다.[86] 물론 이것은 오늘날을 포함해 건전한 신학을 하는 모든 이들의 바람이기도 하다. 왜냐하면 과학은 하나님께서 허락하신 훌륭한 일반은총 중 하나이며, 우리는 과학을 통해 하나님의 능력과 장엄함을 더욱 선명하게 발견할 수 있기 때문이다.

결론적으로 진화론에 대한 워필드의 주장을 요약해 보면, "진화는 창조를 대신할 수 없고,[87] 다윈은 계시를 믿는 그리스도인이 아니었으며,[88] 인간은 '진화'를 통해 피조된 산물이 아닌, 하나님의 '새로운 피

히 인류의 기원과 인간으로 오신 그리스도의 성육신 등의 교리를 훼손할 수도 있다고 여겼다는 것이다. Benjamin B. Warfield, *Study in Theology* (New York: Funk & Wagnalls, 1908), 461.

85 Fred G. Zaspel, *The Theology of B. B. Warfield*, 61.
86 Benjamin B. Warfield, *Sermons and Essays From the Works of B. B. Warfield* (New York: Funk & Wagnalls, 1908), 754.
87 Benjamin B. Warfield, *Study in Theology*, 161.
88 위의 책, 41.

조물(new creation)'이요, 그리스도 안에서 '재창조된 새 사람(a new man, recreated)'이면서, 하나님은 우리를 '사람'으로 창조했다"라는 것이다.[89] 오늘날 무엇때문에 워필드가 유신진화론자로 지지를 받고 있는지 그 이유를 잘 모르겠으나, 적어도 워필드가 정리한 교의학의 내용 안에서는 그가 진화론을 전적으로 받아들이지 않았으며, 오히려 기독교의 교리, 특별히 구약 성경과 관련해 직접적으로 그 내용을 훼손하는 교리로 이해하고 있음을 명확하게 볼 수 있다.[90]

4. 논쟁의 사례들
옥스퍼드 논쟁(1860), 스콥스 재판(1925)

다윈이 진화론을 발표한 이후 이 거대한 패러다임은 점차 정치, 종교, 문화, 사회 영역 곳곳에 침투하기 시작했다. 어느 한편에서는 진화론을 환영하고 받아들이며 자신들이 그동안 진리로 여겨 오던 이론들을 기꺼이 수정해 나간 반면, 다른 한편에서는 진화론에 대한 불편한 속내를 노골적으로 드러내며, 영적이고 지적인 영역에서의 전쟁을 선포했다. 이러한 흐름 속에서 진화론과 관련하여 후대 사람들에

---

[89] 위의 책, 42.
[90] 재스펠은 워필드의 창조에 대한 이해를 다음과 같이 정리하면서, 그가 결코 유신진화론자들의 견해에 동조하지 않았다고 단언한다. "① 땅의 흙으로 아담을 창조하심. ② 아담에게서 하와를 창조하심. ③ 최초의 한 쌍인 아담과 하와. ④ 아담과 하와는 고도로 발달된 동물과 다른 존재. ⑤ 아담과 하와는 인류의 기원. ⑥ 도덕적이며 육체적으로 완전한 상태로 창조된 인간. ⑦ 아담에 의해 인류 가운데 죄가 들어옴. ⑧ 원시인으로부터 상향 진보를 이룬 것이 아니라, 죄로 인해 타락한 인류. ⑨ 아담에 의해 인간의 죽음이 들어옴. 아담의 죄로 인하여 혼란스러운 상태에 있는 창조 질서, 지금 그대로 동물 세계가 출현하려면 하나님의 창조적 개입이 또한 요구됨" 등이다. 이러한 견해는 결코 유신진화론과 동일하다고 볼 수 없으며, 오히려 워필드가 유신진화론자들의 견해를 부인하고 있다는 사실을 분명하게 보여 준다. 프레드 제스펠, 『유신진화론 비판-하』, "덧붙이는 말: 워필드는 오늘날의 유신진화론자들을 지지하지 않았다", 소현수 외 3인 옮김 (서울: 부흥과개혁사, 2019), 525.

게 잘 알려진 대표적인 사건을 살펴볼 필요가 있다. 하나는 다윈의 진화론이 발표된 후, 옥스퍼드의 성공회 주교인 사무엘 윌버포스(Samuel Wilberforce, 1805-1873)와 생물학자인 토머스 헉슬리(Tomas H. Huxley, 1825-1895)의 주도로 이루어진 '옥스퍼드 논쟁(Oxford evolution debate)'이며, 또 하나는 1925년 미국 테네시(Tennessee)주의 한 공립학교 과학 교사로 있던 존 스콥스(John T. Scopes, 1900-1970)가 당시 법적으로 금지되었던 진화론을 수업 시간에 가르친 일을 계기로 일어난 '스콥스 재판(Scopes trial)'이다. 이 두 사건은 당대 사회에서 진화론을 어떠한 관점에서 바라보고 있었으며, 그 논의의 논쟁점이 무엇인지를 잘 설명하고 있다는 점에서 오늘날 우리도 참고할 필요가 있다.

먼저 다윈의 진화론이 세간에 등장한 이후 얼마 되지 않아 일어난 논쟁은 '옥스퍼드 논쟁'이다. 이 논쟁은 진화론이 공개된 후 몇 개월이 지난 1860년 옥스퍼드 대학 도서관에서 영국과학진흥협회의 주최로 약 1,000여 명의 청중이 모인 가운데 진행되었다. 당시 진화론을 반대했던 진영의 논의자로 나섰던 사람은 사무엘 윌버포스였는데, 윌버포스는 교의학을 가르치는 성공회 주교로서, 해박한 생물학적 지식을 가지고 있었다. 그는 다윈의 『종의 기원』에 대한 서평을 쓰기도 했으며, 『종의 기원』에서 발견되는 약점을 지적하기도 했다. 실제로 당시 다윈은 윌버포스가 지적한 부분들을 받아들여 그의 책에서 몇 군데를 수정했다고 말하기도 했다.[91]

그리고 윌버포스에게 대항했던 진화론 진영의 논의자는 '다윈의 불

---

91 알리스터 맥그래스, 『과학과 종교: 충돌과 조화』, 28-29.

독(Darwin's Bulldog)'이라는 별명을 가질 정도로 다윈의 진화론을 적극적으로 지지했던 토머스 헉슬리이다. 특별히 헉슬리는 그 시대의 교회가 과학을 지배하려고 하는 상황에 대해 큰 불만을 품고 있었으며, 그러한 생각을 뿌리 뽑고자 논쟁의 자리에 나왔다.[92]

사무엘 윌버포스(Samuel Wilberforce)와 토머스 헉슬리(Tomas H. Huxley)

먼저 윌버포스가 다윈의 진화론에 대응하며 내놓은 주장은 다음과 같다. 첫째, 진화론에서 주장하는 자연선택의 원리는 하나님의 말씀과 절대적으로 양립할 수 없다는 것. 둘째, 진화론은 창조주에 의하여 계시된 창조 관계와 모순된다는 것. 셋째, 진화론은 하나님의 영광의 충만함과 일치하지 않는다는 것. 넷째, 하나님의 작품들 안에서도 아담

---

[92] 러셀 스태나드 엮음, 『21세기 신과 과학 그리고 인간』, 이창희 옮김 (서울: 두레, 2002), 73.

의 타락과 같이 불완전한 모습이 있을 수 있다는 것이다.[93]

이전까지 하나님의 창조에 관한 견해는 '오직 하나님의 말씀으로', '완전하게', '각기 종류에 따라' 창조되었다는 것이었다. 그러나 진화론의 견해에 따르면, 하나님의 창조는 단지 그의 말씀으로만 이루어진 것이 아닐 뿐만 아니라, 완전한 형태를 갖추고 있지도 않았다. 당연히 성경의 계시적 측면을 중요시했던 윌버포스에게 진화론을 기반으로 한 창조론은 크게 거슬릴 수밖에 없었다. 더욱이 윌버포스가 느끼기에 상대 진영의 논의자들은 성경과 교의에 대한 적절한 지식을 가지고 있지도 않은 것처럼 보였으며, 진화론 자체가 가진 논리적 설득력이나 증거 또한 부족하다고 생각되었다.

이에 대해 윌버포스의 반대 진영에 있던 헉슬리는 과학적 지식과 배경들을 전혀 염두에 두지 않고서 오직 성경만을 가지고 과학과 진화에 대해 말하고자 했던 윌버포스의 태도를 굉장히 무식한 것으로 여기면서, 윌버포스가 하는 모든 주장들을 시종일관 무시하고 힐난했다. 사실 이 상반된 진영의 논의자들의 주장을 잘 엮어서 어떠한 적절한 합의점을 도출해 낸다는 것은 애초부터 불가능한 일이었다. 왜냐하면 창조라는 역사적 사안을 해석하면서 윌버포스는 그 진리의 기준을 성경에 두고 있었고, 헉슬리는 그 진리의 기준을 자연과학에 두고 있었기 때문이다. 무엇을 진리의 기준으로 두느냐에 따라서 동일한 사건이 전혀 다른 결론을 도출해 낸다는 사실은 뻔한 일이었으므로, 두 사람이 논쟁의 현장에서 할 수 있는 최선의 일은 각자 자신이 하고 싶은 말

---

[93] Andrew D. White, *A History of the Warfare of Science with Theology in Christendom* vol 1, 70.

을 최대한 논리정연하게 정리하여 청중들을 설득시키는 것이었으며, 더불어 최대한 상대방의 견해를 무시하면서 깎아내리는 일뿐이었다.

다만 안타깝게도 오늘날 옥스퍼드 논쟁의 정황과 내용에 대하여 아주 상세하게 정리해 놓은 문헌은 찾기 어렵다. 그렇기 때문에 이 사건에 대한 후대의 평가도 제각각 다르게 나타났다. 예를 들어 진화론을 지지하는 측의 사람들은 윌버포스를 무식하고 오만한 성직자로 판단하면서, 마지막에 헉슬리가 승자의 여유를 가지고 회의장을 나왔다고 평가하는 반면,[94] 윌버포스의 편에 서 있는 자들은 헉슬리가 윌버포스와의 논쟁 중에 자신의 논리가 스스로 막혀 버린 것에 대해 분노와 분개함으로 몸을 떨었다고 평가하기도 한다.[95] 이러한 양극화된 평가와는 별도로 과학과 신학 사이의 평화로운 관계를 지향하는 맥그래스와 같은 중도적 입장의 학자들은 당시 윌버포스와 헉슬리가 회의 내내 서로를 훌륭한 인물로 평가하면서 존중해 줬다고 말하기도 한다.[96] 그러나 옥스퍼드 논쟁에서 윌버포스와 헉슬리를 향한 평가들은 대부분 객관성이 부족하므로, 우리는 단지 '그날의 분위기'만을 추측해 보는 것만으로 만족할 수 있어야 한다.

무엇보다 흥미로운 사실은 다윈의 진화론에 대한 정당성을 판가름하기 위해 많은 사람들이 그 자리에 모였음에도 불구하고, 정작 주인공 격인 다윈은 그 자리에 참석하지 않았다는 점이다. 이것은 당시 다윈이 자신에게 집중되는 사람들의 이목을 극도로 싫어했으며, 얼마나

---

94 알리스터 맥그래스, 『과학과 종교: 충돌과 조화』, 28.
95 Bill Bryson, *A Short History of Nearly Everything* (New York: Broadway Books, 2003), 247.
96 알리스터 맥그래스, 『과학과 종교: 충돌과 조화』, 29.

큰 스트레스를 받고 있었는지에 대한 반증이기도 하다. 또한 우리는 자신의 진화론에 대한 다양한 견해를 직접 듣는 것이 굉장히 필요한 부분이었음에도 불구하고, 다윈이 그 중요한 자리에 얼굴조차 내밀지 않았다는 점에서 다윈의 평소 신중하면서도 소심한 성격을 충분히 짐작할 수 있다.

진화론과 관련한 논쟁은 이후로도 끊임없이 지속되었는데, 옥스퍼드 논쟁과 더불어 전 역사에서 진화론과 관련하여 또 한 번 크게 이슈가 되었던 사건은 미국의 소도시 테네시주(州)에서 있었던 '교과서 논쟁'이었다. 앞서 언급했듯이 이 논쟁은 당시 진화론 교육이 금지된 테네시주에서 진화론을 가르쳐 이슈를 일으킨 과학 교사 존 스콥스의 이름을 따서 '스콥스 원숭이 재판(Scopes Monkey Trial)'이라고도 불린다.

미국의 과학 사학자이자 법률 전문가인 에드워드 라슨(Edward L. Larson)은 스콥스 재판에 관한 소상한 내용을 책으로 저술했는데, 그가 저술한 『신들을 위한 여름』(Summer for the God)의 내용을 보면 스콥스 재판의 배경과 내용, 결과에 관한 내용이 매우 자세하게 나와 있다.[97] 라슨은 그의 책에 스콥스 재판이 열리기 이전부터 진화론과 창조론 진영 사이에 고조되었던 긴장의 상황부터 스콥스 재판의 과정, 또 그 결과에 이르기까지 세밀하게 기록해 놓았다. 스콥스 재판은 기독교적 가치관이 기조를 이루고 있던 20세기 초 미국의 공립 고등학교에서 다윈의 진화론을 추종하는 진영과 반대하는 진영 사이에 있었던 갈등 상황을 아주 극명하게 보여 주는 예라고 할 수 있다.

---

[97] 에드워드 J. 라슨, 『신들을 위한 여름』 한유정 옮김 (서울: 글항아리, 2015)을 참고하라.

존 스콥스(John Scopes)의 재판 장면

    20세기 초까지만 해도 미국 사회에서는 유물론적 입장에 있던 진화론을 받아들이기보다는 성경이 말하는 전통적인 창조론을 받아들이는 추세였다. 이러한 가운데, 다윈주의와 기독교 사이의 갈등의 불을 붙인 사건이 바로 1925년 미국의 테네시주에서 일어난 일명 '스콥스 재판'이다. 스콥스 재판은 다윈의 진화론을 공립 고등학교 과학 교사인 존 스콥스가 학생들에게 가르친 것 때문에 성립된 재판이었는데,[98] 당시 테네시주는 공립 학교에서 진화론을 가르치는 것을 법적으로 금지하고 있었기에, 스콥스의 행위는 명백히 위법(violating the law)이었다.

    당시 창조론을 반대하고 진화론을 찬성하는 측에 있었던 교육위원회 회원들과 이를 지지했던 '미국 시민 자유 연합회(American Civil Liberties

---

[98] 이를 당시 논란의 당사자인 존 스콥스(John T. Scopes)의 이름을 따라 '스콥스 재판(Scopes trial)'이라고 부른다. Edward J. Larson, *Summer for the Gods* (New York: Basic Books, 1997), 89-90.

Union)'⁹⁹ 변호사들이 스콥스의 재판을 주도적으로 돕겠다고 나서면서, 이 싸움은 점점 과학계와 기독교계의 대결로 부상하게 되었다. 이때, 진화론을 반대하는 측에서 재판을 도왔던 사람은 미국의 저명한 정치인이자 자신을 독실한 기독교인이라고 소개했던 윌리엄 제닝스 브라이언(William Jennings Bryan, 1860-1925)이었다. 당시 재판에 참여했던 브라이언의 논리적 초점은 다음과 같다. 첫째, 진화론은 증거가 명확하지 않고, 증명되지 않은 가설일 뿐이라는 것. 둘째, 진화론은 하나님의 창조를 부인한다는 것이었다.[100]

브라이언은 결국 진화론이 가진 불명확성 때문에 다윈의 진화론은 과학자들 사이에서조차 설 자리를 잃고 말 것이라고 주장했다. 그러나 브라이언의 의견은 당시 상대방 진영에 있던 사람들로부터 무시와 반발을 받게 되었다. 그것은 첫째, 브라이언이 진화론을 대하면서 과학적 지식이 거의 없었다는 것 때문이고, 둘째, 과학계 안에는 다윈의 진화론을 증명할 만한 확실하고도 충분한 증거가 있다는 것 때문이며, 셋째, 그러하기에 다윈의 진화론을 지지하는 박물학자들이 훨씬 많았다는 점 때문이다.[101] 특히 스콥스의 변호를 맡았던 클래런스 대로(Clarence Darrow, 1857-1938)는 성경 안에 있는 내용 중에 일반 과학과는 상충하는 내용들을 예로 들면서 브라이언을 곤란하게 만들기도 했다.

이러한 격렬한 논쟁의 흐름은 재판이 끝날 때까지 계속되었다. 브

---

99 당시 ACLU의 구성원들은 기존의 다수결주의에 염증을 느낀 자유주의 진영의 뉴요커 지식인층으로 이루어진 엘리트 조직이었다. 이들은 반진화론주의에 대해 교육의 자유를 구속한다고 여기고, 그러한 움직임에 반대했으며, 특별히 공립 학교 교사들을 주도적으로 지원했다. 위의 책, 65.
100 위의 책, 7.
101 위의 책, 26.

라이언은 직접적인 증거가 없는 진화론 가설이 학생들에게 가르칠 만큼의 확실성을 가지고 있지 않으며, 혹, 자신의 주장이 과학적인 어떠한 근거가 없더라도, 성경에 그렇게 적혀 있다면 그것을 따라가는 것이 맞다고 주장했고,[102] 스콥스의 변호인단은 창조론은 종교적 신념이 부여된 것이기에 과학 교과서에서 종교적인 내용이 다루어지는 것은 적절치 않다고 맞대응했다.

재판 중인 윌리엄 제닝스 브라이언(William Jennings Bryan)과
클래런스 대로(Clarence Darrow)

성경과 과학을 증명하기 위해 소집된 다양한 증인들이 모여 과격한 심문들을 격렬하게 이어 나간 끝에, 결과적으로 법원은 스콥스에게 유죄 판결을 내렸다. 그렇게 스콥스가 100달러의 벌금을 내는 것으로써 재판은 끝이 났다. 그러나 스콥스 재판이 진화론 진영에 불리한 결과로 끝이 났다고 해서, 미국 전체에 팽배한 진화론 전체가 흔들

---

102 위의 책, 189.

린 것은 아니었다. 비록 스콥스 재판 이후, 테네시주의 공립 학교에서는 진화론을 가르치는 것을 위법으로 지속하며, 교과서 안에서 진화론을 다룬 부분들을 삭제하거나 수정했지만, 미국 사회 전체적으로 봤을 때는 진화를 반대하고 성경의 내용을 따라가는 자들에게 근본주의(fundamentalism)라는 꼬리표가 달리며, 창조론이 점점 미국 사회의 주류 문화 밖으로 쫓겨나게 되었다.[103]

결과적으로 '옥스퍼드 논쟁'에서나 '원숭이 재판'을 통해 진화론과 성경적 창조론 사이에서 어떠한 적절한 합의점이 도출되지는 못했다. 그도 그럴 것이 성경적 창조론과 진화론은 '성경'과 '다윈의 진화론'이라는 각기 다른 진리의 기준점을 가지고 있었으므로, 애초부터 좁힐 수 없는 큰 간극이 존재하고 있었기 때문이다. 문제는 각자가 가지고 있는 특징들을 어떠한 분명한 방법을 통해 증명할 수가 없었기에, 어느 한편이 일방적으로 자신의 견해를 양보하지 않는 이상, 두 진영이 완벽하게 조화를 이루어 나가기는 어려운 노릇이었다. 따라서 옥스퍼드 논쟁과 원숭이 재판은 진화론 진영과 창조론 진영이 주장하는 내용들과 서로가 가진 차이점들을 더욱 선명하게 파악할 수 있도록 해 주었다는 점에서 큰 의미를 가질 수는 있으나, 서로 간의 간극을 좁히고 연합을 도모하는 데는 직접적인 도움을 주지 못했다.

스콥스 재판 이후 진화론에 대한 미국 사회의 동향

테네시주의 스콥스 재판의 판결은 결과와는 상관없이 미국 전역에

---

[103] 위의 책, 233.

큰 파장을 일으켰다. 특히 미국 사회에서의 반진화주의에 대한 반감은 가중되었고, 진화를 인정하지 않는 것은 시대에 뒤떨어지는 것이며 통념을 벗어난 것으로 인식되기 시작했다. 아칸소주나 미시시피주가 테네시주의 뒤를 따라 인류에 대한 진화론 교육을 금지하긴 했으나, 대부분의 주들은 진화론을 인정하는 법안을 통과시켰다.[104] 또한 진화론 교육에 대한 교육계와 가정 부모들의 갈등은 생물 교과서에서 '생물의 기원(Origin of life)'이라는 주제를 아예 다루지 못하도록 하기도 했다. 그러나 1948년을 기점으로 미국 대법원은 학교에서의 종교 행위 의무화를 폐지하는가 하면, 1968년에는 반진화론법을 철폐하였다.[105]

그러나 과학계와 기독교계의 갈등 조짐으로 붉어졌던 앞선 사건들과는 달리, 과학계와 인문학 분야에서 다윈의 진화 이론을 받아들일 수 없다는 새로운 견해들이 나오기도 했다. 이를테면 캘리포니아 대학교의 법학 교수인 필립 존슨(Phillip Johnson)이 대표적으로 주도했던 지적설계(Intelligent Design) 진영에서 무목적성과 무규칙성을 가진 자연선택 원리에 대해 의문을 제기한 것이 대표적인 예이다. 존슨은 만일 특정 종교의 교리 관련 내용을 포함한다는 이유로 창조과학을 가르칠 수 없다면, 진화론을 가르치는 것도 허용될 수 없다고 주장했다. 왜냐하면 진화론도 결국에는 검증되지 않은 하나의 이론일 뿐이며, 어느 단계에 가서는 반드시 믿음이 수반되어야만 받아들여질 수 있기 때문이다.[106] 존슨과 더불어, 마이클 베히(Micheal Behe), 윌리엄 뎀스키(William

---

104 위의 책, 269.
105 위의 책, 269-70.
106 위의 책, 271.

Dembski)와 같은 지적설계자들은 자신들이 가진 종교적인 관점을 넘어, 최대한 객관적인 철학적·과학적 근거를 가지고 다윈주의의 허점을 공략하려고 시도했다.[107]

이러한 지적설계자들의 주장들이 받아들여진 예도 있다. 예를 들어 1999년 8월 미국의 캔자스주에서 '대진화(macroevolution)'와 '빅뱅 이론(The Big Bang Theory)' 등의 내용을 배제하고, 교과서에서 '진화론'과 관련한 내용을 삭제한 것은 진화론을 확정적인 이론으로 이해하기보다는 일종의 신념이 포함된 가설로 취급한 것이었다.[108] 캔자스주의 이러한 결정은 당시 굉장한 이슈가 되었으며, 이와 같은 이슈는 앞서 기독교와 과학의 충돌이라는 프레임을 넘어서서, 과학과 철학이라는 영역 안에서 서로 다른 이념과 입장들을 대변하는 논쟁이었다고 볼 수 있다.

또한 진화주의에 반발해 헨리 모리스(Henry M. Morris)를 대표로 하는 미국 창조과학회(Institute for Creation Research)가 등장했다. 이들은 대개 성경을 문자 그대로 해석하려고 시도하면서, 특별히 노아의 방주 사건의 역사성을 증명하기 위해 많은 노력을 쏟아부었고, 성경의 내용을 최대한 과학적 해설과 방식으로 증명해 내려고 했다. 그런데 이러한 창조과학회의 순수한 노력과 성경을 최대한 객관적인 방식으로 보려고 하는 시도는 여러 사람들에게 유익을 주기도 했지만, 다른 한편에서는 창조과학회의 성경과 진화에 대한 접근 방식이 너무도 구시대적이고 과하게 일률적이라는 지적도 있었다.

이처럼 다윈의 진화론이 등장한 이후로부터 현재까지 성경적 창조

---

107 위의 책, 271-72.
108 박희주, "과학과 이념으로서의 진화: 캔자스 교과서 논쟁의 경우", 「한국과학사학회지」 24 (2002): 2.

론과 다윈주의, 창조과학과 지적설계, 유신진화론과 같은 견해들이 창조 해설을 사이에 두고 과학과 신앙의 다양한 모델들로 등장하고 있으며, 이들 각각의 견해들은 각자의 이론과 방법론 등을 계속해서 연구하고 발전시키면서, 때로는 다른 진영과의 화합을 시도하거나 대척점을 극대화하는 방식으로 자기 영역을 보존 및 성장시키려는 노력을 끊임없이 하고 있다.

5. 다윈의 진화론 논쟁 이후 파생된 견해들
과학적 창조론, 유신진화론, 지적설계

다윈의 진화론이 세상 밖으로 나온 후 진화론에 관한 논쟁은 갈수록 점점 더 격렬해졌다. 앞서 언급되었듯이 진화론이 주장하는 우주의 시작과 형성, 질서의 유지와 발전 방식 등은 분명 전통적 창조론과 부합하지 않았고, 혹 기독교 안에서 진화론이 수용되었다 할지라도 그것은 성경이 말하는 창조론의 상당 부분을 수정하도록 요청했기 때문에 늘 갈등의 가능성을 품고 있었다. 특별히 성경이 말하는 창조론을 부인하고서 유물론적 창조론을 성경과 조합하려는 시도는 기독교계에 큰 반발과 갈등을 일으키게 되었다.

진화론으로 인해 교회 내부적으로 생긴 갈등 상황들이 어떠한 진행 과정을 거쳐서 어떠한 결론에 도달하게 되었는지를 이야기하자면, 책으로 수권을 써도 모자라기에 여기서는 그것들을 다 논할 수 없고, 다만 그러한 갈등 상황으로부터 파생된 대표적인 견해들과 그들이 주요하게 여기고 주장하는 내용들이 무엇인지를 간략하게 정리하고자 한다.

첫째, 무신론적 진화론을 필두로 한 과학계의 주장에 맞서기 위해 과학적 창조론(혹은 창조과학, Scientific Creationism)이 등장했다. 앞서 언급한 대로 창조과학자들은 성경을 문자 그대로 해석하는 방식과 노아 방주 사건의 역사성에 초점을 맞추고, 성경의 내용들을 과학적으로 증명하려고 노력했다. 창조과학자들이 주로 어떤 것을 중점적으로 주장하는지에 대해서는 존 위트콤(John C. Whitcomb)과 헨리 모리스(Henry M. Morris)가 공저한 『창세기 대홍수』를 보면 잘 요약되어 있다. 그들은 어떤 진영보다도 과학의 중요성을 가장 잘 알고 있었고, 어떤 진영보다도 과학의 중요성을 강조했으며, 또 어떤 진영보다도 과학을 성경 해석의 중요한 토대로 삼고 있다.

보통 '창조과학'을 포털에 검색하면 '사이비 과학'이라고 나온다. 그런데 이때 '사이비'의 의미는 과학으로서 전혀 가치가 없다는 의미가 아니다. 이 말은 곧 주류가 아니라는 의미다. 이 시대 주류 과학은 진화론을 토대로 해야 했기 때문에 진화론을 인정하지 않는 모든 과학은 비주류, 즉 사이비가 되는 것이다. 물론 이러한 분류는 진화론을 인정하는 측에서 정한 것이기 때문에 대중들은 창조과학을 '반(反)과학'이나 '비(非)과학'으로 이해해서는 안 된다. 왜냐하면 그들도 엄연히 자신들의 견해에 대하여 정밀하고 객관적인 과학적 근거들을 제시하고 있으며, 실제로도 창조과학 분야를 연구하고 연구한 내용들을 게재(publish)함에 있어서는 어느 분야보다도 훨씬 활발하게 활동하고 있다.[109]

물론 이들의 주장을 신학계 내에서 전적으로 수용하기에는 어려운

---

[109] 과학적 창조론(창조과학)자들의 반(反)진화와 창조에 관한 견해를 참고하기 위해서는 '한국창조과학회'의 사이트인 https://creation.kr/Articles를 참고하라.

부분이 있다. 왜냐하면 신학은 과학이 주도할 수 있는 영역에 대해서는 열어 주어야 하기 때문이다. 예를 들어 창조 시의 '날(day) 개념'이나 '소진화의 범위'와 같은 것들은 신학자들에게 어느 정도 열려 있는 주제가 되어야 한다. 만일 창조과학회의 견해만을 전적으로 받아들여 성경을 해석한다면, 신학의 해석 범위는 너무도 협소해지며, 그럴 경우 오히려 성경이 말하고자 하는 메시지를 제대로 못 보게 되는 실수를 저지를 수 있다. 그럼에도 불구하고 창조과학회의 주장은 진화론의 절대성에 대해 과학적 반론을 적절하게 제시한다는 점에서는 충분히 참고할 만한 가치가 있다.

둘째, 과학적 창조론과 더불어 진화에 대해 의구심을 품은 또 하나의 주류 진영은 지적설계(Intelligent Design) 진영이다. 필립 존슨이나 마이클 베히, 윌리엄 뎀스키와 같은 과학과 인문학의 학자들을 대표로 한 지적설계자들은 무목적성과 무규칙성을 가진 자연선택을 주 원리로 두고 있는 진화론에 대해 강력한 의문을 제기하면서, 자신들의 전공 분야인 철학과 과학을 객관적 근거로 제시함으로써 진화론이 가진 허점들을 공략하고자 시도했다.[110]

앞서 창조과학자들이 성경을 과학적으로 해석하는 문제를 가지고서 진화론자들과 대치했다면, 지적설계자들은 성경과는 별도로, 이 세상이 지적설계자 없이 무목적성과 무방향성의 진화 과정을 거쳐 생성되었다는 진화론의 주장에 대해서 강력한 의문을 품고 있었다. 적어도 다윈의 진화론을 충실하게 믿고 따르고 있는 리처드 도킨스와 같은 진

---

[110] Edward J. Larson, *Summer for the Gods*, 271-72.

화론자들에게는 세상의 시작과 형성, 그리고 그것들을 유지하는 질서와 규칙에 '방향성'과 '목적성'을 갖는다는 것은 결코 허용될 수 없는 부분이었다. 그러나 지적설계자들은 그렇게 생각하기에는 세상이 너무도 정교한 규칙과 법칙을 가지고 운영되고 있다고 반론을 제기했다.

지적설계자들은 다윈의 진화론이 가진 과학적, 논리적 결함에 대해서도 지적했다. 이 중에서도 생화학을 전공한 마이클 베히의 이론이 여러 사람들의 지지를 받았다. 특별히 베히는 '환원 불가능한 복잡성(Irreducible Complexity)'을 지닌 분자 기관들이 적어도 진화라는 과정을 통해서는 발생하기 어렵다고 주장했다.[111] 베히가 주장하는 '환원 불가능한 복잡성'이란, 쉽게 말하면 우연히 발생한 연속적이면서도 점진적인 변화만으로는[112] 현재 우리 몸의 구조와 같은 복잡한 유기체의 존재가 결코 설명될 수 없다는 것이다.

진화론자들의 주장에 따르면, 우리 몸의 세포 하나하나는 우연한 계기로 생성되고, 이러한 세포들이 이로운 변이들을 차곡차곡 쌓기를 '무한에 가깝게' 반복하면서 생물체를 형성하고, 그 생물체가 또한 '무한에 가까운' 변이를 축적해 가면서 종의 변화를 가져온다. 그러나 베히를 비롯한 지적설계자들은 이러한 일이 우연에 의해 연속적으로 일어나기란 결코 불가능하다고 말한다.[113]

이러한 진화론 논쟁은 교회 내로 들어와서도 큰 논쟁의 불씨를 키웠다. 즉, 성경에 묘사된 창조의 내용을 어떠한 방식으로 이해해야 하

---

111 래리 위덤, 『생명과 우주에 대한 과학과 종교 논쟁, 최근 50년』, 박희주 옮김 (서울: 혜문서관, 2008), 218.
112 특별히 진화론자들은 이것을 '우연'에만 의존한다.
113 대표적으로는 '눈(eyes)'을 예로 든다.

는지에 관한 논쟁이었다. 교회 내에서 진화를 지지하는 사람들은 창세기의 창조 내용을 비유나 상징으로 이해하면서, 아담 또한 완성된 하나님의 형상은 아니었다고 주장했다. 그러나 진화론을 반대하는 입장에서는 과학적으로나 논리적으로도 빈약한 진화론을 지지하기 위해 성경의 진리를 왜곡하거나 수정한다는 것은 결코 있을 수 없는 일이라고 반박했다.

이러한 갈등이 심화되는 가운데 진화론과 성경이 갈등할 필요가 없으며, 충분히 공존 가능성이 있다고 주장하는 무리들도 있었다. 그들이 바로 '유신진화론자'들이다. 유신진화론자들은, 진화론은 과학적으로 충분히 증명된 이론이기에 교회가 진화론을 받아들이지 않을 이유가 전혀 없으며, 오히려 그것을 받아들임으로써 하나님의 권능의 풍성함을 드러낼 수 있고, 세상과도 적절한 소통을 할 수 있다고 주장했다. 유신진화론적 성경 해석은 전통적인 성경 해석을 버리고 진화론에 입각한 새로운 창조 해설을 추구하는 경향이 있기 때문에, 하나님의 말씀으로 '완벽하게' 세상이 창조되었다는 전통적 성경 해석과는 필연이 갈등을 일으킬 수밖에 없었다.[114] 그럼에도 오늘날 다수의 기독교인들은 교회와 세상 사이에 진화론으로 인한 불필요한 논쟁을 불러일으킬 필요가 없다고 생각해, 유신진화론적 창조 해석에 동조하고 있는 추세이다.

이처럼 다윈의 진화론이 등장한 이후 과학계와 기독교계 사이에서는 과학과 성경의 권위를 두고서 크고 작은 갈등이 일어났으며, 기독

---

[114] 이에 대한 자세한 논의는 4장 "유신진화론이 가진 신학적 문제점"에서 자세히 다루도록 하겠다.

교 안에서도 창조론과 진화론의 수용 범위와 균형을 두고서 갈등이 일어났다. 이러한 갈등들은 때론 격렬하게 때론 유연하게 나타났지만, 시간이 지나면서 지나치게 갈등을 일으키기보다는 서로의 영역을 적당히 인정해 주면서, 혹은 적당히 거리를 두면서 각자의 분야를 발전시키고 있는 양상이다. 그러한 가운데 오늘날 많은 그리스도인들은 진화론과 창조론이 완벽하게 조화를 이룰 수 있다고 하는 유신진화론에 동의하고 있는 추세인데, 그러한 점에서 우리는 유신진화론의 정의와 그들의 핵심 주장, 그리고 그러한 주장 속에서 발견되는 장단점들을 유심히 살펴볼 필요가 있다.

깊이 있는 나눔과 토론을 위한 질문

Q1. 다윈의 진화론을 설명하는 핵심 키워드로 어떤 것들이 있나요? 여러분들은 진화의 원리를 명확하게 이해하고 있으며, 그것을 설명할 수 있나요? (진화론이 절대적으로 옳다고 받아들이는 사람들 중에서도 의외로 진화론의 기본 개념조차 모르는 경우가 있습니다.)

Q2. 진화론이 등장했던 때, 그것을 찬성하고 반대했던 사람들은 어떠한 이유에서 그것을 찬성하고 반대했나요?

Q3. '창조과학', '지적설계', '유신진화론', '성경적 창조론' 등의 특징을 구별할 수 있나요?

유신진화론이란 무엇인가?

1. 유신진화론의 등장

우리는 앞서 진화론이 세상에 등장한 이후 신학계와 과학계 사이를 유지하던 팽팽한 긴장감과 대립에 대해 살펴보았다. 과학계는 진화론을 우주의 발생과 보존의 절대적 기준으로 두어 왔고, 신학계는 창세기에 나타난 계시를 절대적 기준으로 삼고 있으므로 두 영역의 논쟁은 쉽게 합일점을 찾기 어려웠다. 그러나 이러한 대립의 역사 속에서도 신학과 과학의 관계를 상보적인 것으로 이해하면서, 두 진영 사이에도 충분히 공존이 가능하다고 보는 이론이 나왔는데, 그것이 바로 '유신진화론(theistic evolution)'이다.

유신진화론은 말 그대로 하나님께서 진화라는 방식을 통해 세상을 창조하시고 보존하신다는 이론으로서, 그 진영의 사람들은 진화론과 성경의 창조론이 전혀 배치되지 않는다고 주장한다. 다수의 기독교 내 복음주의 계열에서는 이 합리적인 대안을 굉장히 반기고 환영했는데, 이는 교회가 진화론을 부정함으로써 비상식적인 집단으로 취급되거나, 혹은 굉장히 극단적이고 폐쇄적인 집단으로 손가락질받는 현실

이 부담스러웠기 때문이다. 더군다나 유신진화론이 기존의 창조론에 과학적 지식을 보충해 더욱 하나님의 창조를 견고하게 세울 수 있다고 유혹했기에, 교회로서는 이 합리적인 이론을 마다할 이유가 없었다. 단순하게 생각해 보더라도 우리가 학창 시절부터 정설로 배워 온 진화론을 전혀 포기하지 않으면서도 성경의 창조론까지 그대로 유지할 수 있다고 하니, 꽤나 매력적인 제안이 아니겠는가? 이처럼 유신진화론을 수용하는 다수의 기독교계는 과학계와의 갈등을 겪기보다는 차라리 서로의 독립된 교도권을 인정하면서, 성경과 과학, 특별히 창조론과 진화론을 화합하려는 시도를 하게 되었다.

'유신진화론'이라는 말에 대한 상용화는 다윈의 진화론이 세상 밖으로 막 나오던 시기, 미국의 식물학자였던 아사 그레이(Asa Gray, 1810-1888)에 의해 시작되었다. 그레이는 당시 진화론의 내용을 강력하게 부인했던 찰스 하지의 조직신학 책 내용을 매우 극단에 치우친 것으로 여기면서, 그러한 경향으로 교계의 중심이 쏠린다면 그것은 과학과 기독교를 화해시키는 데 전혀 도움이 되지 않는다고 했다.

아사 그레이
(Asa Gray, 1810-1888)

그는 과학계와 기독교계가 원만한 관계를 유지하기 위해서는 정통적인 창세기 해석의 틀이 반드시 수정되어야만 한다고 지적했다.[1] 그러한 점에서 그레이는 과학과 성경의 독립된 영역을 인정하는 가운데, 그 안에서 일어나는 확률과 가설과 추측 등을 감안하고 조율하여 과학과 성경, 특별히 창세기와 지질학의 내용을 다루어야 한다고 말했다.[2]

현대에 와서 유신진화론을 지지하는 대표적인 인물은 미국의 유전학자이자 바이오로고스(BioLogos)의 수장인 프란시스 콜린스(Francis S. Collins)이다. 그는 과학자의 입장에서 유신진화론에 대해, "진지한 신앙을 가진 진지한 과학자들을 대변하는 입장"이라고 정의하기도 했다.[3] 특별히 콜린스는 과학적 진실과 영적 진실 사이에서 어떤 모순도 발견할 수 없다고 주장하며, 그러하기에 유신진화론적 입장은 기독교뿐만 아니라, 힌두교, 이슬람교, 유대교, 천주교 등에서도 많은 지지를 받고 있다고 주장했다.[4]

콜린스가 유신진화론의 탁월성을 주장하면서도 특별히 감명을 받은 부분은 자신이 진화론을 주장하면서도 설명할 수 없었던 부분들을 '신의 개입'을 통해 완벽하게 보완했다는 점이다. 콜린스는 미완성적이었던 진화론이 신의 개입을 통해 완성되었다면서, '유신론적 진화(theistic evolution)'라는 말 자체를 매우 만족스러워했다.[5]

콜린스가 우주의 창조를 설명하면서 진화론을 우선에 두고 성경을 진화론에 대한 보완적인 차원에서 사용했다면, 바이오로고스의 또 다

---

1 Asa Gray, *Darwiniana: Essays and Reviews Pertaining to Darwinism* (New York: Appleton and Company, 1889), 253.
2 위의 책, 260-61.
3 Francis S. Collins, *The Language of God*, 199.
4 위의 책, 198-99.
5 위의 책, 198-99.

른 수장인 데보라 하스마(Deborah B. Haarsma)는 콜린스보다 성경의 내용을 더 심도 있게 다루려고 노력했다. 물론 그렇다고 해서 하스마가 진화론에 대한 비중을 가볍게 다루거나 현대 과학에서 생각하는 진화의 개념을 달리 해석한 것은 전혀 아니었다. 그녀 역시 다른 진화론자들과 마찬가지로 우주의 시작을 무에서 유로, 생명의 시작을 무기물에서 유기물로 이해하면서, 진화의 원리에 따라 우주가 미상의 점(point)으로부터 시작되어 현재의 우주까지 발전되었다고 믿고 있다.

다만 하스마는 진화에 대한 타당성을 과학의 영역에서만 찾으려 하지 않고, 성경의 내용과 신학의 영역에서도 찾으려 했다. 그녀는 과학과 종교의 영역이 진화론과 전통적 창조론의 갈등을 해소하고, 그 안에서 원만한 통합을 이루고자 하는 것을 목적으로 두면서, 성경뿐만 아니라 보편적인 신앙고백서와 더불어 아우구스티누스, 칼뱅과 같은 보수적인 학자들의 견해도 자주 인용하며, 과학과 신학의 영역을 좀 더 포괄적으로 포용하려고 노력했다. 무엇보다 하스마는 성경의 창조와 과학의 진화론의 내용이 서로 상충하지 않는다는 점을 부각하면서 다음과 같이 말하기도 했다.[6] "성경은 인간이 자연 세계의 작동 원리를 과학적으로 설명해 내는 순간 하나님이 불필요해진다고 말하지 않으며, 오히려 하나님이 모든 일상적인 자연 현상을 다스리신다는 것을 분명히 말한다. 그러므로 모든 자연적인 법칙과 패턴을 만드신 분도

---

[6] 물론 이것은 과학적 창조론자들이 설명하는 방식과는 매우 다른 측면의 것이다. 과학적 창조론자들은 성경을 중심으로 과학의 내용을 참고하되 상충되는 부분이 있다면 과학의 내용보다는 성경의 내용을 보다 충실하게 믿으려고 하는 반면, 하스마는 과학과 성경의 내용이 상충하게 되면 과학적인 것에 맞추어 성경의 내용을 수정하고자 하는 경향이 있다.

하나님이요, 그 법칙과 패턴을 넘어설 수 있는 분도 하나님이시다."[7]

콜린스와 하스마와 더불어 현대 유신진화론 진영에서 가장 영향력을 미치고 있는 또 다른 인물이 있다면, 그는 단연 알리스터 맥그래스이다. 맥그래스는 과학과 신학을 깊이 있게 전공하면서 그 누구보다도 심도 있게 유신진화론을 발전시켜 나갔다. 특별히 맥그래스는 '과학신학(scientific theology)' 분야를 체계화하고, 과학 속에서 발견되는 놀라운 질서와 법칙을 통해 하나님의 능력과 세심하신 섭리를 발견하고자 했다. 그는 과학과 신학을 모두 전공한 자로서, 그 두 진영은 결코 갈등 관계 안에 있지 않으며 충분히 조화를 이룰 수 있다고 확신했다.

이러한 유신진화론자들의 노력을 통해 교회는 과학과 종교 사이에 벌어진 간격을 보다 적극적으로 좁혀 보려고 시도했으며, 그러한 과정에서 비합리적이거나 비과학적이라는 오명을 어느 정도 피할 수 있게 되었다. 물론 생각만큼 단순한 문제는 아니지만, 적어도 진화론을 절대적인 진리로 보고 있는 다수의 과학자들과 일반 대중들의 시선을 감안할 때, 교회와 목회자들이 유신진화론을 받아들이는 것이 최선으로 보일 때가 있는 것은 사실이다. 더군다나 근래 많은 사람들에게서 지지와 신뢰를 받고 있는 권위 있는 복음주의 목회자와 신학자들도 유신진화론을 지지하고 있기 때문에, 적지 않은 신자들이 유신진화론을 점점 더 의심 없이 받아들이고 있는 것도 사실이다.

그러나 필자는 유신진화론이 창조와 관련된 성경의 권위를 상당 부분 손상시키고 있고, 또 중요한 신학적 의미를 너무 가볍게 다루고 있

---

[7] Deborah B. Harrsma & Loren D. Haarsma, *Origin* (Mi: Faith Alive Christian Resources, 2011), 42.

다고 생각한다. 따라서 우리는 그들이 추구하는 성경신학적 주장과 더불어 그것이 갖는 문제점들을 좀 더 진지한 자세로 검토해 볼 필요성이 있다.[8] 물론 이 책에서는 진화론이 가진 과학적 의문점에 대해서는 최대한 유보하려 한다. 하지만 분명한 것은 진화론과 성경의 창조론을 조화시키려는 시도 속에서 신학적·철학적 문제점들이 발견되고 있다. 그러므로 유신진화론의 명확한 정의와 그것이 궁극적으로 추구하는 목적과 방향이 무엇인지를 보다 정확히 파악하면서, 더불어 그것이 전통적인 창조 신학과 어떠한 차이를 가지고 있으며, 그 속에서 발견되는 신학적 문제점이 무엇인지를 좀 더 세밀하게 살펴보려 한다.

2. 유신진화론에 대한 정의(definition)와 키워드

성경과 진화론은 충분히 조화로울 수 있다

유신진화론을 가장 간단하게 정의하면, 하나님께서 진화의 방식을 통해 우주를 발생시키시고 운영하신다는 것이다. 여기서 중요한 것은 하나님의 존재와 진화의 존재를 모두 인정해야 한다는 것이다. 만일 이 두 가지 사실 중 하나라도 모호하게 설명한다면, 유신진화론자들은 그것을 유신진화론이라고 인정하기를 거부할 것이다. 그럼에도 불구하고 유신진화론자들 내부의 주장들을 잘 살펴보면, 그 안에서는 미묘한 차이점들이 나타나기도 하는데, 이를테면 유신진화론이 과학과 성경의 균형을 주장한다고는 하지만, 자신이 어느 분야에 종사하냐에 따

---

[8] 이는 단순히 창조에 관한 내용에서뿐만 아니라, 아담과 그리스도의 구속사적 연계성과 관련하여 인간론, 구원론, 기독론에도 영향을 미치게 된다.

라 어느 한쪽을 좀 더 비중 있게 다룬다는 것이다. 즉, 과학 분야에 종사하는 유신진화론자들은 진화론을 다룰 때 성경의 내용보다는 과학적 지식을 좀 더 비중 있게 다루고, 신학이나 목회 분야에 종사하는 유신진화론자들은 진화론을 다룰 때 과학적 지식보다는 성경의 내용을 좀 더 비중 있게 다루는 경향이 있다.

또한 이들은 진화론을 받아들여야 하는 이유에 대해서도 약간의 차이가 있다. 유신진화론을 지지하는 신학자나 목회자들은 교회가 현대 사회에서 보편적인 패러다임으로 자리 잡은 진화론을 받아들이지 않을 경우, 자연스럽게 대중으로부터 소외를 받게 되고, 결과적으로 그것이 복음 전파에도 장애물이 될 수 있음이 우려되기에 진화론을 받아들여야 한다고 주장하는 반면, 과학자 집단은 그러한 사회적 눈초리를 의식하기보다는 진화론이라는 절대적인 과학의 지지대가 조금이라도 흔들리지 않기를 바라는 마음에서 진화론을 받아들이고 있다. 그런 의미에서 유신진화론을 지지하는 과학자들은 진화론을 절대적으로 완벽한 이론으로 이해하면서, 그 이론이 설명하지 못하는 최초 우주의 기원, 우주의 완벽한 질서, 생명의 기원, 인간의 존엄성과 같은 영역이 하나님의 권능으로 설명되는 것을 환영한다. 적어도 유신진화론을 지지하는 과학자들에게 성경은 진화론이 설명하지 못한 미비한 부분들을 보완할 수 있는 좋은 도구인 것이다.

유신진화론자들과 창조과학자들은 과학과 성경의 중요성을 인정하고, 그것이 성경을 해석하는 데 중요한 역할을 한다는 것을 인정한다는 점에 있어서는 공통점을 갖는다. 하지만 적어도 우주의 창조와 관련하여 과학의 내용과 성경의 내용이 상충할 경우 창조과학자자들은 성경의 문자적 내용을 우선으로 하고 과학의 내용을 수정해 나가는 반면, 유신진화론자들은 동일한 상황에서 과학의 내용을 좀 더 명확한 기준으로 두고 성경의 내용을 수정하려는 경향이 있다. 진화론의 내용이 성경에 의해 수정되는 것을 별로 좋아하지 않기 때문이다. 그들은 늘 창조를 설명할 때 진화론이 주도권을 놓치지 않도록 노력한다.

그런 의미에서 'BioLogos'의 수장이자 대표적인 유신진화론자인 콜린스가 정의한 유신진화론의 개념은 일반적으로 유신진화론자들이 과학과 성경과 진화와 하나님과 인간 등의 개념에 대해 어떻게 생각하고 있는지를 잘 반영했다고 볼 수 있다. 유신진화론이 주장하는 핵심적인 논지를 콜린스는 다음과 같이 정의한다.

1. 우주는 약 140억 년 전에 무로부터(out of nothingness) 창조되었다.
2. 확률적으로 대단히 희박해 보이지만, 우주의 여러 특성은 생명이 존재하도록 정확하게 조율되어(precisely tuned) 있다.
3. 지구상에 처음 생명이 탄생하게 된 정확한 메커니즘은 알 수 없지만, 일단 생명이 탄생한 뒤로는 대단히 오랜 세월에 걸쳐 진화와 자연선택(evolution and natural selection)으로 생물학적 다양성과 복잡성(complexity)이 생겨났다.
4. 일단 진화가 시작된 이후로는 특별히 초자연적으로 개입할 필요가 없어졌다.
5. 인간도 이 과정의 일부이며, 유인원(the great apes)과 조상을 공유한다.
6. 그러나 진화론적 설명을 뛰어넘어 영적 본성을 지향하는 것은 인간

만의 특성이다. 도덕법(옳고 그름에 대한 지식)이 존재하고 역사를 통틀어 모든 인간 사회에서 신을 추구한다는 사실이 그 예가 된다. [9]

콜린스가 정의한 유신진화론의 핵심 논지는 신의 존재를 가정하고 인간의 특별성을 강조한다는 점에서 무신론적 진화론자들의 논지와 분명 차이가 있다. 그럼에도 불구하고 우주의 탄생과 지구의 탄생 시기, 자연선택과 진화를 통한 유기체의 복잡성(complexity)의 형성, 초자연적인 능력이 개입하지 않는 자연주의적 진화, 인간이 유인원과 조상을 공유한다는 점에서는 일반적인 진화론자들이 주장하는 것과 크게 다르지 않다.

콜린스는 위에 정리한 여섯 가지 정의들과 정확하게 맞아떨어지지 않아도 대체로 저러한 내용들을 받아들이고 인정한다면 그는 유신진화론자라고 설명한다. 또한 하나님께서 의도적으로 이러한 체계를 이용하여, 특별한 지성을 갖추고 옳고 그름을 판단할 수 있으며 자유의지가 있고 신과 함께 있고자 하는 특별한 생물인 인간을 만들었다고 말하면서, 이러한 주장이 과학적 사실과 충분히 양립 가능하며, 과학적 세계관과 영적 세계관이 우리 안에서 즐겁게 공존할 수 있다고 주장한다.[10] 여기에 덧붙여 유신진화론자들이 진화론 및 성경과 관련하여 주장하는 내용을 요약해 보면, 다음과 같다.

첫째, 진화론을 검증되지 않은 '설(theory)'이 아닌 확정적 '법칙(law)'으

---

9   Francis S. Collins, *The Language of God*, 200.
10 위의 책, 201.

로 인정한다. 둘째, 창세기 1-3장의 내용을 역사적 사실로 인정하지 않는다. 셋째, 모든 생물이 각기 종류대로 창조되었음을 인정하지 않는다. 넷째, 아담을 최초의 인간이자 최초로 범죄를 저지른 사람으로 인정하지 않는다. 다섯째, 아담이 인류의 대표로서 하나님과 언약을 맺은 당사자라는 사실을 인정하지 않는다. 여섯째, 에덴 사건의 역사성과 죄의 결과가 저주와 사망이라는 것을 인정하지 않는다. 일곱째, 아담과 예수 그리스도의 병행 구절을 실제로 받아들이지 않는다.[11]

콜린스와 함께 미국의 대표적인 유신진화론 단체인 'BioLogos'를 이끌고 있는 데보라 하스마(Deborah B. Haarsma)는 자신과 같은 과학자들을 비롯한 자연 세계를 연구하는 기독교인들의 올바른 역할이 "하나님께서 창조하신 자연적 메커니즘을 연구하는 것"이라는 점을 강조하기도 한다.[12] 여기서 하스마가 지칭하는 '하나님께서 창조하신 자연적 메커니즘'이란, 중력과 같은 지구의 현상들을 지배하는 법칙들과 화학적인 반응들, 날씨의 패턴과 그러한 패턴을 만드는 원인과 결과, 그리고 자연적인 사슬들(natural chains)을 말하는 것이다. 그들은 기독교인들이 이러한 자연의 법칙과 원리들을 관찰하고 연구함으로써, 하나님의 작품이 되는 온 세계의 탁월성을 드러내고 하나님을 더욱 영화롭게 할 수 있다고 믿는다.[13]

---

[11] 신국현, "알리스터 맥그래스의 유신진화론적 이해에 대한 개혁신학적 비평", (박사 학위, 합동신학대학원대학교, 2023), 40.
[12] Deborah B. Haarsma, "Evolutionary Creation," in *Four Views on Creation, Evolution, and Intelligent Design* (Grand Rapids, Michagan: Zondervan Academic, 2017), 139.
[13] 위의 책, 139.

하스마의 견해는 진화론의 수용 여부와 상관없이 모든 기독교인들에게 충분히 공감되는 이야기이며, 또 모든 기독교인들이 지향해야 할 내용이다. 왜냐하면 모든 자연 만물을 창조하신 분은 하나님이시고, 하나님은 창조된 자연 만물을 그분이 보시기에 좋은(גוֹב) 상태로 창조하셨기 때문이다. 그렇기 때문에 우리는 자연 만물을 통해 하나님의 능력이 얼마나 장엄하고 위대한지를 볼 수 있게 된다. 사도 바울도 로마서 1장 20절을 통해 이 세계는 하나님의 위대하심과 선하심을 충분하게 반영하고 있다고 말했다. 따라서 하나님께서 만드신 아름다운 세계 속에 살고 있는 우리 모두는 하나님을 영화롭게 하고 그분을 영원토록 즐거워하는 목적과 사명을 가지고 살아가야만 한다.[14]

콜린스나 하스마의 견해를 살펴보면서, 우리는 이들이 과학과 성경이 적대적인 관계가 아닌 충분히 공존 관계가 될 수 있으며, 과학적인 설명들이 하나님의 존재나 하나님 말씀의 내용을 제거하는 것이 아니라, 오히려 과학을 잘 연구할 때 그것이 성경의 내용을 더욱 풍요롭게 해 준다고 믿고 있음을 알 수 있다.

물리학자이면서 신학자이자 영국의 성공회 사제이기도 한 대표적인 유신진화론자인 존 폴킹혼(John C. Polkinghorne, 1930-2021) 역시 과학과 종교의 관계를 말할 때 상호 보완의 필요성을 강조했으며, 양자역학과 신학을 합리적인 학문으로 정의하면서 그 두 학문 사이의 유사성

---

[14] 이러한 의미에서 웨스트민스터 소요리문답 제1문답은 "사람의 제일 되는 목적은 무엇인가?"(What is the chief end of man?)라는 질문에 대해, "하나님을 영화롭게 하고 그분을 영원히 즐거워하는 것"(Man's chief end is to glorify God, and to enjoy him for ever)이라고 답한다. 이러한 답은 우리의 존재에 대한 자의식(Self-consciousness)에 기초한 것이 아니라, 우리를 향하신 하나님의 창조 목적에 기초한 것이다.

과 중요성을 드러내기 위해 노력했다. 또한 아인슈타인의 말을 빌려, "과학 없는 종교는 제한적이며, 종교 없는 과학은 불완전하다"라고 하면서 과학과 종교 사이의 상보적 관계의 중요성을 요약했다.[15]

더 나아가 폴킹혼은 과학이 우리에게 주는 지적인 작용에 대한 통찰은 과학 자체가 제공할 수 없는 훨씬 더 심오한 것이라고 말하면서, 종교 역시 세계가 하나님의 창조물이라는 사실을 진지하게 받아들이기 위해서는 과학으로부터 이 세계가 실제로 어떠한 것인지를 겸손히 배워 가야 한다고 주장했다. 그는 과학자나 신학자는 서로의 분야를 배척하는 것이 아니라, 서로의 분야를 존중하는 가운데 훨씬 더 경이로운 세계를 볼 수 있다는 말로 과학과 신학의 관계를 정리했다.[16]

물론 과학에 대한 신뢰는 유신진화론 진영에서만 중요하게 여기는 것은 아니다. 창조과학자들이나 지적설계자들, 성경적 창조론자들도 당연히 과학에 대한 중요성과 여기에 충분한 신뢰를 보내는 것에 동의한다. 이들을 포함한 이 시대를 살아가는 누구라도 '과학'의 영역 자체는 불신하지 않으며, 오히려 어느 학문보다도 과학의 영역을 신뢰한다. 또 우리가 잘 아는 바와 같이 지적설계자들이나 창조과학자들 중 꽤 많은 사람들이 직접 과학자로서 연구 분야와 학문을 가르치는 분야에 종사하고 있으며, 그 일에 대한 상당한 자부심을 가지고 있기도 하다. 그럼에도 불구하고 이들은 유신진화론자들과 큰 차이점을 가지고 있는데, 그것은 무엇인가? 바로 진화를 '전적으로' 수용하지 않는다는

---

15 John C. Polkinghorne, *Science and Creation: The Serach for Understanding* (Philadelphia: Templeton Foundation Press, 2006), 117.
16 위의 책, 117.

것이다. 창조과학자들은 좀 거리감이 있더라도, 사실 지적설계자들과 유신진화론자들은 그 주장하는 내용에 상당 부분 유사한 점이 있다. 그들은 온 우주의 구성과 질서가 놀라울 정도로 정교하게 이루어져 있으며, 그러한 정교한 질서를 하나님의 통치 개념 안에서 인정한다. 그러나 그들은 진화론을 사이에 두고서 전혀 다른 주장들을 펼친다.

지적설계자들은 진화를 인정하지 않고도 과학계에 종사하거나 과학을 통해 하나님 능력의 장엄함을 충분히 드러낼 수 있다고 주장한다. 반면 유신진화론자들은 진화를 절대적인 것으로 인정하면서, 진화를 거부하는 것이 과학을 거부하는 것이라고 생각한다. 따라서 유신진화론자들은 진화를 인정하지 않는 창조과학자들과 지적설계자들이 아무리 객관적인 과학적 자료를 제시하더라도 그들의 과학 자체를 '사이비 과학'으로 폄하하기도 한다. 그러나 진화론 자체는 결코 절대적인 이론이 될 수 없다. 진화론자들 스스로도 인정할 수밖에 없듯이 진화론 안에는 결코 알 수 없는 미지의 영역이 존재하며, 진화론을 창설한 다윈조차도 진화론에 대해 절대성을 부여하지는 않았기 때문이다.[17]

만일 누군가 우리에게 "과학은 신뢰할 만한 학문인가요?"라고 묻는다면, 대부분의 사람들은 "맞아요!"라고 답할 수 있다. 실제로 과학은 실험과 검증을 반복하며 신뢰할 만한 결괏값을 도출해 내기 때문에 그 어떤 학문의 영역보다도 신뢰할 만하다. 당연히 대중들이 생각하는 과학이란 오차가 거의 없는, 혹은 전혀 없는 학문이라고 볼 수 있다.

그러나 진화론은 조금 다른 문제이다. 만일 누군가가 "진화론은 전

---

[17] 다윈은 그의 책 『종의 기원』 서론에서 분명히 자신의 진화론과 관련한 견해가 가진 불완전성과 오류 가능성을 인정하고 있다.

적으로 신뢰할 만큼 분명하면서도 확정적인 증거들을 가지고 있나요?"라고 묻는다면, 우리는 "네!"보다는 "글쎄요!"라고 답하는 것이 좀 더 솔직한 답변일 것이다. 이것은 진화를 반대하는 입장에 있는 사람의 대답일 뿐만 아니라, 진화론을 지지하는 사람들의 대답이기도 하다. 사실 진화론자들조차도 애초부터 진화론이 명료한 증거와 진리를 기반으로 세워진 법칙이 아니라, 어느 부분에서는 반드시 그들이 믿기로 작정해야 하는 상황에 부딪힌다는 사실을 잘 알고 있다. 아무리 진화론을 확정적으로 믿는 사람들이라 할지라도 명확한 검증으로 확정할 수 없는 부분이 반드시 존재하며, 그 미지의 영역을 설명할 때는 자신이 가진 '신념'이나 '믿음'으로 받아들여야 하는 부분이 있는 것이다.[18]

3. 유신진화론 내의 다양한 스펙트럼

'유신진화론'으로 묶기에는 너무도 다양한 유신진화론 내의 견해들

일반적으로 우리는 '유신진화론(theistic evolution)'을 성경과 진화론이 충분히(혹은 완벽히) 조화될 수 있다는 신념을 가지고 있는 진영이라고 말하지만, 앞서 말한 대로 유신진화론 진영은 다양한 스펙트럼을 가지고 있다. 이를테면 생물학자인 프란시스 콜린스는 생물학적 관점에서 진화론의 확실성에 관해 많은 분량을 소개하면서, 진화론적으로 설명하기 어려운 부분을 하나님께서 하셨다는 식으로 진화론과 성

---

[18] 이러한 부분에 대한 보다 상세한 논의는 뒷부분에서 다시 한번 나누어 보기로 하겠다.

경을 조화시키려고 했던 반면, 목회자인 팀 켈러는 진화론적 해석을 부각하기보다는 목회자의 관점에서 전통적인 성경신학적 관점을 최대한 왜곡시키지 않으려고 하면서, 창조와 진화의 내용을 해석하려고 노력했다.[19]

또 구약 학자인 존 월턴(John H. Walton)과 신약 학자인 톰 라이트(N. T. Wright)는 고대 근동의 문화와 더불어, 히브리어나 헬라어와 같은 성경 언어의 어휘와 문법 같은 자료들에 의존하면서, 전통적인 성경 해석이 가진 신학적 난제들을 공략하고자 했고, 짐 스텀프(Jim Stump)는 기자로서 성경의 영역은 성경학자에게, 과학의 영역은 과학자에게 돌리면서도, 현대적이고 일반적으로 통용되는 세계관 안에서 가장 이성적이고 합리적인 대안들을 제시하고자 노력했다. 그리고 과학과 신

---

[19] 팀 켈러가 성경과 진화에 대하여 최대한 성경적인 관점에서 해석해 내려고 노력함에도 불구하고 그의 진화론적 견해는 인간론에 있어서 한계를 드러낼 수밖에 없었다. 팀 켈러의 진화론적 인간론에 대한 견해는, 그가 'BioLogos'에 개재한 에세이인 '창조, 진화, 일반신자'(Creation, Evolution, Christian laypeople)에서 가장 분명하게 확인할 수 있다. 그는 진화에 대하여 'EBP'(생물학적 진화과정: Evolutionary Biological Processes)와 'GTE'(거대 담론으로서의 진화: Grand Theory of Evolution)로 구별할 수 있다고 하면서, 기독교인들은 오직 EBP만을 받아들여야 한다고 말하었다. 팀 켈러는 GTE에 대하여 지각에 대한 감각적 인식, 합리적인 직관력, 우리의 기억 등을 의미한다고 설명하는데, 이러한 시도는 창발적 이원론(Emergent Dualism)의 원리와 유사하다고 여겨진다. 그러나 만일 GTE에서의 고민들을 배제하고, EBP만을 받아들인다고 한다면, GTE에서 주장하는 정신적, 영적, 도덕적 영역의 진화에 대해서는 전혀 설명하지 못하게 된다. 즉, 회중에서 인간으로 진화되는 과정에서 그의 영혼의 진화는 어떻게 이루어지는가? 하는 문제에 대하여 EBP만으로는 설명할 수 없다는 것이다. 결국에 그들은 그러한 영적이고 도덕적인 부분은 하나님이 형성시켜 주신다고 하는 '빈틈의 하나님' 이론에 빠지게 된다. 그러나 반대로 그러한 도덕성과 영적 존재의 형성이 세포의 형성과 단백질 구성으로부터 나온다고 이해한다면, 그것은 창발적 이원론(emergent dualism)나 좀 더 발전하여 비환원론적 물리주의(non-reductive physicalism:우리 몸의 구성을 생물학적 체계 안에서 설명하면서 기억과 훈련을 통한 영적 인식이 가능하다고 봄) 정도의 원리로만 설명되어 질 수 있다. 그러나 전통적인 기독교는 인간의 몸과 영혼을 구분하나 분리시키지 않고, 하나의 인격체로 창조되었다는 사실을 받아들이며, 출생 시에도 인간의 몸과 영혼의 출생이 따로 이루어지지 않고, 하나로서 출생된다고 여긴다. 만일 우리가 몸의 존재와 영혼의 존재를 따로 떼어서 이해하게 되면, 전통적인 성경해석의 많은 부분들은 수정되거나 거부될 수밖에 없다. 즉, 죽음 이후에 몸과 영혼의 분리, 중간 상태, 부활 등의 문제에서 우리는 철학적 사변으로 우리의 존재를 이해해야만 한다. 결국 과학이나 철학으로 분명한 논리적 접근을 끌어내지 못한다면 적어도 우리는 그러한 문제를 성경이 말하는 단 한 가지 방식, 즉 하나님께서 우리의 몸과 영혼을 만드셨다는 것으로만 이해해야 한다.

학을 둘 다 전공한 알리스터 맥그래스와 존 폴킹혼 등은 '과학 신학(Scientific Theology)'이라는 새로운 개척지를 창설하고 그들이 가진 신학과 과학의 전문성을 잘 활용하여, 과학 안에서 신학을, 신학 안에서 과학을 발견하면서 그 둘을 잘 조화시키려 했다. 이들은 과학과 신학의 필요성을 둘 다 인정하면서, 그 둘의 관계를 적대적이거나 분리적인 관계로 보지 않고, 서로 충분히 조화되고 보완할 수 있는 관계가 성립될 수 있다고 생각했다.

이러한 유신진화론 진영의 과학자, 신학자들의 견해를 좀 더 세밀하게 나누어 보자면, 과학과 신학이 전혀 대치되지 않고 서로의 영역을 더욱 풍성하게 해 주면서 서로 상보적인 관계를 유지하고 있다는 점을 강조하는 부류, 과학적인 영역에 좀 더 우위를 두고 신학이 과학의 자문을 받고서야 그 견해를 펼칠 수 있다고 보는 유형의 부류, 과학과 신학은 각기 연구하는 분야가 다르기에 서로 겹치지 않는다고 보는 유형의 부류, 신학적 영역을 좀 더 우위에 두고서 과학이 신학의 자문을 받도록 한 유형의 부류 등으로 나눌 수 있다.

이렇게 유신진화론 안에 있는 다양한 부류들은 성경과 과학이 충분히 조화를 이룰 수 있다고 가정하면서, 하나님께서 진화라는 과정을 통해 세상을 창조하시고 운영하신다는 믿음을 가지고 있다는 점에서는 동일하지만, 그럼에도 불구하고 각기 종사하는 분야에 따라서 그 강조점과 주장하는 내용들이 다를 수 있다. 따라서 우리는 유신진화론 진영의 학자들의 견해를 평가할 때 일괄적으로 평가할 것이 아니라, 각기 다른 유형의 유신진화론적 견해들을 세밀하게 살펴보고 평가할 필요가 있다.

그러나 진화론을 받아들이지 않는 그리스도인들은 유신진화론자들이 과학을 성경보다 우위에 두는 것이 아니라 성경과 하나님의 존재를 인정하고 존중한다는 점에서, 그들을 무신론적 진화론자들과 동일시할 것이 아니라, 그리스도 안에서 한 형제로 인정하면서 그들과의 건전한 대화를 지속해 나가야 할 것이다.

4. 창세기 1-3장 해석

유신진화론자들에게서 창조 기사는 역사이기보다는 신화요 설화일 뿐이다

유신진화론들이 이해하는 '창조': 비유와 상징, 고대 근동의 문학적 표현

대부분의 유신진화론자들은 창세기 초반에 나오는 창조 기사를 해석할 때 미국 휘튼 대학의 구약학 교수인 존 월턴(John H. Walton)의 견해를 지지하는 편이다.[20] 월턴은 자신의 책 『창세기 1장의 잃어버린 세계』(*The Lost World of Genesis One*)[21]에서 창세기 1장과 관련한 다양한 논의들을 정리했다. 그는 구약 학자답게 창세기 1장을 그가 가지고 있는 폭넓은 지식을 활용해 고대 근동의 문화와 역사, 그리고 문법적 근거들을 토대로 굉장히 방대하고도 상세하게 해설했다. 월턴의 창세기 1장 해설 중 중요한 내용들을 간단하게 요약해 보면 다음과 같이 정리할 수 있다.

---

[20] 미국 유신진화론자들이 활발하게 과학적, 성경적 견해를 게시하는 'BioLogos' 웹페이지 내에는 존 월턴의 기사가 다수 실려 있다. 월턴의 창세기 해석은 데보라 하스마, 톰 라이트, 팀 켈러, 프란시스 콜린스, 알리스터 맥그래스 등과 같은 인지도 높은 유신진화론자들의 참고 자료로 사용되고 있다.

[21] John H. Walton, *The Lost World of Genesis One: Ancient Cosmology and the Origins Debate* (Westmont, Illinois: InterVarsity Press, 2009).

1. 창세기 1장은 고대 근동 우주론을 반영한 것으로서, 우리는 당시의 우주론을 현대적인 관점에서 번역해서는 안 된다. 만일 당시의 우주론을 오늘날의 것으로 바꾸게 되면 성경의 내용은 그 의도와 다르게 왜곡되고 만다. 그렇기 때문에 우리는 하나님의 계시를 오늘날 과학의 개념에서 이해하려고 해서는 안 되며, 그것을 고대의 문화적인 개념으로 이해해야 한다.[22]

2. 창세기 1장에서의 'בָּרָא'(bārā: create)는 '물질적' 창조 활동이 아니라, '기능적' 창조 활동이다.[23] 그러므로 창세기 1장의 창조는 물질적 기원(material origins)을 말하는 것이 아니라 '기능'을 부여하는 데 의미를 둔다.[24]

3. 창세기 1장에서의 창조는 완성된 것이 아니며, 기능적 측면으로 봤을 때 하나님의 창조는 계속되고 있다.[25]

4. 신구약 성경에서의 성막과 성전은 우주를 의미하며, 이러한 점에서 하나님의 우주 창조는 성전을 짓는 행위와 같았다.[26]

---

[22] 위의 책, 15-16; 하스마는 이에 동의하면서 월턴이 말하는 것처럼, 성경 전체는 '우리를 위해' 기록되었지만, '우리를 대상으로' 기록된 것이 아니라고 했으며, 성경은 고대 근동 지방에 살고 있던 사람을 대상으로 기록되었다고 말한다. Haarsma, "Evolutionary Creation", 136; 더불어 유신진화론자들은 창세기 1장을 과학이나 역사가 아닌 상징과 시적 표현으로 읽기를 원한다. Denis O. Lamoureux, "Evolutionary creation: Beyond the Evolution vs. Creation Debate", CRUX (June, 2003): 19.

[23] 월턴은 이러한 '기능적 측면'을 설명하면서 물질적 속성이나 감각 경험을 통해 경험하는 존재의 측면이 아닌, 존재를 존재 되도록 만드는 과정과 메커니즘, 부여된 역할 등 관념적이고 철학적 측면에서의 존재의 개념을 도입하고자 한다. 이러한 측면에서의 '창조 활동'은 어떠한 물질을 존재하도록 만드는 것이 아니라, 그러한 물질적인 존재를 발생시킬 수 있는 가능성이 부여되는 것이 되고 만다. 이러한 개념은 태초에 하나님께서 완전한 물질적 창조를 이루셨다는 정통적 창조 해석과는 일치하지 않는 것이다. 위의 책, 21-22.

[24] 위의 책, 42.

[25] 위의 책, 76.

[26] 위의 책, 80-83; 월턴은 그러한 점에서 창세기 1장에 나오는 7일간의 창조와 안식의 행위는 우주 성전 준공식과 같다고 말한다. 그에 따르면 6일간 하나님께서는 성전을 짓고, 7일째에 성전을 다 짓고 나서 안식을 취하신 것이 된다. 위의 책, 87.

즉, 월턴의 견해는 하나님께서 태초에 '완성되고 완전한 세상'을 창조하신 것이 아니라, 단지 앞으로 진화를 통해 '발전해 나갈 가능성'을 창조하신 것이며, 우주의 창조 자체가 하나님의 성전을 짓는 것과 동일한 의미를 갖는다는 것이다. 그러나 이러한 견해는 전통적으로 교회가 받아들여 오던, '무로부터의 창조' 및 '완벽한 창조'의 틀과는 큰 충돌을 일으키게 되므로 당연히 신학계의 즉각적인 반발을 가져오게 되었다.[27] 이에 대해 월턴은 이러한 해석이 정통적인 해석과 직접적인 충돌을 일으킨다기보다는 그저 '관점의 차이'가 있는 것으로 생각할 수 있어야 한다고 말했다. 또한 그는 전통적으로 수용되던 하나님께서 물질세계를 '단번에' 창조하셨다는 견해를 '장기간에 걸쳐' 창조하셨다는 견해로 바꿔야 한다고 주장하면서, 이러한 관점의 차이가 결코 하나님의 일을 축소시키는 것은 아니라고 덧붙였다.

이렇듯 월턴은 진화론을 인정한다 할지라도, 그것으로 인해 하나님의 창조 사역의 위대함이 손상받는 것을 결코 바라지 않았다. 다만 월턴에게 중요한 것은 하나님께서 '어떠한 방식으로' 세상을 창조하셨느냐가 아니라, 하나님이 이 세상을 창조하신 그 '사실' 자체였다.[28] 그는 하나님께서 말씀으로 단번에 세상을 창조하셨든, 아니면 진화라는 과정을 거쳐서 세상을 창조하셨든 그 세계를 창조하신 주체가 하나님이라는 사실에는 전혀 변화가 있을 수 없다는 말로 독자들을 안심시켰다. 앞서 언급한 바와 같이 월턴은 '기능적 창조(functional creation)'라

---

27 전통적인 입장에서의 '무로부터'의 창조는 하나님의 창조로 존재하는 어떤 것도 다른 어떤 질료로부터 만들어질 수 없다는 것을 반영한다. 김병훈, "유신진화론에 대한 철학적, 신학적 비평", 『성경적 창조론이 답이다』 (수원: 합동신학대학원출판부, 2019), 133.
28 John H. Walton, *The Lost World of Genesis One*, 141.

는 말을 아주 강조했다. 여기서 '기능적'이란 하나님께서 말씀으로 완전한 세상을 창조하셨다는 개념과는 정반대되는 개념으로, 하나님께서 태초에 창조하신 것은 완전한 형태와 성질을 가진 완전한 창조가 아니라, 단순히 '창조'와 '진화'라는 기능을 가진 세상을 창조했다는 것이다. 이러한 개념으로 보면 하나님께서 태초에 말씀으로 세상을 창조하셨다고 했을 때 실제로 존재하는(혹은 물

존 월턴(John H. Walton, 1952-)

질적인) 세계가 창조된 것이 아니라, 단지 '발전될 수 있는 기능을 가진 세계'라는 다소 형이상학적인 창조가 이루어진 것이다. 태초에 하나님으로부터 창조된 세계는 진화의 기능만을 가지고 창조되었지만, 그 세계는 오랜 시간이 지남에 따라 존재와 그 존재를 유지하는 법칙과 규칙들, 그리고 진화된 세계들을 생성하게 된다.

그러나 이러한 월턴의 설명은 진화론과 창세기 본문의 내용을 동시에 보존하려는 좋은 의도로부터 나온 것임에도 불구하고, 명확한 과학적 증거나 신학적 정당성을 확보해 나가기에는 어려움이 있는 주장이었다. 월턴은 진화라는 보편적 패러다임을 확정적인 전제로 두고 이를 중심으로 성경을 해석해 나가면서 전통적인 창조 해석을 과감하게 수정해 나가려고 시도했다. 다만 그의 주장은 점차 객관성을 잃고 성경에 근거한 것이 아닌 자신의 상상력을 동원할 수밖에 없게 되었다. 그 이유는 아주 간단한데, 적어도 3,500여 년 전의 사건을 명확하게 제시

해 주는 자료들이 있을 리 만무할뿐더러, 그러한 자료들이 있더라도 그 자료가 과연 객관적이고 보편적인 신빙성을 가질 수 있는지 확신할 수 없었기 때문이다. 결국 구약 학자든, 근동 학자든 후대에 발견된 부분적인 자료들을 모아서 그 시대의 상황들을 추측할 수밖에 없는 것인데, 이러한 상황에서 부득이하게 생기게 되는 미지의 영역들은 학자들의 상상력을 통해 채워 넣어야 하는 것이다. 더욱이 성경의 내용을 해석하면서 이러한 미비한 자료들에 의지해 해석한다는 것은 적잖은 위험 부담을 안게 된다.

그럼에도 불구하고 월턴은 과학과 신학이 서로 열린 자세로 대해야 한다고 목소리를 높이면서, 그것이 가능하기 위해서는 먼저 각자가 속한 분야에 대한 과도한 자만심을 버려야 한다고 말했다. 월턴은 과학과 신학이 각자 서로에 대한 비판을 하더라도 과도하고 맹목적인 비판이 아니라, 적절한 선을 지키면서 서로에 대한 비판을 허용해야 한다고 말하면서, 서로를 비판하기에 앞서 자신들의 분야를 스스로 비판해 보는 태도를 먼저 지닐 수 있어야 한다고 주장하기도 했다.[29]

월턴의 주장과 같이, 과학이나 신학은 각각 절대적으로 옳은 영역이 아니다. 그러므로 언제든지 잘못된 부분은 수정해 나갈 수 있어야 하고, 서로 합력해서 더욱 성경적이고 합리적인 결과를 도출해 낼 수 있어야 한다. 만일 과학과 신학의 다툼이 하나님의 영광을 드러내지 못한다면 우리는 그 다툼을 속히 멈출 수 있어야 한다. 또 월턴은 신앙을 가진 이들이 공공 과학 교육에 자신의 목적론적 명령을 부과해서는

---

[29] 위의 책, 158-159.

안 되며, 반대로 신앙을 가지지 않은 이들이 공공 과학 교육에 자신의 무목적론적 명령을 부과해서는 안 된다며 객관적이고 균형 있는 자세를 제시했다.[30]

물론 월턴이 제시하는 '균형 있는 자세'가 항상 좋은 결과를 가져오는 것은 아니다. 과학과 신학이 각자 열린 자세로 서로의 견해를 여과 없이 허용하다 보면, 서로 갈등을 일으킬 일은 적어질 수 있으나, 어느 지점에 가서는 두 진영 모두 자신들의 명확한 주장들을 잃어버리게 되고, 결과적으로는 이도 저도 아닌 애매모호한 주장만을 할 수밖에 없게 된다. 물론 반대로 과학과 신학이 서로의 말에 귀를 기울이지 않고 자신의 주장만을 고집한다면, 두 진영은 그저 서로의 견해를 깎아내리기에 급급해 결국에 가서는 과학과 신학의 권위가 모두 땅바닥에 떨어지는 안타까운 결과를 가져오게 된다. 당연히 이것은 최악의 결과이다. 그렇기 때문에 과학과 신학은 서로의 권위를 지켜 주려고 노력하면서, 대화를 나눌 때는 겸손하고 분명한 논조로 상대방과의 대화를 시도해 나가야 한다.

또 다른 권위 있는 유신진화론자인 하스마도 그의 책 『오리진』에서 월턴의 창세기 해석을 참고하고 있는데, 그녀는 창세기 1장의 해석적 근거를 과학이나 역사로 간주하기보다는 고대 근동의 우주론으로 두어야 하며, 특별히 지구의 나이나 발생 과정과 같은 과학적 사실과 관련해서 창세기를 참고해서는 안 된다고 말한다.[31] 하스마는 창세기 1장은 과학 교과서가 아니기에, 성경에 기록된 창조 기사를 현대 과학

---

[30] 위의 책, 160.
[31] Deborah B. Harrsma & Loren D. Haarsma, *Origin*, 142–43.

과 직접적으로 비교하여 적용해서도 안 된다고 하면서, 만일 창세기 1장을 과학으로 이해하게 될 경우, 변화되는 과학 이론에 따라 성경의 해석도 변화되는 문제가 발생한다고 경고한다.[32] 적어도 하스마에게서 창세기 1장의 창조에 관한 기사가 말하고자 하는 바는 하나님께서 그분의 영광을 위해 세상을 창조했다는 사실 하나이며, 혹 진화론의 원리에 따라 긴 시간 하나님께서 텅 비었던 세상을 채워 간다는 설명을 제시하더라도 창세기 1장에 대한 신학적 진실에는 변함이 없을 것이라고 독자들을 안심시킨다.[33]

그러나 월턴이나 하스마를 포함한 유신진화론자들이 진화론을 창세기 창조 기사에 대입하더라도 신학적 진실에는 전혀 변함이 없다고 자신 있게 말하는 것과는 달리, 진화론과 전통적 창세기 해석 사이에는 분명 갈등 사항이 존재한다. 이후에 우리가 좀 더 자세히 살펴보겠지만, 진화론이 전통적 창조 해석을 거부하면서 생기는 신학적 문제점들은 결코 가벼운 것이 아니다. 일례로 아담을 첫 번째로 창조된 인간이 아닌 유인원과 인간 사이의 덜 진화되고 덜 완성된 인간으로 받아들일 경우, 기독교 신학의 근간이 되는 인간론, 기독론, 구원론, 종말론 등에서 커다란 문제가 생긴다. 대다수의 성도들이 신학적 이슈에 관심이 없기 때문에 이 부분을 별로 문제 삼지 않고 있지만, 이것은 결

---

32 하스마를 포함한 유신진화론자들은 종종 이런 말을 습관적으로 하는 경향이 있는데, 사실 이 부분은 상대에 대한 존중이 부족한 말이므로 고쳐야 할 필요가 있다. 왜냐하면 그 누구도 성경을 읽을 때 과학책을 읽듯이 읽지 않기 때문이다. 그들이 이렇게 말하는 이유는 성경을 연구하는 목회자나 신학자들이 과학의 영역을 침범했다고 생각하기 때문이다. 그러나 진화론을 반대하는 자들은 결코 과학에 대한 존중이 부족하거나 그 영역을 침범하고자 하지 않는다. 다만, 진화론이 성경의 건전한 해석들을 왜곡하고, 과학적으로 분명하게 입증되지 않은 부분들을 가지고서 성경의 내용을 수정해 나가는 부분들에 대해 지적하는 것이다.
33 위의 책, 143.

코 가볍게 넘어갈 사안이 아니다. 그렇기 때문에 우리는 진화론을 전통적인 창조론에 적용할 시, 우리가 그동안 당연시 여기고 있던 성경과 신학의 다양한 전제들을 대폭 수정해야 한다는 사실을 인지할 필요가 있다.

결과적으로 우리는 이 장을 통해 유신진화론자들이 진화론적 가설 위에 창세기 1장을 해석하면서, 창조 기사를 실제 일어난 역사로 인식하고 있는 것이 아닌, 상징적이거나 문학적인 표현 정도로 이해하고 있음을 보았다. 그들은 진화론이 창조주의 권위나 성경의 권위를 해치는 것이 아니라 오히려 하나님의 권위와 영광을 더욱 높이고 그를 영광스럽게 한다고 주장하며, 진화론을 받아들이는 것이 과학과 신학의 내용을 조화롭게 해 주고 교회와 세속적인 사람들과의 적절한 소통을 허락해 준다고 생각한다.

그러나 성경은 세속적인 사람들과의 원만한 소통을 위해 만들어진 책이 아니라, 유일하신 하나님께서 그들의 백성들에게 주신 특별한 책이다. 하나님께서 주신 성경 속에는 주님의 놀라운 권능과 세상 사람들이 절대로 이해하지 못할 비밀스러운 내용들이 숨겨져 있다. 물론 우리는 그것을 역사, 시와 지혜, 계시 등으로 분류해서 읽고 있지만, 그 자체를 어떠한 문학 작품 수준에서 읽지는 않는다. 창세기의 창조 기사는 실제 하나님께서 태초에 이 세상에 이루신 '역사'를 다룬 책이기에, 우리는 우주의 시작을 유일하게 역사적 사실로 기록한 그 책을 단지 세상 사람들과의 소통을 이유로 비유나 상징으로 전환해야 할 이유가 없다.

유신진화론자들이 이해하는 '아담': 완성되지 않은 인류

유신진화론자들의 아담 이해는 각기 조금씩 다르게 나타나지만, 분명한 것은 그들의 아담 이해가 전통적인 아담 이해와는 많이 다르다는 사실이다. 전통적으로 아담은 하나님께서 그의 형상으로 지으신 첫 번째 인간으로 알려져 있다. 이것은 아담 이전에는 사람이 존재하지 않았으며, 아담 자체가 완성된 형태로 창조된 인간이라는 점을 가정하는 것이기도 하다. 또 아담은 하나님과 인간 사이에서 인간의 대표자로서 하나님과 언약을 맺은 역사적 인물이다. 아담의 언약적 대표성이 중요한 이유는 아담이 에덴에서 지은 불순종의 죄가 모든 인류에게 영향을 미치게 된 일에 대한 중요한 전제가 되기 때문이다.

그러나 진화론자들은 아담을 그저 진화의 과정 중에 있는 유인원의 무리 중 하나로 보는 경우가 많다. 그들은 아담은 결코 처음으로 창조된 인간이 될 수 없으며, 하나님과 언약 관계 안에 있지도 않았고, 에덴에서의 선악과 사건은 하나의 상징적인 이야기일 뿐이라고 말한다. 다만 여기에는 '인간'에 대한 기준과 정의에 대한 모호함이 반드시 생기게 되는데, 예를 들어 육체적으로 어느 단계부터 인간으로 분류할 것인지, 진화의 어느 단계부터 하나님을 인식하기 시작했는지, 인간의 의식과 영혼, 언어와 도덕성, 지혜와 희생정신 등과 같은 것들은 어느 시기부터 생성되었는지 등이다.

사실 하나님을 믿는 우리에게 '인간'의 정의는 단순히 신체적인 것만을 충족시킨다고 해서 인정되는 것이 아니다. 적어도 '신과의 소통', '신에 대한 의식' 등이 가능해야 한다. 인간과 동물의 차이점은 다른 여러 가지 부가적인 것들이 있겠지만, 단연 '신에 대한 의식이 가능하냐?'이다. 왜냐하면 동물도 생각을 하고, 어느 정도의 감정을 가지고 있고, 학습 능력과 지혜, 심지어 희생 능력과 유사한 것들을 가지고 있기 때문이다.[34] 다만 그들에게 없는 것은 하나님에 대한 의식과 그를 예배하는 것, 그와 소통하는 것 등이다. 물론 몇몇 물리주의자들은 이러한 모든 형이상학적 개념마저 뇌와 세포의 기능적 측면으로부터 설명하고자 하지만, 사실 바빙크의 말대로 진화론적 틀 안에서 인간의 기원과 구성에 대한 이해는 철저히 철학적 틀에서 이해되는 것이 맞다.[35]

유신진화론자들이 이해하는 '아담': 진화 중간 단계의 존재[36]

사실 진화론자들의 인간 구성에 대한 견해는 생각보다 많은 부분에서 상상력이 동원되어야만 한다. 생명, 의식, 언어, 종교, 선과 악, 참과 거짓 등의 판단력 등 인간에게서만 나타나는 특별한 성질의 것들은 진화론의 체계 안에서는 쉽게 설명할 수 없는 것들이다. 물론 그들은 진화론을 바탕으로 나름의 설명을 가지고 있겠지만,[37] 그러한 설명들은 대개 성경의 내용을 왜곡하거나 애매모호한 결론을 내릴 수밖에 없게 된다.

---

[34] 예를 들어 어미 개가 강아지들에게 자신의 음식이나 보금자리를 양보하는 것을 우리는 볼 수 있게 된다.
[35] 헤르만 바빙크, 『개혁교의학 2』, 668.
[36] Grand Canyon University 홈페이지 참조. https://www.gcu.edu/blog/theology-ministry/dear-theophilus-creation-and-evolution
[37] 유신진화론자인 낸시 머피는 '비환원론적 물리주의(Non-reductive Physicalism)'를 주장하면서, 우리의 신체적, 정신적 활동을 주도하는 것이 궁극적으로 뇌의 기능을 중심으로 한 물리 활동이라고 말한다. 그러면서도 그녀는 모든 것이 다 물리적 관점에서 설명되는 것은 아니라는 다소 모호한 주장을 내놓는다.

또한 성경은 아담이라는 최초의 인간 창조에 대하여 굉장한 특별성을 부여하고 있는 데 반해, 유신진화론자들은 아담이 가진 특별성을 앗아가곤 한다. 예를 들어 성경은 아담의 창조에 대하여 그가 하나님의 '형상(image)'과 '모양(likeness)'으로 만들어졌고, 하나님의 성품을 공유하고 있다고 말하며 가르치고 있지만, 진화론자들은 이를 전적으로 인정하지 않고 있다. 적어도 성경적 인간관은 동물과는 구별된 도덕성과 사랑, 인내와 헌신이라는 '하나님의 공유적 속성' 개념들을 포함한다. 그러나 우리가 무엇보다 중요하게 여겨야 할 사실은, 하나님께서는 애초부터 인간을 동물과 다른 차원의 존재로 창조하셨다는 사실이다. 하나님은 우주를 포함한 세상을 창조하신 후에 가장 마지막으로 인간을 창조하시면서 창조의 정점을 찍으셨다. 더욱이 하나님께서는 특별한 존재인 인간들에게 하나님께서 창조하신 이 세상을 다스리고 운영해 나갈 수 있는 권한까지 주셨다. 이러한 사실은 우리 인간들이 어떠한 무기물로부터 시작된 것이 아니라, 완성된 상태로, 특별한 목적에 의해 창조되었다는 사실을 강력하게 지지한다. 왜냐하면 인간은 애초부터 하나님께서 창조하신 이 세계를 보존하고 다스릴 목적으로 창조되었기 때문이다.

그러나 진화론적 관점으로 아담을 이해하게 되면, 아담이 가진 특별성이나 동물과의 구별성은 설명하기 어려워진다. 진화론에 의하면 무에서 유의 세계로, 무생물에서 생물로의 변환이 정말 마법같이 일어난 후에야 세상의 발전이 있게 된다. 모든 것들이 다 설명 불가능한 것이지만, 가장 설명하기 어려운 부분은 무기물로부터 인간이 진화되었다는 점이다. 최근 많은 진화론자들은 인간이 무기물과 공통 조상을 가진 것이 아니라, 유인원과만 공통 조상을 가진다고 주장하지만, 이것은 그저 말장난에 불과하다. 왜냐하면 생명의 계통수 끝으로 가면 생물로 지정된 모든 것들은 한 곳에서 만나기 때문이다. 모든 것을 다 양보하더라도 우리가 유인원으로부터 발전되었다고 한다면, 도대체 유인원의 어느 단계로부터 우리는 하나님을 인지하는 하나님의 형상으로 변신했다는 말인가?

유신진화론자들의 아담 이해: 진화의 중간 단계의 존재

진화론을 인간의 창조와 발전 과정에 직접적으로 적용했을 때, 인간의 특별성과 탁월성이 더하여지기보다는 오히려 인간이 원숭이와 별반 다를 것이 없으며, 더 나아가 인간이 무기물과도 존재론적으로 차이가 없기에, 우리는 그 존재론적 가치가 하락하게 되는 것을 발견하게 된다. 이러한 관점에서 바라보는 유신진화론자들의 아담관은 전통적으로 이해하는 아담관과 큰 차이를 가질 수밖에 없다. 그들은 크게 두 가지 아담관을 가지고 있다. 첫째는 성경에 등장하는 아담의 존재 자체를 인정하지 않는 것이며, 둘째는 아담의 존재를 인정하되 최초의 인간이라거나 언약적 대표성을 지닌 존재로 인정하지 않는 것이다. 그러한 점에서 유신진화론자들이 정의하는 아담에 관한 이해는 다음과 같이 요약될 수 있다.

> 첫째, 아담 한 사람을 언약적 대표자로 이해하기보다는 아담과 하와를 '남자와 여자', 혹은 '인류'를 상징하는 인물들로 이해한다.[38]
>
> 둘째, 아담을 최초의 인물이 아닌 당대 다수의 사람 중 한 사람으로 여긴다.[39]
>
> 셋째, 아담과 하와도 진화한 존재로 본다.[40]
>
> 넷째, 아담과 하와 자체를 역사적 인물이 아닌 창세기 1장의 내용과 더불어 그저 상징적인 존재로 이해하는 경향이 있다.[41]

유신진화론자들이 이해하는 아담은 '동물로부터 진화했으며, 실제로 존재했던 인물이 아닌 상징적 인물이며, 혹 존재했더라도 최초의 사람이 아니고, 다수의 무리 중 하나를 칭한다'고 볼 수 있다. 이들에게 아담은 진화의 중간 단계에 있는 어느 부류이기에 특별성을 가지거나 하나님의 형상으로 창조된 존재로 이해되기 어렵다. 다만 유신진화론자들 안에서도 목회자들이나 신학자들의 경우는 아담을 하나님의

---

[38] 맥그래스는 그의 성경 주석서에서 창세기 1장을 소개할 때, "하나님께서 아담을 창조하셨다"라는 표현보다는 "하나님께서 남자와 여자를 하나님의 형상으로 창조하셨다"라는 표현을 선호하면서, אָדָם을 '남자'로 이해하기보다는 '인류'로 이해해야 한다고 말했다. Alister McGrath, *NIV Bible Commentary* (London: Hodder & Stoughton, 1984), 22.

[39] 이에 대해서는 아담으로부터 죄와 죽음이 시작되었다는 사실, 혹은 아담으로부터 유전된 원죄의 의미가 손실되거나 상당히 희미해진다.

[40] Deborah B. Harrsma & Loren D. Haarsma, "Evolutionary Creation," in *Origin*, 209-10.

[41] 하스마는 그의 책에서 알리스터 맥그래스가 이러한 유형에 속한다고 소개했다. 위의 책, 210. 콜린스 또한 아담을 욥이나 요나와 더불어 역사적 인물로 보기에는 탐탁지 않은 구석이 있다고 말한다. Francis S. Collins, *The Language of God*, 209.

첫 사람이요, 언약의 대표자로 인정하는 경우가 많이 있는데, 적어도 이들은 전통적으로 인정되는 아담의 개념이 성경적이라는 점을 인정하면서, 만일 아담이 가진 이러한 특별성을 인정하지 않는다면 성경을 해석할 때 다양한 문제가 발생하리라는 것을 잘 알고 있다.

다만 유신진화론자들이 아담의 존재를 인정하고 아담이 가진 '첫 사람'이자 '언약의 대표'로서의 특별성을 인정하는 것과 관련해서는, 그것을 종종 '선택적'으로 받아들이는 경우가 많다. 여기서 말하는 '선택적'이라 함은 창세기 1장에 나오는 아담을 해석할 때는 상징적이거나 가상의 인물, 혹은 여전히 진화 과정 중에 있는 인물로 해석하면서도, 이후에 나오는 예수님의 족보나 예수님과의 병행 구절들(예를 들어 로마서 5장이나 고린도전서 15장과 같은 성경 구절)을 해석할 때는 아담을 역사적인 인물로 받아들인다는 것이다. 즉, 그들은 아담을 어느 부분에서는 상징적인 인물로, 또 어느 부분에서는 역사적인 인물로 받아들이는 불일치한 해석을 할 때가 있다.

이처럼 아담 해석과 관련해 아담의 상징성과 역사성을 '선택적'으로 하는 유신진화론자로는 알리스터 맥그래스가 대표적이다. 맥그래스는 그의 성경 주석에서 창세기 1-3장에 나오는 아담을 가상적이거나 상징적인 인물로 이해하면서 그에게 죄와 사망의 시작이 있지 않다고 해설하면서도, 로마서 5장에 나오는 아담에 대한 해석은 전통적인 해석과 거의 동일하게 언약의 대표자요, 죄와 사망을 일으킨 장본인으로 해설한다. 사실 이 부분을 읽는 독자 입장에서는 이것을 크게 의식하지 못하고 읽겠지만, 사실 그러한 아담 해석은 앞과 뒤가 다른 해석이다.

대부분의 유신진화론자들이 머릿속으로 그리고 있는 아담은 전통

에른스트 헤켈(ernst haeckel)의
인간의 진화(the evolution of Man)

적으로 생각하는 '최초의 인간'이요, '하나님의 형상'이요, '언약의 대표자'요, '죄와 사망의 원인으로서의 인간'이 아니라 그저 유인원과 인간 사이의 진화 단계에 있는 어느 한 존재이며, 혹은 이미 인간으로 진화된 상태이더라도, 그저 많은 인간 무리 중 한 명으로 묘사된다. 그러하기에 유신진화론자들의 아담 이해는 전통적인 아담 개념과 같이 '첫 사람'이나 '남자'가 아닌, '남자와 여자'라는 복수(plurality), 혹은 다수의 무리이다. 또 어떤 이들은 창세기 1-3장에 나오는 '아담'을 '한 남자'가 아닌, '아담과 하와'로 이해하기도 한다. 같은 맥락에서 맥그래스는 창세기 1장에서 '하나님께서 아담을 창조하셨다'라는 표현보다는 '하나님께서 남자와 여자를 하나님의 형상으로 창조하셨다'라는 표현을 선호하면서, 아담(אָדָם)을 '한 사람'이나 '한 남자'로 번역하기보다는 '인류(mankind)'로 번역한다.[42]

이처럼 유신진화론자들은 아담을 첫 사람으로 인정하지 않는다. 그 이유는 적어도 진화론적 틀 안에서의 아담이 하나님으로부터 단번에 창조된 '완성된 인간'일 수 없기 때문이다. 완성된 인간이 하나님으로

---

[42] 알리스터 맥그래스는 이 하나님의 형상을 하나님의 '속성' 차원에서 접근하지 않고, '관계'의 측면으로 접근하고 있다.

부터 창조되었다는 사실은 그들에게서 전혀 가능성이 없는 이야기이다. 진화론적 우주관에 따르면, 전혀 알 수 없는 목적과 물질과 현상으로부터 우주가 폭발하게 되고, 이렇게 형성된 우주가 점차 확장하게 되고, 어느 시점에 가서는 이해할 수 없는 현상과 작용을 통해 무기물(inorganic matter)이 유기물(organic matter)로 변환되고, 점차 그 유기물이 식물의 단계를 거쳐, 단세포 생물, 충류, 어류, 양서류, 포유류, 파충류, 조류 등을 거쳐 인간이 되어 간다.[43] 대부분의 진화론자들이 인정하듯이 진화는 그 기원을 명확하게 설명할 수 없기에, 그 후속적 이론들도 전혀 사실일 수 없다. 왜냐하면 어떤 이론이든지 기원이 불명확하면서 그 과정과 결과가 명확할 수는 없기 때문이다.

또한 진화론적 가정 안에서의 아담은 그 지혜와 능력, 판단력 등에서 전통적인 개념과는 사뭇 다를 수밖에 없다. 예를 들어 전통적인 관점에서의 아담은 하나님의 형상으로서 그분이 공유하는 성품을 닮았고, 거의 완전에 가까운 지혜를 가지고 있었다. 즉, 최초 '죄를 짓지 않은 상태(posse non peccare)'로 창조된 아담은 죄의 영향을 전혀 받지 않고 있었으므로 온전한 판단력과 지혜를 가지고 있었으며, 인간의 판단력과 지혜가 흐려진 것은 아담의 죄로 인한 영향 때문이라고 보는 것이다. 그러나 진화론자들에게 아담은 결코 그러한 완성된 수준에 도달한 인물이 아니었다. 그들에게서 아담은 유인원과 인간의 중간 단계쯤에 있는 생물이기 때문에, 당연히 현대 인간의 지능보다 많이 떨어져 있어야 하고, 한 사람이 아닌 무리로 존재하고 있어야 한다. 이러한 진화론적

---

43 사실 진화의 순서도 자의적이거나 일정하지 않다.

아담 해석은 아담이 하나님으로부터 특별한 목적과 방식으로 그의 형상을 따라 완전하게 지음을 받았다고 하는 전통적 아담 해석과는 상당히 차이가 있음이 분명하다.

유신진화론자들이 이해하는 '죄': 하나님과의 관계의 틀어짐

유신진화론자들의 아담관이 전통적인 아담관과 다르다는 것은 곧 그들의 죄에 대한 이해 또한 다르다는 것을 의미한다. 그러한 점에서 유신진화론자들은 죄의 기원과 죄의 결과에 대한 전통적인 해석을 전적으로 부인한다. 기독교는 전통적으로, 죄가 에덴에서 아담의 의도적인 불순종으로 인해 최초 발생했다는 사실을 인정했다.[44] 우리가 잘 알다시피 하나님께서는 동산 중심에 선과 악을 알게 하는 나무의 열매를 두시고 "그 열매를 먹는 날에는 반드시 죽으리라"(창 2:17)라는 명령을 내리셨다. 이것은 그 열매를 먹으면 반드시 죽게 될 것이지만, 그 열매를 먹지 않으면 절대 죽지 않는다는 사실을 의미하는 것이기도 했다.

물론 여기에서의 '절대 죽지 않음'은 영원한 삶을 의미하는 것이다. 만일 아담이 그날에 에덴에서 선과 악을 알게 하는 나무의 열매를 먹지 않았더라면, 이후 아담의 삶은 어떠했을까? 아마도 그에게는 영원한 죽음이 아닌 영원한 생명이 있었을 것이다. 사실 이때까지만 해도 아담은 그 나무의 열매를 먹지 않을 수 있는 능력, 곧 죄를 짓지 않을 수 있는(*Posse non peccare*) 능력이 있었다. 아담에게는 스스로 죄에 접근하지 않을 수 있는 능력이 있었다는 것이다. 아담이 가진 그 능력은 지금

---

[44] 루이스 벌코프, 『조직신학』, 권수경, 이상원 옮김 (고양: 크리스챤다이제스트, 2011), 433.

우리의 상태, 곧 죄를 짓지 않을 수 없는(Non posse non peccare) 상태와 비교했을 때 실로 엄청난 능력이다. 그러나 그는 그러한 엄청난 능력을 가지고도 결국 의지적으로 죄짓는 것을 선택하고 말았다. 이러한 불순종으로부터 인간 세계 안에는 죄가 들어오고, 그 죄로 인해 인류 전체에게는 '반드시 죽음', 곧 '사망'이 오게 되었다.

벤젤 피터(Johann Wenzel Peter)의
에덴에서의 아담과 이브(Adam and Eve in the Garden of Eden)

그러나 유신진화론자들 입장에서 보면, 에덴에서의 아담에 관한 이야기는 그저 인간의 상상으로 빚어진 설화에 불과하며, 아담에게도 과도한 권한과 능력을 부여한 것으로 여겨진다. 왜냐하면 그들에게서 아담은 그저 진화의 과정 중에 있는 평범한 유인원이었으며, 그러한 인류적 책임감과 완벽한 사고를 하기에는 여전히 완성되지 않은 상태의 존재였기 때문이다. 그들은 아담이라는 인물이 인류의 구속사에서 가지는 특수성을 인정하지 않는다. 그저 아담도 진화의 과정 중에 있는 하나의 인간으로, 혹은 당시에 조금 특별한 임무를 부여받은 다수의 무리로, 혹은 그저 하나의 상징적 존재로서 이해하려고 하기[45] 때문에 그들에게서 아담으로 인해 인류의 운명이 좌우된다는 사실은 그저 흥미로운 상상에서 나온 이야기일 뿐이다.

물론 다른 문제가 그러하듯이 '죄의 문제'에 있어서도 유신진화론자들의 반응은 그 내부적으로 조금씩 상이하게 나타나는데, 흥미로운 점은 그들이 어떤 일에 종사하냐에 따라서 아담과 죄를 바라보는 시선이 다르게 나타난다는 점이다. 예를 들어 생물학자인 콜린스는 죄의 문제가 적어도 아담 한 사람으로부터 시작되었다는 사실에 대해 의심을 품으면서, 아담의 역사성도 신뢰할 수 없다는 입장을 취한다.[46] 콜린스와 마찬가지로 과학자인 하스마는 아담의 역사성 자체까지는 부인하지 않더라도, 적어도 아담을 최초의 인물로 여기지는 않는다. 그는 아담이 지은 원죄에 대해서도, 영과 육의 죽음을 의미한다거나 하나님과의 관계의 단절 혹은 하나님의 형상의 손상 등이 아니라고 하면서, 그것은 단지 인간의 불순종으로 인해 하나님과의 유대 관계가 틀어진 것일 뿐이지[47] 죄나 죄에 대한 책임이 후대에 전승되는 것은 아니라고 말한다. 그래서 하스마는 아담의 죄로부터 죽음이 왔다는 견해도 당연히 받아들이지 않는다. 왜냐하면 아담을 평범한 인간이라고 가정했을 때, 그의 DNA에는 분명 노화에 대한 가능성이 포함되어 있으며, 영생을 위해서는 화학적·생물학적 과정이 전부 재구성되어야 하는데 적어도 하

---

45 신국현, "알리스터 맥그래스의 유신진화론적 이해에 대한 개혁신학적 비평", 45.
46 Francis S. Collins, *The Language of God*, 209.
47 Deborah B. Harrsma & Loren D. Haarsma, *Origin*, 240.

스마의 상식 안에서 그러한 피조물은 이 세상에 존재할 수 없기 때문이다.[48] 즉, 하스마는 죄의 기원이 아담으로부터 왔다는 것, 죄를 짓기 전에 그가 영생에 있었던 것, 그리고 죄 이후에 사망과 저주가 온 인류와 세계 가운데 더해졌다는 것에 조금의 신뢰도 갖지 않는다.

그렇다면 유신진화론자들은 '죄'를 어떻게 정의하고 있을까? 유신진화론자들의 죄에 대한 정의는 맥그래스의 주석에 잘 반영되어 있는데, 우선 맥그래스는 원죄에 대한 개념을 전통적인 개념으로 이해하고 있지 않다. 전통적인 견해에서의 원죄는 아담이 에덴에서 선악을 알게 하는 나무의 열매를 먹은 것, 즉 하나님의 명령을 불순종한 것으로부터 시작되었다고 보는 반면, 맥그래스는 아담 한 사람에게 원죄의 책임을 돌리지 않고 있다. 그는 진화된 인간의 어느 집단에 속한 '남자와 여자'로 통칭하는 자들에 의해 죄가 시작되었다고 믿는다. 이것은 하나님과 최초의 인간인 아담 사이에 언약을 맺었고, 그러하기에 아담이 그 언약에 대한 책임을 지고 있다는 전통적인 견해를 인정하지 않고 있다는 것이다.[49] 그래서 맥그래스는 원죄의 개념을 '하나님과의 친밀했던 관계가 파괴되는 것'으로 정의하는데,[50] 그러한 관계의 파괴는 하나님과 사람과의 관계뿐만 아니라, 남자와 여자의 관계도 포함하는 것이었다. 즉, 남자와 여자의 친밀한 관계(아담이 내 뼈 중의 뼈요, 살 중의 살이라고 고백했을 만큼의 관계)를 종속적인 관계로 변질시켰다고 말한다.[51]

---

[48] 위의 책, 245. 그러나 하스마의 견해는 정확히 진화론을 반박하는 주장에서도 사용된다. 최초 DNA의 정보는 바뀌는 법이 없기 때문에 외부적인 요인에 의해 그 종(種)도 결코 바뀔 수 없다.
[49] 여기서 맥그래스의 아담에 대한 묘사는 혼란을 겪고 있는데, 그는 아담을 유인원 수준으로 보았다가, 혹은 남자와 여자로 보았다가, 혹은 인간들의 무리로 보기도 한다.
[50] Alister McGrath, *NIV Bible Commentary*, 24–25.
[51] 위의 책, 24–25.

그러나 맥그래스는 아담이 하나님과 이전에 맺은 언약의 내용, 곧 "먹으면 죽으리라"라는 명령을 간과하면서, 아담이 범죄 한 이후, 하나님의 언약적 형벌이 아담을 포함한 모든 인류에게 내려졌다거나, 아담의 죄가 그의 자손들에게 전가되었다거나, 그의 불순종 이후 그와 그의 아내와 그의 자손들과 세계가 저주를 받게 되었다는 등의 성경적 증언들을 애써 무시하곤 한다.

물론 아담과 하와가 죄를 지은 이후에 하나님과 인간 사이의 관계가 틀어졌다는 맥그래스의 진술은 성경적으로 볼 때 아주 틀린 답은 아니다. 그러나 죄의 결과를 단순히 하나님과의 관계가 틀어진 것으로만 설명한다면, 죄의 개념은 상당히 축소되고, 또 그와 관련해 몇 가지 대답하기 어려운 부분들이 발생하게 된다. 예를 들면 첫째, 죄로 인해 발생하게 된 인간을 포함한 전(全) 지구적인 저주에 대해 설명하지 못한다. 둘째, 인간 내면에 새겨진 죄의 대해 설명하지 못한다. 셋째, 예수 그리스도의 십자가를 통한 회복의 범위가 너무 좁아진다. 죄의 기원과 영향에 대한 전통적인 해석은 아담의 죄로 인해 인류가 영적이며 육적인 죽음의 상태에 놓이게 되었다는 것이다. 또한 아담의 죄 이후, 자연도 저주를 받았는데, 땅이 엉겅퀴를 내고 수고해야만 소산을 얻을 수 있게 되었으며, 자연은 인간에게 호의적인 존재가 아닌 인간을 수고롭게 하는 존재로 변질되었다는 것이 바로 그러한 예이다.

무엇보다 성경이 명확히 말하고 있는 죄의 기원에 대한 지점을 유신진화론자들은 명확하게 말하지 못한다. 그러하기에 유신진화론자들은 죄가 아담 이후에 발생된 것이 아니라, 이미 혼란했던 우주로부터 존재하고 있었다고 말하기도 한다. 당연히 그러한 접근으로는 정확한 죄의 기원과 결과를 말하지 못한다. 성경에서 정의하는 죄는 분명히 아담이 자신의 의지를 가지고 하나님의 말씀을 거스른 것으로부터 발생한 것인데, 진화론적 바탕에서는 '아담이 그러한 의지를 가진 존재였는가?'에 대한 설명을 정확하게 할 수 없을 뿐만 아니라, '과연 진화의 과정 중에 언제부터 인간으로서의 의지가 발생했는가?'에 대한 부분에서도 의문을 가지게 한다. 무기물로부터 생명이 기인되었고, 유기물들이 좀 더 나은 목적을 갖고 현생 인류에까지 도달했다는 가정하에서는 정신, 이성, 도덕, 선, 의지 등의 형이상학적 개념을 도입시킬 여지가 없다. 따라서 진화론적 관점에서는 죄의 기원과 결과, 죄책의 전가 등에 대해서 말하기가 굉장히 어려워진다.

깊이 있는 나눔과 토론을 위한 질문

Q1. 유신진화론의 특징과 정의는 어떻게 되나요? (콜린스의 개념을 중심으로)

Q2. 유신진화론자들 중 과학자 부류와 신학자(목회자) 부류 사이에 차이점이 있다면 어떤 것들이 있을까요?

Q3. 유신진화론자들의 창조와 아담의 해석의 특징에는 어떤 것들이 있을까요? 그것이 혹시 여러분들이 기존에 알고 있던 창조와 아담 해석과 차이가 있다면 어떤 것이 차이가 있을까요?

04

유신진화론이 가진
논리적·신학적 문제점

앞서 우리는 유신진화론자들이 생각하는 신학과 과학의 관계, 진화론적 관점 안에서의 창조와 아담, 그리고 죄에 대한 이해를 살펴보았다. 사실 이러한 신학적 논의는 유신진화론자들을 포함한 대부분의 신자들에게서 별로 관심 없는 주제일 수 있다. 팀 켈러가 'BioLogos'의 메인 페이지에서 언급했듯이, 진화론에 대해 기독교인들과 세속적인 사람들을 자연스럽게 이어 줄 수 있는 가교 역할을 할 수 있다는 정도로만 이야기하고 넘어간다면 서로 불편할 일이 생기지 않을 수도 있다.

그러나 이 문제는 사실 그들이 말하는 것처럼 그렇게 단순한 문제가 아니다. 유신진화론자들은 과학과 진화를 교묘하게 동일시하면서 과학과 종교가 공존하는 것이 전혀 문제 되지 않는 것처럼 말하지만, 사실 이것은 '과학과 종교'로 묶이는 문제가 아니라, '진화와 성경'으로 묶이는 문제이다. 어느 종교도 명확히 검증된 과학의 영역을 부인하지는 않는다. 그러한 면에서 맥그래스가 말했던 것처럼 과학과 종교는 한 번도 다툼을 일으킨 적이 없다고도 볼 수 있다. 더욱이 오늘날과 같이 과학이 고도로 발달한 시대에는 실험을 통해 얻은 과학적 결괏값들을 굳이 받아들이지 않을 이유가 없다. 그런 의미로 보면, 과학과 종교는 앞으로도 크게 갈등을 일으킬 이유가 없다. 오히려 정당한 방법으로 입증된 과학적 영역을 종교의 이름으로 억압하거나 반대한다면 그것은 철저히 배격되어야 한다.

다만 누군가가 '진화론'을 수용해야 한다는 이유로, 성경과 신학에서 전통적으로 중요하게 여겨 왔던 부분들을 정당한 근거 없이 수정하기를 시도한다면, 그것은 앞선 내용들과는 다르게 접근되어야 할 문제이다. 사실 이제까지 진리로 여겨져 오던 성경 해석과 교리들을 수정한다는 것은 극도로 예민한 연구와 분석의 과정을 거치고도 굉장한 부담감을 안고 접근해야 할 문제이다. 왜냐하면 그것은 수백 년의 세대에 걸쳐 수천수만의 학자들과 목회자들에 의해서 검증 과정을 거쳐 온 것들이기 때문이다. 여기서 검증의 과정이란 다른 것이 아니었다. 바로 "성경의 내용에 부합한가?"라는 질문이 검증의 잣대가 되었다. 당연히 신학은 성경의 내용을 근거로 세워지는 것이다. 그렇기 때문에 정당한 성경적 근거가 없이 신학을 수정하기란 어려운 것이다. 16-17세기에는 성경 해석과 교리적 정통성을 놓고 목숨을 걸었던 적도 있지 않았던가?

그럼에도 불구하고 진화론자들은 2세기 이후 보편적으로 이해하고 있던 신과 인간에 대한 이해를 너무 쉽게 바꾸어 버리려는 경향이 있다. 문제는 진화론자들이 성경과 교리를 바꾸려고 시도할 때, 그것들을 수정해야만 하는 합당한 근거나 자료를 충분히 제시하지 못한다는 것이다. 사실 '다윈의 진화론' 이후 현대에 이르기까지 새로운 개념들이 생겨나면서, 다윈의 초기 진화론의 개념 자체도 옛 개념이 되고 말았다. 다윈의 진화론 이후 유전이나 유전자, 세포, 기관 등의 생물학과 관련한 연구는 엄청난 진보를 이루어 왔으며, 지질학이나 천문학도 이전과 비교할 수 없을 정도로 발전했다. 즉, 다윈의 시대에 가정하지 못한 놀라운 과학적 진보와 새로운 발견이 일어났다는 것이다. 자연스럽게 현대의 진화론자들 중에서는 다윈의 진화론 자체가 결코 절대적이지 않으며, 과학의 발전과 함께 다윈의 진화론도 수정되어야 한다는 의견을 제시하는 자들이 늘어 가고 있다. 그럼에도 불구하고 여전히 '다윈의 진화론'이 천문학과 지질학과 생물학을 아우르는 절대적인 법칙을 제공하고 있다는 세계관을 강요받아야 한다면, 그것은 분명 불합리한 일일 수밖에 없다.

따라서 이번 장에서는 '다윈의 진화론이 과연 절대적인가?' 하는 문제에 대해 합당한 의구심을 던져 보면서, 성경과 진화론을 병합시키는 데 어떠한 문제도 발생하지 않는다는 유신진화론자들의 주장에 대해 신학적, 성경 해석적 반론들을 제기해 보고자 한다.

1. 유신진화론은 불확실하며 논리적 모순을 가지고 있다

진화론은 과연 절대적 이론인가?

진화론은 사실 절대성을 가지기에는 여러 가지 모순과 불충분성을 가지고 있다. 그럼에도 불구하고 그 이론이 모든 과학의 영역과 그 밖의 세계관을 완벽히 장악한 이유는 무엇일까? 우리는 이에 대한 합리적인 이유를 미국의 과학 사학자(historian of science)이자 과학 철학자(philosopher of science)였던 토마스 쿤(Thomas Samuel Kuhn, 1922-1996)의 견해에서 찾아볼 수 있다. 쿤은 자신의 책 『과학혁명의 구조』(*The Structure of Scientific Revolutions*)에서,[1] "과학 안에서도 서로 다른 경쟁 패러다임이 존재하며, 이러한 경쟁 영역에 있는 과학자들은 같은 지점에서 같은 방향을 보더라도 서로 다른 것을 보게 된다"라고 말한다. 예를 들어 한 과학자에게서는 증명조차 되지 않는 어느 법칙이 다른 과학자에게는 직관적으로 명백해 보일 수 있다는 것이다.[2] 그러나 이렇게 대치점에 있는 서로 다른 관점들은 어느 한 관점이 우위를 점하게 되면, 급격하게 한편으로 무게가 쏠리게 되면서 그 우위를 점한 관점으로 패러다임이 넘어가게 된다. 이러한 패러다임의 변화는 일반적으로 두 관점 사이의 어떠한 논리적 교감이나 오류의 수정, 혹은 어떠한 경험의 축적 등을 필요로 하지 않고 한 번에 일어나게 된다.[3]

패러다임이 사회가 정한 일종의 기준이라고 볼 때, 그 사회는 그러한 기준에 암묵적으로 복종하게 되며 그 안에 머무는 것을 정상적인 것으로 여기게 된다. 이러한 관점에서 우리가 살고 있는 사회는 진화론을 우월한 패러다임으로 정하고 그에 벗어난 견해들을 용납하지 않고 있다고 본다. 과학의 영역에서도 진화론적 관점을 수용할 때야 비로소 그 과학은 '정상 과학'이 된다. 물론 이것은 달리 말하면, 훗날 진화론보다 더 명확한 개념들이 도입되고, 진화론이 가진 이론적·경험적 한계가 드러나게 된다면, 언제든지 진화론을 대체할 만한 새로운 패러다임이 등장할 수 있다는 가능성을 포함하는 것이다. 실제로 오늘날의

---

[1] Thomas S. Kuhn, *The Structure of Scientific Revolutions* Vol. II, No. 2. (Chicago: The University of Chicago Press, 1970).
[2] 위의 책, 150.
[3] 위의 책, 150.

진화론은 절대적이던 그 아성이 조금씩 무너지고 있다고 볼 수 있다. 일반적으로는 창조과학 진영과 지적설계 진영에서 끊임없이 지적하는 바와 같이 진화 메커니즘은 여러 가지 문제점들을 제기하고 있으며, 진화론자들 내부에서도 진화론이 설명할 수 없거나 진화에 대한 증거가 불충분하다는 점을 인정하고 있다. 물론 본서에서 진화가 과학적으로 어떠한 오류가 있느냐를 소상하게 진술하지는 않을 것이다.[4] 다만 일반적인 상식선에서도 인정하기 어려운 주장들이 진화론자들의 설명 안에는 많이 존재한다. 이러한 점에서 우리는 진화론이 가진 상식선의 오류들을 짚어 볼 수 있다.

진화를 어색하게 받아들이기

많은 대중들은 진화론을 논리적으로 아주 분명하고 충분한 증거가 있는 이론으로 받아들이면서 진화를 거부하는 자들을 매우 비상식적이고 불합리한 사람들로 보기도 한다. 그러나 막상 진화론의 핵심적인 이론이 무엇인지를 묻거나, 혹은 진화에 대한 명확한 증거를 대 보라고 말한다면, 그들 중에 상당수는 자신들이 가지고 있는 진화에 대한 정보나 견해가 생각했던 것보다 불명확하고 협소하다는 사실을 확인하게 될 것이다.

인간이 가장 진화한 동물이라고 주장되고 있는 가운데, 만일 우리가 '과연 그렇다면(진화되었다면) 그 주장은 무엇을 기준으로 판단한 것입

---

[4] 진화론이 가진 과학적 오류에 대해서는 J. P. 모어랜드 외 다수가 쓴 『유신진화론 비판』 상 권을 참고할 수 있다. J. P. 모어랜드, 스티븐 마이어, 크리스토퍼 쇼, 앤 게이저, 웨인 그루뎀 편집, 『유신진화론 비판-상』 (서울: 부흥과개혁사, 2019).

니까?'라는 질문을 받는다면, 우리는 무어라 대답하면 될까? 이 질문에 대해서 명확하게 대답하기란 다소 어렵다. 예를 들어 우리가 어느 광야에 홀로 떨어지게 되었다고 가정해 보자. 우리 손에는 생존을 위한 도구나 장치가 전혀 없는 상황이다. 이때 우리는 광야에서 굶주린 사자와 마주치게 될지도 모른다. 사실 우리는 사자보다 훨씬 진화된 존재로서, 사자와 싸워 이길 수 있는 본능적 방어 체제나 힘과 스피드, 혹은 소위 말하는 동물적 반사 신경과 같은 다양한 공격 옵션들을 갖추고 있어야만 한다. 그러나 광야에서 우리가 사자와 맞서 싸우면 막상 어떤 일이 발생하겠는가? 몇 분 후 배불리 식사를 마친 사자는 입을 쩝쩝거리며 거나하게 하품을 하면서 자리에 누워 햇볕을 쬘 것이다. 물론 광야에서 사람과 마주했을 때 환호성을 지를 만한 동물은 사자뿐만이 아닐 것이다. 왜냐하면 사람은 광야의 굶주린 맹수들에게 꽤나 괜찮은 식사거리이기 때문이다. 분명한 사실은, 사람은 광야에 나가면 가장 약한 존재 중에 하나라는 것이다. 우리는 날카로운 이빨도, 상대를 제압할 힘도, 그들의 움직임을 미리 감지할 예리한 후각이나 청각도 없다. 사람이 다른 동물들보다 더 진화되었다고 했을 때, 이러한 사람의 조건은 꽤나 부당한 조건이다. 아마도 광야에 나가서 동물들에게 설문 조사를 한다면 가장 진화하지 못한 동물로 사람을 꼽을 것이다.

    이러한 우스갯소리는 우리로 하여금 진화의 기준과 정의에 대해 다시 한번 생각해 보게 한다. 진화란 분명 이로운 변이들의 축적과 전달을 통해 점차 이전 것보다 개선되는 것이므로 최종 개체에 이르면 가장 이로운 것들이 모여 가장 생존에 적합한 동물이 되어 있어야 한다. 그러나 앞서 보았던 것과 같이 우리 인간은 진화의 훨씬 아래 단계의 동물들보다 그렇지 못한 부분이 많다. 세대가 갈수록 좀 더 이로운 형태의 개체들이 발생해야 하는데, '이롭다'라는 정의가 일관적이지 못하다는 것이다.

물론 내가 이러한 말을 하는 이유는 진화의 불합리함을 지적하려고 한다기보다는, 오히려 인간의 특별함에 대해서 이야기하고자 함이다. 광야의 동물들은 태어난 지 몇 시간, 혹은 며칠 만에 걷기도 하고 뛰기도 한다. 만일 광야에서 태어난 새끼가 그렇게 빠른 시간 안에 일어나 걷지 못한다면, 그들은 광야에서 결코 살아남을 수 없을 것이다. 그러나 그들에 비해 사람은 어떠한가? 몇 시간, 며칠은 고사하고 몇 달이 지나야 겨우 목을 가누고, 또 일 년이 지나야 겨우 걸음마를 뗀다. 그러한 면에서 보면 우리 인간들은 인간보다 훨씬 덜 진화된 동물들보다 훨씬 덜 발달된 동물이다. 그럼에도 인간이 모든 동물들보다 우위에 있다고 말할 수 있는 이유는 무엇인가? 그것은 동물들과 구별된 특별한 지적 능력과 이성과 감성을 가지고 있기 때문이다. 애초에 하나님께서는 이 부분들을 통하여 인간과 동물을 구분 지으셨다. 우리는 이것을 하나님의 공유적 속성이라고 부르기도 한다. 인간은 그 지혜와 생각과 감정이 하나님을 닮도록 지어졌다는 것이다. 하나님께서는 자신의 형상을 닮은 인간을 동물보다 훨씬 더 우위에 두시고, 인간에게 동물들을 다스리라고 명령하셨다(창 1:26). 그러나 진화론은 인간을 그러한 동물들보다 조금 나은 존재로, 혹은 동물의 연속선상에 있는 애매한 존재로 이해하도록 만든다.

진화론적 측면으로 보면 인간은 동물들보다 뇌 기능만 더 발달했을 뿐, 힘도, 운동 능력도, 생존에 필요한 감각도 뒤떨어진다. 이것은 적어도 감각과 운동 능력에 있어서는 인간이 진화에 역행한다는 것을 의미하기도 하다. 그렇다면 우리가 흔히 말하는 '진화됨'의 개념은 무엇인가? 신체적 능력은 뒤로 하고서, 단지 뇌의 진화를 '진화됨'으로 봐야 하는가? 우리가 동물보다 나은 것은 과연 무엇인가?

또한 (얼굴색으로 인간을 굳이 구분하자면) 백인과 흑인과 황인의 차이는 진화론적으로 어떻게 설명할 수 있는가? 과거 킹슬리는 백인이 흑인보다 더 진화했다고 말한 적이 있는데, 우리는 이에 대해 어떻게 대답할 수 있는가? 사실 이 시대를 살아가는 우리는 이러한 질문 자체에 별로 대답할 가치를 느끼지 못할뿐더러 대답해서도 안 된다. 하나님은 민족과 언어와 상관없이 모든 인간을 특별한 존재로 만드셨기 때문이다. 그러나 진화론을 우리의 가치관에 반영할 때, 우리의 가치관은 질서를 찾아가는 것이 아니라 오히려 큰 혼란을 겪게 된다. 진화론을 우리의 가치 기준으로 삼을 때, 인간에 대한 특별함도 사라지고 만다. 어떤 이는 인간이 진화의 최종 단계라고 말하면서, 진화론 안에서도 인간의 특별함을 충분히 설명할 수 있다고 주장하지만, 사실 그러한 설명은 이내 모호함의 장벽에 부딪히고 만다.[5]

요컨대, 결국 인간 본래의 존엄성과 특별함은 진화론적 틀 안에서는 설명되기 어렵다는 것이다. 인간은 사자보다 약하고, 개보다 감각이 무디며, 표범보다 느리고, 기린보다 늦게 보행을 시작한다. 무엇이 그들보다 더 진화되었다는 것인가? 다만 인간은 그러한 동물적 감각

---

[5] 왜냐하면 어떤 대상을 인간으로 정의하기 위해서는 신체적인 것은 물론, '영성', '사고(thinking)', '인격', '감각', '도덕성', '판단력', '감정' 등과 같은 인간을 규정짓는 여러 가지 조건들이 다 맞아떨어져야 하기 때문이다. 우리는 진화의 어느 단계부터 인간(하나님의 형상)으로 규정지을 수 있는 것인가?

과는 별개로 특별한 존재이다. 왜냐하면 인간은 하나님께서 유일하게 자신의 형상을 닮도록 특별하게 만드셨기 때문이다. 그래서 인간은 창조 때부터 모든 동물과는 구별되고 특별한 존재였다. 성경은 어떤 무생물 단계를 거치거나, 식물 혹은 동물의 단계를 거쳐 인간이 된 것이 아니라, 하나님께서 흙(먼지)으로 인간을 지으시고 그 속에 생령을 불어 넣으셨다고 분명하게 말한다.

이렇듯, 필자가 유신진화론자들이 주장하는 내용 중에 가장 불만스러운 부분은 진화론이 이러한 성경의 진술을 뒤집을 만큼 완성된 형태의 이론이 아니라는 점이다. 진화론이 무조건 옳다는 절대성을 부여하기에는 우주적 진화에 대한 충분한 근거가 없으며, 사실 진화를 설명하는 논리력도 부족하다. 진화론을 설명할 때 모든 특이점들은 상상에 의존해야 하며, 실제로 그것은 우리가 일반적으로 생각하는 객관화된 진리가 아니라, 다소 형이상학적 이론이다. 그럼에도 불구하고 만일 진화론을 절대적인 것으로 믿겠다고 한다면 필자는 설득할 수 없다. 그것을 믿겠다고 선택한 것은 순전히 주관적인 신념이기 때문이다. 그렇기 때문에 진화론은 절대시되거나 누군가에게 믿도록 강요되어서는 안 된다. 우리는 적어도 진화라는 패러다임을 맹목적으로 수용하기보다는 조금은 그것을 객관적이면서도 낯설게 바라볼 필요가 있다. 확언컨대, 만일 지금보다 진화를 객관적이면서도 유심히 살펴본다면, 분명 우리의 눈에도 진화에 대한 새로운 면이 보이기 시작할 것이다.

진화는 명확한 증거가 부족하다

우리는 우선 진화에 대한 증거가 충분한지에 대해 지적해 볼 수 있다. 다시 말해서 현재 과연 진화를 수용하는 데 납득할 만한 충분한 증거가 남아 있느냐 하는 것이다. 많은 지질학자들은 옛 생물들의 정보를 대개 화석을 통해서 발견한다. 어느 면에서 보면 지질학자에게 화석 정보는 절대적이라고 볼 수 있다. 지구와 지구상에 존재했던 다양한 생물 종(種)들의 정보를 우리는 땅속에서 찾을 수 있다. 그러나 안타깝게도 진화를 명확하게 증거할 만한 중간 단계의 화석이 발견된 적은 없다. 이러한 사실을 이렇게 서슴없이 주장할 수 있는 이유는 이 시대에 진화론자로서 가장 지지받는 사람 중 하나인 리처드 도킨스가 그렇게 인정했기 때문이다.[6] 물론 도킨스는 중간 단계의 화석이 존재하지 않는 시기는 캄브리아기의 6억 년 정도이며, 그 시기에 있었던 종들의 화석이 존재하지 않는 이유는 그 시대의 생물들이 무척추동물이었기 때문이라고 가정한다. 사실 도킨스가 이러한 궁색한 변명을 한 부분에 대해서는 매우 실망스러운 부분이 있다. 그렇다면 그 이후 시대에, 적어도 뼈를 가지고 태어난 어느 것이든지 중간 단계의 화석들은 반드시 있어야 하기 때문이다. 지금까지 모든 인류의 역사 안에서 생물 종의 중간 단계 화석이 발견된 적이 없는데, 도킨스는 갑자기 캄브리아기로 돌아가 그 시대에 살았던 동물들이 다 연체동물이었기 때문에 화석이 없다고 변명한다.

물론 진화론을 반대하는 사람들은 단순히 화석이 없는 것만을 지적하는 것이 아니다. 그것은 진화론자들이 화석을 워낙 신뢰하기 때문에 그것을 예로 들어 질문하는 것뿐이지, 실제로 우리가 궁금한 것은 현

---

[6] Richard Dawkins, *The Blind Watchmaker* (New York: W · W · Norton & Company, 1996), 250-251.

재 생물 종 안에 반드시 중간 단계의 종이 존재해야 한다는 것이다. 물론 화석에서도 발견된 적 없는 진화의 중간 상태의 생물 종이 실제 세계에 있을 리는 만무하다. 그럼에도 도킨스와 같은 진화론자들은 현재 이 세상에 다양한 생물 종이 있는 이유가 적어도 성경에 나온 대로 창조주께서 각기 종류대로 생물을 만드셨기 때문이라는 사실에 대해서는 단호하게 거부한다.[7] 그는 모든 생물 종(種)들을 각기 종류대로 창조하신 창조주 하나님 믿기를 거부하고 철저히 '진화주의 신도'가 되기를 선포한다.

이 밖에 로저 르윈(Roger Lewin)은 어떤 사이언스지에서도 중간 형태의 전이 화석을 결코 찾을 수 없으며, 그러한 시도를 하면 할수록 오히려 낙담하게 될 것이라고 말하기도 했다. 그러나 그는 화석을 통해 나타난 기록들이 형편없다는 것을 인정하면서도, 생물 종의 갑작스러운 변화는 갑작스럽게 진화했기 때문이라고 설명한다.[8] 물론 르윈의 말 역시 크게 설득력 있게 와 닿지는 않는다. 그의 대답이 왜 중간 단계의 화석이 존재하지 않는가에 대한 납득할 만한 이유를 명확하게 제공하지 못하기 때문이다.[9]

과학과 신학의 영역을 구별하고 그 둘을 따로 떼어서 서로의 교도권을 세워 주려고 시도했던 하버드대의 진화생물학자 스티브 굴드

---

[7] 위의 책, 250.
[8] Roger Lewin, "Evolutionary Theory under Fire", *New Series*, Vol. 210, No. 4472(Nov. 21,1980), 883-887.
[9] 오랜 시간에 걸친 점진적 진화에 대해 점점 회의감을 가지게 된 진화론자들 사이에서는 이처럼 어떠한 환경에 의해 갑작스럽게, 집단적으로 변이를 일으켰다는 설이 나오기도 한다. 그러나 이것은 다윈의 진화 이론과는 분명한 차별성을 갖는 것이다. 다윈은 환경에 의해 개체가 변화된 것이 아니라, 순전히 우연히 변이가 일어나고, 일어난 변이가 이로운 경우 보존과 전달이 된다고 주장했다. 오히려 환경에 의해 집단적으로 변이가 일어났다는 것은 라마르크의 견해에 조금 더 가깝다고 볼 수 있다.

(Stephene J. Gould, 1941-2002) 역시, 중간 상태의 전이 화석의 존재를 추측하거나 발견하는 일은 거의, 혹은 전혀 일어나지 않을 거라고 확신했다.[10]

진화론을 창시한 다윈의 경우, 그의 책 『종의 기원』에서 중간 단계의 화석이 발견되지 않는 현상에 대해 의아하게 생각하면서, 그에 대한 다양한 이유들을 생각해 보았다. 다윈이 생각한 몇 가지 이유는 다음과 같다. 그는 앞선 세대의 개체가 주로 연체동물이었기 때문이거나, 화석이 생성되기까지는 오랜 세월이 필요하기 때문이거나 덜 발달된 종은 더 발달된 종보다 화석으로 만들어질 가능성이 더 적기 때문에 앞선 세대의 종 중에 남아 있는 화석이 거의 없는 것이라고 주장했다.

그러나 이러한 횡설수설한 이유들이 과연 진화론을 반대하는 사람들을 설득하기에 충분할까? 진화론자들은 질문의 요지를 파악하지 못한 것처럼 정확한 대답을 꺼린다. 질문은 단순하다. "왜 진화되어 가는 중간 단계의 화석이 남아 있지 않은가?"이다. 그들은 시간을 두고 기다려 보면 언젠가는 중간 단계의 화석이 발견될 것이라고 희망찬 말을 하기도 한다. 그러나 그것은 결코 발견되지 않을 것이다! 왜일까? 답은 간단하다! 중간 단계의 전이 화석이 존재하지 않기 때문이다.

---

[10] 스티븐 제이 굴드(Stephen Jay Gould)는 과학과 종교는 서로의 교도권을 침해할 수 없다는 소위 NOMA(Non-Overlapping Magisteria) 이론을 발전시켰다. 굴드는 어떠한 동일한 문제를 다루면서 종교와 과학이 그것을 정의하는 내용과 의미가 다르고, 사실상 과학은 역학(Mechanics)이나, 데이터의 수학적 표현 등의 사실 문제를 다루는 반면, 종교는 윤리나 가치, 목적의 문제를 다루고 있기에, 그 둘이 동일한 문제를 대할 때 당연히 충돌을 일으킬 수밖에 없다고 설명했다. 굴드는 과학과 종교는 각자의 교도권 안에서 서로의 교도권의 본질을 밝혀 낼 수 없기에, 무언가가 위에 있다고 말할 수 없으며, 그러하기에 상호 겸손한 태도를 지녀야 한다고 주장했다. 신국현, "알리스터 맥그래스의 유신진화론적 이해에 대한 개혁신학적 비평", 79.

종(種) 간의 변화는 결코 일어나지 않는다

사실 이 부분을 생각하면, 진화론을 지지하는 사람들의 답변은 굉장히 의아하다. 만일 집에서 암컷과 수컷 고양이가 교배를 할 경우 거기서 강아지가 나오리라고 기대하는 사람은 아무도 없을 것이다. 물론 이것은 진화의 단계를 무시한 극단적인 예이다. 그러나 중요한 것은 같은 종 사이의 교배를 통해서 다른 종이 나올 수 없다는 것이다. 이러한 실험을 끈질기게 했던 과학자가 있었으니, 그는 미국의 진화 생물학자 리처드 렌스키(Richard E. Lenski)이다.

렌스키는 번식 능력이 탁월한 대장균의 무한한 번식을 통해 진화의 비밀을 풀고자 했다. 최근까지의 렌스키의 기사를 확인해 보면, 렌스키는 약 30년 이상 75,000세대 이상의 박테리아를 번식시키면서 그 사이에서 대장균의 돌연변이나 변이 등을 확인했다. 당연히 이러한 렌스키의 열정과 노력은 굉장한 것이고, 분명 그의 실험이 인류에게 어느 정도의 유익을 줄 수 있다고 생각한다. 그리고 그의 실험을 통해 검증된 모든 사실들을 존중하고 전혀 폄하하고 싶은 마음이 없다. 그러나 우리가 관심을 갖게 되는 부분은 렌스키가 약 30년 이상 진행해 온 실험을 통해 약 75,000세대의 대장균을 번식시켰을 때, 과연 그 대장균이 다른 새로운 종으로 변했거나 진화했느냐 하는 것이다. 결과적으로 그가 번식시킨 대장균은 다른 종으로 진화했을까, 아니면 그냥 대장균으로 남아 있었을까? 답은 당연히, 대장균은 그대로 대장균일 뿐이었다는 것이다.

사실 이러한 결과는 전혀 놀라운 일이 아니다. 물론 진화론자들은 렌스키의 실험을 통해 대장균이 어떠한 환경에 적응하고 변이를 일으키는지, 그들 나름대로 좀 더 발전적으로 변화되는 과정들을 보면서 진화의 비밀을 풀어냈다고 말하기도 한다. 그러나 중요한 사실은, 대장균은 75,000세대를 번식해도 대장균이었다는 것이다. 대장균을 대상으로 실험한 이유는 대장균이 그 어떤 종의 생물보다도 번식 능력이 월등히 좋기 때문이다. 그렇기 때문에 대장균이 75,000세대 이상 번식을 해도 종에 변화가 없었다는 것은, 적어도 이 시대에 존재하는 어떤 종의 결합 사이에서도 다른 종이 나올 수 없다는 사실을 확인시켜 준 것이기도 했다. 결론적으로 어떠한 종이 진화되거나 종 간의 변화를 가져온다는 것은 검증된 사실에 기초했다기보다는 '유추'나 '믿음'에 기초한 것이라고 볼 수 있다.

실제로 유신진화론자인 맥그래스는 다윈의 진화론을 받아들이기 위해서는 '오직 신뢰'에 근거하여 받아들여야만 할 때가 있다고 말했는데, 그는 "과학은 우리가 참이라고 믿고, 또 그 믿음이 정당하다고 믿으면서도, 완전히 그 내용을 완전히 증명할 수 없다고 여겨지는 어떤 것"이라고 하면서, 진화론이 충분한 증거나 검증 가능성을 가졌기 때문에 그러한 자료나 축적된 데이터에 의하여 신뢰할 수 있는 것이 아니라, "믿을 만한 '가설'의 축적을 통해 도출된 가장 훌륭한 설명이라는 '믿음'이 있기 때문에 그것을 수용한다"라고 했다.[11] 열정적인 다윈주의 신봉자였던 토머스 헉슬리(Thomas H. Huxley, 1825-1895) 역시 우리는 보편적 질서나 인과 법칙 등을 증명하는 것이 불가능함에도 불구하고

---

[11] 맥그래스는 "과학은 믿을 만한 정당한 이유가 있는 '믿음'을 다루는 것이지, 이성에 합치하는 믿음을 다루는 것이 아니다"라고 말하기도 한다. 이러한 결과들은 관찰 결과가 아니기에 다소 주관적일 수 있다. 알리스터 맥그래스, 『우주의 의미를 찾아서』, 60-61.

그것을 믿어야만 한다고 하면서, 과학은 증명이 불가능한 믿음에 의존하는 "신앙 행위(acts of faith)"라고 주장했다.[12]

그러므로 우리는 종 간의 변화가 있을 수 없다는 것을 진화론자들의 실험을 통해서 확인하였고, 진화론자들조차도 진화를 '믿음'으로 받아들이고 있다는 사실을 볼 수 있었다. 그런데 만일 진화도 믿음으로 받아들여야 하는 영역이고, 성경의 창조 기사도 믿음으로 받아들여야 하는 영역이라면, 왜 굳이 성경의 창조 기사의 내용을 버리고, 진화의 내용을 선택해야 하는지 필자는 받아들여지지 않는다.

진화는 무한 반복적인 우연을 요구한다

진화론자들은 진화가 일어날 가능성을 설명하면서 '확률'에 대해 대단히 강조한다. 그들은 어떠한 사건이 일어날 확률이 0%가 아니면 그게 무엇이든 간에 언젠가는 일어날 가능성을 갖는다고 주장한다. 대표적인 예로, 우리는 리처드 도킨스의 "weasel program(족제비 프로그램)"을 들 수 있다.[13] 도킨스의 족재비 프로그램을 단순하게 설명하자면, 족제비가 "Methink it is like a weasel"이라는 문장을 완벽하게 타이핑(typing) 할 수 있는가에 대한 실험 내용이다. 도킨스는 이러한 시도가 성공할 수 있다고 말했는데, 예를 들면 족제비가 키보드의 'M' 키를 우연히 누르고, 그다음에 'e'를, 그다음에 't', 'h', 'i', 'n', 'k', '[space]', 'i', 't', '[space]', 'i', 's', '[space]', 'l', 'i', 'k', 'e', '[space]', 'a', '[space]', 'w', 'e', 'a', 's', 'e', 'l'이라는 키를 정확하게 순차적으로 우연히 누르면

---

12 위의 책, 84.
13 Richard Dawkins, *The Blind Watchmaker*, 67-68.

"Methink it is like a weasel"라는 말을 쓸 수 있다는 주장이다. 스페이스 바를 포함한 28개의 글자를 완벽하게 실수 없이 완성할 수 있는 확률을 단순식으로 계산해 보면, 27분의 1의 28제곱의 확률이 나온다. 이것은 또 다른 표현으로는 10에 40제곱분의 1이라는 확률이다. 10에 40제곱분의 1의 확률은 10을 40번 곱한 수 중의 1이라는 확률이다. 통상적으로 우리는 10에 40제곱분의 1의 확률을 0이라고 표현한다. 즉, 족제비가 완벽한 문장을 쓰는 것은 0에 가깝다는 것이다. 그러나 도킨스는 10에 40제곱분의 1의 확률이라 할지라도 완벽한 0의 확률은 아니므로, 아주 오랜 시간만 주어진다면 그러한 일이 일어날 수 있는 가능성은 있다고 말한다. 물론 이러한 일은 1세대의 족제비가 할 수 있는 일은 아니고, 아주 오랜 세대의 족제비가 컴퓨터 앞에 앉아서 타자를 친다는 가정하에 가능한 일이다.

물론 도킨스의 이러한 예를 진화론자들 모두가 동의하지는 않을 것이다. 왜냐하면 누가 보더라도 'weasel' 비유는 상당히 우리의 상식을 벗어난 이야기이기 때문이다. 다만 이러한 예가 가능했던 것은 도킨스가 유전자에 대한 독특한 사상을 가지고 있기 때문이다. 그는 유전자에 절대적인 능력과 인격적 능력을 부여하여서 마치 유전자가 모든 세계와 인류를 주도하고 장악하고 있는 것처럼 표현한다. 도킨스에 의하면 우리 인간은 유전자를 옮기는 물질에 불과하다. 유전자는 자신을 확장하고 발전시키는 데 우리 인간의 몸을 사용한다. 그러나 그의 주장 안에서 인간의 특별성, 인격, 감정, 도덕성, 판단력과 같은 실재하

리처드 도킨스
(Richard Dawkins, 1941-)

는 기능 등은 철저히 무시가 된다.[14] 도킨스는 그러한 유전자가 완성된 문장을 향해서 끊임없이 이로운 변이를 이루고, 그것을 보존하고, 복제하면서, 다음 세대에 전달하는 과정을 반복한다면 어느 순간 목표한 문장에 도달할 것이라는 상상을 하고 있는 것이다.

그러나 도킨스를 포함한 진화론자들이 잘 생각해 봐야 하는 것은 그들이 무의식중에 어떠한 목적성을 가진 결론을 추구한다는 것이다. 사실 진화론에서는 결코 '목적성'과 '방향성'이 허용되지 않는다. 적어도 진화론자들이 다윈의 진화론을 따른다고 가정했을 때, 진화는 '무목적성', '무방향성'으로 이루어져야 한다.[15] 물론 유신진화론자들은 자신들이 '목적성'과 '방향성'을 지향한다고 말한다. 그리고 그들은 그러한 목적성과 방향성을 하나님의 뜻 가운데서 찾을 수 있다고 말한다. 그러나 사실 이러한 점이, 유신진화론자들이 자연주의 진화론자들에게서 인정받지 못하는 부분이기도 하다.

사실 진화와 성경의 내용은 좀처럼 조화를 이룰 수 없는 것이 사실이다. 그것은 솔직히 자명한 일이다. 그렇기 때문에 성경적 창조론자

---

[14] 도킨스는 종교나 문화, 사회의 법과 제도 역시도 유전자의 생존 및 발전과 관련해 발전한다고 주장한다.
[15] 왜냐하면 목적성과 방향성이 제시되는 순간, 그것의 목적과 방향을 정한 존재를 가정해야 하기 때문이다. 그러나 도킨스와 같은 무신론자들은 철저히 그 부분을 부정하기 때문에 그들에게는 진화에 관하여 목적성과 방향성이 있을 수 없다고 주장한다.

도, 그와 정 반대편에 있는 무신론적 진화론자들도 성경과 진화는 결코 조화를 이룰 수 없다고 말하는 것이다. 그러나 그 두 진영 사이 어딘가의 어설픈 위치에 끼어 있는 유신진화론자들은 진화와 성경의 내용이 완벽히 조화될 수 있다고 고집스럽게 주장하면서 두 진영 모두에게 인정받지 못하는 안타까운 상황에 놓여 있다.

보통 진화론자들은 아무리 확률이 불가능에 가까운 일이라 할지라도 오랜 시간만 주어지면 그것이 가능하다고 말하곤 한다. 그래서 그들은 시간만 있으면 먼지도 우주가 될 수 있다고 말한다. 그러나 그것이 진화론자들이 올무에 걸리는 이유이다. 예를 들어 원숭이가 진화해 이러한 진화론 논쟁에 참여한다고 생각해 보자. 가능할까? 진화론자들은 시간이 지나면 충분히 있을 수 있다고 말할 것이다. 그러나 생각을 해 보자. 원숭이에게 글을 가르치고, 이해력을 주고, 공감하고, 판단하는 상황들을 계속해서 주입한다고 하더라도, 그 원숭이는 글조차 깨우치지 못하고 끝내 죽음으로써 그 수고가 헛것이 되고 말 것이다. 그 원숭이가 새끼를 앞혀 놓고 다시 글을 가르치고, 이해력을 주고, 공감하고, 판단하는 상황들을 또다시 주입한다 할지라도 그 새끼마저 또 과업을 이루지 못하고 죽을 것이다. 그럼에도 진화론자들은 말할 것이다. "'우연히' 원숭이에게 글을 깨우칠 수 있는 유전자 변이들이 일어나고 그것이 오랜 시간이 걸쳐 반복되고 쌓이다 보면 어느 순간 원숭이는 논리적인 글을 쓰고, 논쟁에 참여할 수 있을 것입니다." 그러나 단순하게 성경적인 답변을 하자면, 그러한 일은 있을 수 없다. 왜냐하면 깊이 사고하고, 바른 것을 판단하고, 이치에 맞도록 표현하는 것은 하나님의 형상을 닮은 '인간에게만' 주어진 특별한 능력이기 때문이다.

우리 인간은 무한히 반복적인 우연의 결과가 쌓여 우연히 만들어진 결과물이 아니다. 하나님께서는 우리 인간들을 특별한 방식으로, 특별한 목적을 가지시고 만드셨다. 우리는 무기물로부터 무한히 우연한 변화를 거쳐, 어쩌다 만들어진 변종(變種)들이 아니다. 인간은 하나님의 형상으로서, 하나님을 영화롭게 하며 그분을 기쁘시게 해 드리기 위해 특별히 만들어졌다. 우리의 이성과 지성과 감성, 또 공감력과 판단력과 미적(美的) 능력 등은 하나님과의 교제를 위해 필요한 것들로서, 오직 인간들에게만 주어진 것이다.[16] 그러한 면에서 성경은 분명히 인간의 창조에 대해 특별성을 부여하고 있다. 따라서 우리는 반복적인 우연에 의해 마치 인간의 내면과 외면이 형성되었다고 말하는 진화론적 세계관에 강력한 거부감을 표시해야 한다.

진화론 안에서의 서로 다른 의견과 수정된(modified) 논의들

유신진화론자들은 종종 성경적 창조론자들을 포함한 반진화론 진영을 공격할 때, '빈틈의 하나님'을 내세운다. 이것은 종종 교회로 하여금 밝혀지지 않은 미지의 영역에 대해 "그것은 하나님만이 아신다"라고 주장되기도 하지만, 나중에 과학이 발달하게 되면서 과학적 방식으로 그 미지의 영역이 입증될 것이라는 말이다. 그들은 그러한 주장을 하면서 "성경은 과학책이 아니다"라는 말을 앵무새처럼 반복하곤 한다. 그러나 이것은 굉장히 '성급한 일반화'의 경향을 띤 주장이다.

---

[16] 물론 우리는 동물들에게도 공감력과 판단력과 미적 능력이 있다는 것을 본다. 그러나 그것이 과연 하나님과의 교감이나 그의 영광을 위한 것인가를 생각해 보면, 결코 그렇지 못하다고 말하게 될 것이다.

왜냐하면 적어도 상식을 가진 교인 중에 그 누구도 과학을 배제한 채 성경만을 가지고서 세상을 바라봐야 한다고 말하지 않기 때문이다. 심지어 유신진화론자들이 그토록 비판하는 창조과학자들마저 성경을 해석할 때 과학이 중요하다는 점을 강조한다.

모두가 알다시피 성경은 역사와 문학과 계시와 묵시를 포함하는 책이다. 그러므로 역사로 읽어야 할 부분은 역사로, 문학으로 읽어야 할 부분은 문학으로, 비유로 읽어야 할 부분은 비유로 읽어야 한다. 만일 이것이 뒤틀어지면 성경은 굉장히 권위 없는 책이 되거나, 아니면 비상식적인 책으로 변질되고 만다.[17] 그렇기 때문에 성경학자들은 이러한 틀이 뒤틀리지 않도록 굉장히 진지하게 본문을 연구하고, 그것을 가르친다. 그러나 만일 성경이 그것을 명확하게 말하지 않는 부분이 있다면 성경학자들은 무엇이라고 말해야 하는가? 그것에 대해 성급하게 결론을 내리지 않고, "하나님만이 아신다"라는 조심스러운 권면을 한다. 물론 그 어떤 성경학자도 유신진화론자들이 비꼬는 것처럼 "하나님만이 아신다"라는 것을 주문처럼 외우지는 않는다. 이것은 하나님의 권위를 인정하는 사람들이 사용하는 겸손한 표현이다.

오히려 우리는 진화론자들이 주장하는 발언들 속에서 때로는 확신이나 일관성이 없는 주장들을 발견하곤 한다. 또 과학자들이 당대 확신에 차서 주장했다가도, 훗날 과학이 발전되어 감에 따라 기존의 주장이 틀렸다는 것을 확인하고는 스스로의 견해들을 수정하는 상황을 보기도 한다.

---

[17] 대개 이단들이 이러한 실수를 많이 한다.

먼저 진화론자들 중에서도 자신의 주장에 대해 확신이 없는 경우이다. 일례로 국내의 한 권위 있는 유신진화론 사이트에서 '생명의 기원'에 관하여 서술할 때, "생물이 무생물로부터 어떻게 생겨났는지, 여전히 많은 부분 과학적인 미스터리이며, 자연 발생적인 생명의 기원에 대한 타당한 과학적 설명은 아직 발견되지 않았습니다"라고 정리하는 것을 보았다.[18] 그들은 대개 자신들의 의견을 개진하면서, '~수도', '~지도 모릅니다', '~했을 가능성이 있습니다', '~라는 추측에 머물러 있습니다', '설득력 있는 과학적 설명은 아직 나오지 않았습니다' 등의 가정적 표현을 주로 사용한다. 당연히 그러한 글을 정리하여 기고한 사람들은 진화론에 관하여 충분히 연구한 수준급의 박사나 교수들이다. 그러나 그들은 여전히 진화에 관해 말할 때 추측한 바들을 내놓을 수밖에 없다. 그들은 각자 전공한 전문 분야의 성과를 바탕으로 '진화'를 추측한다. 진화론자들에게서 진화는 증명된 사실이 아니라, 진화를 사실로 전제해 두고서 결론을 추측해 낸 것뿐이다.

또한 과학자들 역시 동일한 상황을 놓고 서로 다른 견해를 주장하는 경우가 있다. 수년 전에 이와 관련한 흥미로운 기사들이 있었다. 주제는 "티라노사우르스(학명: 티렉스)의 앞 다리가 왜 짧은가?"였는데, 이에 대하여 저명한 통합생물학 교수인 케빈 파디안 박사를 필두로 한 미국 버클리 캘리포니아 대학 연구팀은 고생물학 국제 학술지인 『폴란드 고생물 회보』에서 "집단 생활을 하는 티라노사우르스가 공동으로

---

[18] 국내 유신진화론자들이 운영하는 사이트 중 가장 권위 있는 것으로는 "과학과 신학의 대화"를 들 수 있다. 이 사이트는 대개 미국의 유신진화론 사이트인 'BioLogos'의 글을 참고하는 경향이 있다. 이에 대한 예는 "과학과 신학의 대화"가 2021년 5월 4일 게재한 "[바이오로고스 Common Question] 20. 생명은 어떻게 시작되었나요?"를 참고한 것이다.

사냥한 먹이를 뜯어 먹기 위해 경쟁적으로 머리를 들이밀다가 경고의 의미로 옆에 있는 티라노사우르스의 앞다리를 물어뜯는 경향이 있었는데, 이때 출혈이나 감염 등으로 목숨을 잃을 수 있는 가능성이 있기에 이를 피하기 위해 앞다리가 짧아졌다"라고 했다. 그러나 또 다른 팀은 티라노사우르스의 앞발이 가진 강력한 강점을 설명했는데, 크리스토퍼 랑게 박사가 참여한 스톡턴 대학 연구팀은 "티라노사우루스는 앞발을 안쪽과 바깥쪽으로 자유자재로 움직였으며, 강력한 이빨로 먹이를 뜯어 먹을 수 있도록 두 손으로 먹이를 꽉 끌어안고서, 그것을 사정없이 공격했을 것이다"라고 말하면서, 그동안의 티라노사우르스 앞발에 대한 과소평가를 아쉬워했다. 이것은 진화론적 관점으로 봤을 때, 한편에서는 티라노사우르스의 짧은 앞발이 퇴화되었다고 말하는 반면, 다른 한편에서는 그것이 더욱 강력하게 진화되었다고 말하는 것이다. 결국 이러한 결과는 진화론을 인정하는 과학자들 진영에서도 어떠한 개체를 바라보는 관점이 서로 다르다는 점을 말해 줌으로써, '진화' 자체가 절대적이지 않음을 스스로 시인하는 것이다.

또한 과거에는 명확한 진화의 증거라고 제시되던 것이 후에 과학이 발전되면서 수정된 경우도 있는데, 저명한 과학자이자 유신진화론자인 프랜시스 콜린스가 '정크(junk) DNA'에 대하여 수정한 내용이다.[19] 과거 콜린스는 정크 DNA를 진화의 확실한 증거라고 말하면서 하나

---

19 정크 DNA는 우연한 변이와 유용한 변이를 선택적으로 택하여 전달하는 진화의 측면에서 굉장히 합리적인 증거였다. 인간의 몸에 필요 없는 DNA가 있다는 것은 하나님께서 최초 사람을 완전한 존재로 만드셨다는 것에 대한 반론의 중요한 증거였다. 물론 정크 DNA의 존재 유무와는 관계없이 하나님께서는 인간을 완전하고 특별한 존재로 만드셨다. 다만 인류와 세계는 아담의 죄 이후로 불완전성을 입게 되었다.

님이 인간을 완벽하게 창조하신 것이 아니라고 말했지만, 결국 그는 2015년 1월 'J. P. Morgan Healthcare Conference'에서 '정크 DNA'에 관한 자신들의 생각이 틀렸으며, 대부분의 Genome(유전자)들이 나름의 기능을 가지고 있었다고 설명하면서, 이러한 이유로 더 이상 'Junk DNA'라는 말을 사용하지 않는다고 공식적으로 발표했다. 물론 콜린스는 이러한 양심선언을 함으로써 진화론을 지지하는 많은 과학자들로부터 엄청난 비난의 화살을 맞아야만 했다.

위와 같은 사실들은 '진화론' 자체가 결코 확정적일 수 없으며, 성경의 내용을 변경시킬 만한 아무런 권위나 효력이 없다는 사실을 잘 말해 준다. 그러면서도 진화론자들은 진화론이 세계의 형성과 발전을 말해 줄 수 있는 가장 완벽한 이론이라고 주장하며, 진화론을 인정하지 않는 것은 반과학적이며 반지성적이라고 몰아붙인다. 그러나 진화론자들 스스로에게 한번 물어봐야 할 것은 과연 진화론이 절대적이냐 하는 것이다. 과학자들조차도 일치를 이루지 못하고 그것을 확정적으로 설명하지 못하고 있는 판에, 일반 대중들이 어떻게 그것을 확증할 수 있겠는가? 이 불명확한 불청객이 명확한 성경의 권위를 마음 놓고 유린하도록 하는 것을 보고 있어야겠는가? 필자는 아니라고 본다!

'사피엔스(Sapiens)'인가, '하나님의 형상(Image of God)'인가?

인간 진화와 관련하여 이 시대 최고의 지성이라 불리는 유발 하라리(Yuval Noah Harari)의 책 『사피엔스』만큼 흥미를 끈 책이 또 있을까? 하라리의 책이 세계의 많은 사람들의 관심을 받았다는 것은 인간 내면에 늘 자기 존재에 대한 깊은 호기심이 자리하고 있기 때문일 것이다.

유발 하라리
(Yuval Noah Harari, 1976-)

사람들은 이 책의 제목에서부터 뿜어져 나오는 뉘앙스에서 책을 통해 '인간다움'이 무엇인지를 발견할 수 있으리라 기대했을 것이다. 그러나 우리는 하라리가 이 책을 저술하기 위해 다방면의 연구와 고민을 했음에도 불구하고, 막상 그의 책 속에서 인간 존재에 관한 그리 특별한 새로운 정보를 얻지는 못한다는 것을 알 수 있다. 왜냐하면 그도 자기 책에서 인정하듯이 그들의 선조에 대한 확실한 지식은 여전히 '거의 없기' 때문이다.[20] 이 책 역시 사실상 하라리의 유쾌한 상상력으로부터 진술되었으며, 어느 부분에서는 진화론과 역행하는 서술을 하기도 했다. 물론 독자들은 그러한 진술에 대해 거의 관심을 갖지 않을 것이다. 오히려 독자들은 세계적인 지성이 마음껏 상상력을 펼치도록 자신의 마음을 내어 줄 것이다.

그러한 점에서 우리는 하라리가 자기 상상력으로 진술하는 내용에 대해 질문을 던져 볼 수 있다. 대체로 하라리는 여러 가지 연구 결과와 견해 등을 나열하면서 그 안에서 독자들이 각각 자신들의 생각을 선택하고 정리하도록 한다. 그럼에도 그는 인간의 본성과 기저에 있는 심리를 이해하려면 고대인들의 생활을 이해해야 한다고 생각한다. 그러한 점에서 그는 현대인들이 가지고 있는 삶과 심리 상태의 문제를 고

---

20 유발 하라리, 『사피엔스』, 조현욱 옮김 (파주: 김영사, 2015), 85.

대인들의 생활 습성에서 찾기도 한다. 예를 들어 그는 현대인들의 결혼 생활 속에 커다란 문제점인 불륜, 높은 이혼율, 성인과 아동의 심적 콤플렉스 등에 관한 문제가 고대인의 생활 습관과 형태로부터 벗어났기 때문에 발생했다고 본다.[21] 본래 우리 인간들 본연의 결혼과 성은 침팬지나 보노보와 같이 다수의 상대방과 (종족 번식 혹은 본능적 만족감을 위해) 성관계를 자유롭게 가져야 하는 것이지만, 인간이 자기 파트너와 아이에 대한 강한 소유욕을 가지게 되면서 핵가족과 일부일처제로 공동체의 형태가 변형되고, 그로 인해 불륜과 높은 이혼율과 성인과 아동의 심적 콤플렉스가 가중되었다는 것이다.[22] 이때 하라리가 말하는 인간이 가진 '소유욕'은 긍정적인 뉘앙스의 말이 아니다. 그는 인간이 본능을 거슬러 가지게 된 소유욕이 오늘날에 와서 다양한 문제를 일으키게 되었다는 견해에 암묵적으로 동의한다.

물론 여기서 하라리가 말하고자 하는 주요 의도는 현대인과 고대인을 비교해 어느 집단이 더 우위가 있는지를 가리기 위함이 아니다. 그는 다만 고대 사회를 기록한 다양한 자료들을 토대로 나름의 객관성을 유지하며 합리적인 가정을 해 나갔을 뿐이다. 다만 그의 서술 중에 아쉬운 부분이 있는데, 그것은 우리 인간 본연의 도덕성을 굉장히 동물적이고 본능적인 측면으로만 서술했다는 것이다.

사실 하라리가 이해하고 정의하는 '인간'이 정확하게 무엇을 의미하는지 헷갈릴 때가 있다. 적어도 그에게 인간은 유인원으로부터 진화를 통해 형성된 어느 존재이다. 사람들은 자신들의 습성과 욕구가 어떠한

---

21 위의 책, 85.
22 위의 책, 85.

과정을 통해 형성되었는지에 흥미를 느끼곤 한다. 그러나 그들은 그러한 과정을 기술하는 과정에서 하라리의 상상력이 얼마나 많이 동원되었는지를 생각하지 못한다. 사실 하라리는 독자들을 속일 생각이 전혀 없다. 그는 이렇게 서술한다.

> 이런 논쟁을 해결하고 우리의 성적 특징, 사회, 정치를 이해하려면, 조상들의 생활 여건에 대해 알 필요가 있다. 70,000년 전 인지혁명과 12,000년 전 농업혁명 사이에 사피엔스가 어떻게 살았는지 말이다. … 불운하게도 우리에게는 수렵 채집인 선조들이 어떻게 살았는지에 대한 확실한 지식이 거의 없다.[23]

그 뒤에도 하라리는 "고대 수렵 채집인들의 생활이 어떠했는지를 전체적으로 재구성하는 것이 어려운 수준이라면, 특정한 사건을 복원하는 것은 불가능한 수준이다"라고 말한다.[24] 즉, 하라리는 우리가 보유하고 있는 자료들을 가지고서는 결코 과거 인간의 습성과 삶을 밝힐 수 없다는 것을 전제로 글을 쓰고 있는 것이다. 이후 그는 자신의 추측과 상상력을 통해 진화적 인간에 대해 묘사하고 있음을 분명하게 밝히고 있다. 다만 앞서 말한 대로 독자들은 그의 그런 말에는 관심을 갖지 않는다.

필자가 하고 싶은 말은 진화에 관한 대부분의 이야기가 이러한 과정으로 기록된다는 것이다. 독자들은 진화를 너무도 당연하게 받아들

---

[23] 위의 책, 85.
[24] 위의 책, 111.

이고 있는 나머지 과학자들의 솔직한 말들, 즉 그들의 말과 글의 상당 부분에 그들의 상상력이 개입되어 있다고 밝히는 부분을 발견하지 못한다. 사실 대부분의 고생물 연구 학자들은 자신의 모든 연구가 추정이요 가정임을 밝힌다. 우리가 보는 대부분의 공룡이나 거대 생물을 그린 그림들은 거의 대부분이 상상도이다. 지구과학자들에게서 20cm의 뼈를 가지고 15m의 완벽한 플리오사우루스를 완성해 내는 일은 일도 아니다. 그들은 무엇이든 상상할 수 있다. 다만 이때의 위험성은 그것이 과학 혹은 인문학의 이름으로 대중 앞에 나올 경우, 대부분의 대중은 그것을 '사실'로 생각한다는 것이다.

물론 여기서 하라리를 포함한 진화론자들의 상상력을 비난하고자 하는 것은 아니다. 누구나 상상할 자유가 있다. 다만 대중들이 그러한 권위자들의 상상력을 인지해야 한다는 것이다. 사실 진화론에 충실하게 가설을 세워 나가자면, 인간은 침팬지나 보노보(bonobo)와 같이 무절제하고 본능적인 성적 생활을 회복해야 한다. 왜냐하면 성생활은 현재 인간에게도 가장 큰 쾌락을 주는 부분이거나 종족 번식의 유일한 방법이기 때문이다. 그러나 인간이 그러한 종족 번식과 쾌락의 방법을 남용하지 않고 절제하는 것은 인간 본연이 가진 도덕성과 우리를 다스리고 있는 존재에게 어떠한 규칙을 수여받았기 때문이다. 다시 말해, 그러한 무절제하고 무규칙적인 성생활은 엄연히 죄이며 옳지 못한 행동이기에, 그렇게 해서는 안 된다는 강력한 규칙이 인간 사회 안에 있었다는 것이다.[25] 즉, 내부적이면서도 외부적인 어떠한 힘에 의해 인

---

25 여기서 말하는 '강력한 규칙', 즉 하나님께서 인간에게 부여하신 법과 도덕은 인간의 종족 번식과 쾌락이 갖는 본능과 당위성을 압도한다

간은 그러한 무절제한 성생활에 제동을 건다. 만일 그렇지 못했다면 인간은 결코 침팬지나 보노보보다 성생활을 절제하지 못했을 것이다.

하라리는 뒷부분에서 파라과이의 '아체(Aceh)족'에 관해 기술을 하기도 하는데, 그 종족은 살인을 정당화하는 종족이었다. 아체족은 미숙아를 살해했고, 원하지 않는 딸이 나왔다고 살해했고, 아이가 우는 것이 기분 나빠 살해했고, 다른 사람들이 즐거워하니까 살해했고, 늙었다고 살해했다. 그러나 여기서 하라리는 그들의 살해 행위에 정당성을 부여하는데, 그것은 그들의 살해 행위가 오늘날 많은 사람들이 낙태나 안락사를 시키는 것과 동일한 개념을 갖기 때문이다. 뒤이어 그는 아체족의 살해 행위에 대한 정당함을 해명하기 위해, 그들도 파라과이 농부들에 의해 무참히 살해당하는 사람들이기 때문이라고 말한다. 즉, 아체족은 언제라도 외부인들에게 살해당할 위험성을 갖고 있기에 약한 존재들을 죽인다는 것이다. 그리고 그는 마지막으로 "아체족은 천사나 악마가 아니라 사람이었다"라고 서술한다.

사실 필자는 이러한 그의 주장이 진화론을 주장하는 자들이 가질 수 있는 최악의 실수라고 생각한다. 결국 그들은 진화론이 '유물론'으로부터 온 것이기에 인간의 형성과 습성, 더 나아가 인간의 존엄까지도 물질적인 개념으로 이해하게 된다. 즉, 인간은 그러한 본능과 습성을 가지고 태어났기 때문에 이러한 행동을 하는 것은 동물적[26] 습성으로부터 이해되어야 한다는 것이다. 나는 왜 미숙아가 살해당하고, 아들이 아니라는 이유로 귀여운 딸아이가 살해를 당하고, 아이가 운다고

---

[26] 어떤 이는 세포에게 죄에 대한 책임을 묻기도 한다.

살해당하고, 다른 사람들의 즐거움을 위해서 아이가 생매장을 당하고, 늙었다는 이유로 나이 든 여인이 젊은 남자에게 (도끼로) 살해당하는 일에 "그것은 죄입니다!"라고 말할 수 없는지 이해할 수 없다. 성경은 분명 하나님께서 우리에게 그를 닮은 형상을 부여하시고, 그분의 속성을 공유하셨으며, 도덕적 명령을 내리셨다고 말하고 있지 않은가?

그러나 진화론자들은 인간에게 부여된 특별성과 특별한 명령, 특별한 기준을 무시한다. 만일 그러한 것들을 무시하고 단순히 인간이 원숭이로부터 진화된 동물에 불과하다고 인식한다면, 우리는 하라리의 말에 매우 적극적으로 고개를 끄덕일 것이다. 그러나 인간에게는 그러한 비도덕적이고 잔인한 행동들이 옳다고 규정지어진 때가 한 번도 없었다. 인간은 애초부터 하나님의 형상으로서 특별한 존재로 창조되었다. 인간의 존엄성을 서로 지켜 나가야 하는 것은 규정적인 일이다. 그것은 우리가 점차 만들어 낸 것이 아니라, 하나님께서 그의 나라와 백성들에게 부여하신 것이다.

그러한 점에서 하라리가 규정하는 인간성, 인간 존재, 인간의 형성과 습성 등은 전혀 성경의 원리와는 맞지 않으며, 우리는 그것을 받아들일 이유가 없다. 만일 우리가 유신진화론 진영으로 들어가게 되면, 우리는 진화론적 인간 형성을 받아들여야 하기에 인간의 특별성은 상당히 제한을 받게 된다. 여기서 말하는 특별성이란, 하나님께서 인간을 처음 지으실 때부터 특별한 방식과 목적으로 지으셨다는 것이다. 인간이 무기물로부터 무한한 우연을 거쳐 인간으로까지 진화되었다는 가정을 가지고서는 우리의 영혼, 도덕성, 선, 의 등과 같은 인간의 특별성을 표현할 방법이 없어진다.

그러므로 우리는 진화론이라는 패러다임에 갇혀 스스로 '사피엔스'가 되기를 동조하기보다는 하나님께서 우리를 그분의 형상으로 그분의 속성을 공유한 특별한 존재로 창조하셨다는 것을 기억하고, 진정으로 '인간적인' 것이 무엇인지 잘 생각해 봐야 한다.

누가 현대의 코페르니쿠스인가?

현대의 유신진화론자들은 진화론을 받아들이지 않는 기독교인들을 향해 코페르니쿠스 당시(1473-1543) 지동설을 반대했던 기독교계와 비슷한 행태를 저지르고 있다고 불평한다. 그들은 코페르니쿠스가 당시 교회를 통해 받았던 다양한 종류의 탄압들을 '종교에 희생당한 과학의 애처로움'에 비하곤 한다. 물론 그들의 말처럼 코페르니쿠스의 이론은 당시 종교계로부터 반발을 샀으며, 그의 죽음 이후에도 지동설에 대한 종교계의 끈질긴 반대가 있었던 것이 사실이다.

코페르니쿠스는 그의 저서인 『천체의 회전에 관하여』(*De revolutionibus orbium coelestium*)에서 그의 전공인 수학적 개념을 근거로 천체가 지구를 중심으로 운동하는 것이 아닌, 지구가 태양을 중심으로 돈다는 사실을 증명했다. 물론 이러한 개념은 코페르니쿠스 이전에도 종종 언급된 것이었으며, 사실 이 책이 나온 당시에도 그리 큰 반응을 불러일으키지는 못했다. 그러나 그의 책은 시간이 지나면서 수학자들과 천문학자들의 지지를 받기 시작했는데, 특별히 수학자들과 천문학자들은 코페르니쿠스의 책 속에서 발견되는 정밀한 계산들에 매료되기 시작했다. 그의 사후에 여러 천문학자들은 코페르니쿠스를 "제2의 프톨레마이오스"라고 부르며 그의 학식을 칭송했고, 그의 책에 있는 많은 데이터와

계산들을 빌려 왔다. 말 그대로 코페르니쿠스의 책은 천문학의 참고서가 된 것이다.[27]

그러나 천문학자들의 지대한 관심과 지지를 받은 것과는 별도로 그의 주장이 유럽 전 지역을 움직이기 시작한 것은 그가 죽고 나서 적어도 200년이 지난 후였다. 왜냐하면 그의 책은 너무도 전문적이어서, 일반인들은 그것을 명확히 이해하지 못했으며, 특별히 종교계는 전통적인 성경관과 맞지 않다는 이유로 그의 이론을 거부하거나 금지하기까지 했다. 이 중에서도 대표적인 루터파 학자인 멜란히톤(Philipp Melanchthon, 1497-1560)은 코페르니쿠스의 견해가 왜 비성경적인지를 성경 구절들을 통해 증명하고자 했다.[28] 자연히 그 시대에 코페르니쿠스의 견해를 따르는 자들은 불신자 내지는 비신자라는 오명을 쓰게 되었다.

중요한 것은 코페르니쿠스의 견해에 반대하는 기독교의 대응이 과학적인 증거의 토대 위에 있지 않았다는 것이다. 그들은 만일 지구가 절대적인 세계가 아니라, 무한한 우주 속에 속해 있는 하나의 별일뿐이라는 개념을 받아들이고 싶어 하지 않았다. 그들은 지구가 우주의 중심이라는 생각이 깨지면 그들이 모든 존재와 구원, 사후 세계의 교리가 깨진다고 생각했다. 결국 그들은 성경을 근거로 명확한 수학적 증거를 물으려고 했던 것이다. 물론 오늘날 같으면 이러한 식의 대응은 많은 사람들에게서 굉장히 무지하고 섣부른 행동으로 평가될 것이

---

27 토머스 새뮤얼 쿤, 『코페르니쿠스 혁명』, 정동욱 옮김 (서울: 지식을만드는지식, 2016), 362.
28 위의 책, 375. 이때 멜란히톤이 제시한 성경 구절은 전 1:4-5, "한 세대는 가고 한 세대는 오되 땅은 영원히 있도다 해는 뜨고 해는 지되 그 떴던 곳으로 빨리 돌아가고"이다.

다. 왜냐하면 코페르니쿠스가 활동하던 시기에는 종교가 정치와 사회, 문화, 학문의 영역을 점령하던 시대였으나 지금은 그렇지 않기 때문이다. 즉, 그 시대를 지배하던 패러다임은 기독교였고, 사람들은 당시 기독교의 견해를 절대적인 기준으로 삼고 그것에 벗어나는 그 어떤 것도 허용하려 들지 않았다. 이러한 점에서 현대 유신진화론자들은 현대의 반진화론자들이 역사적 폐해를 반복하고 있다고 지적한다.

그러나 유신진화론자들의 그러한 지적은 현재의 상황을 고려해 봤을 때 전혀 현실감이 없다. 오늘날은 성경의 내용 아래 과학이 점령되지 않고 있으며, 진화론은 소수의 입장을 대변하는 것이 아니라 대중들의 거의 절대적인 지지를 받고 있다. 즉, 코페르니쿠스 시대의 종교와 과학의 구도와는 전혀 다른 입장에서 종교와 진화론이 마주하고 있다는 것이다. 당대에 성경 구절을 문자적으로 받아들이지 않고 코페르니쿠스의 견해를 지지하면 종교계의 강력한 질타와 탄압을 당했던 것과 같이, 오늘날은 진화론을 거부하게 되면 강력한 질타와 탄압을 당하게 된다.[29] 즉, 코페르니쿠스가 살았던 시대를 주도한 패러다임이 기독교 세계관이었다면, 현대를 주도하는 패러다임은 진화론인 것이다. 더군다나 오늘날 반진화론자들조차도 코페르니쿠스 이론을 당연하게 지지하고 있지 않은가? 왜 그런가? 그는 자기주장을 명확한 수학적 계산에 기초해 제시했고, 그것은 결과적으로 사실이었기 때문이다.

그러나 진화론은 코페르니쿠스의 견해와 견주어 그만한 명확한 증거와 논리적 확신을 제기하지 못했다. 그들은 명확한 근거를 대지 못

---

[29] 필자가 유신진화론에 대응한다고 했을 때, 수많은 우려의 목소리가 있었던 것도 사실이다.

하면서도 "진화론은 확실하다"라는 말만 한다. 그럼에도 불구하고 왜 이 시대 사람들은 진화론을 절대적으로 지지하는가? 그것은 앞서 말한 대로 진화론이 이 시대를 지배하는 패러다임이기 때문이다.[30] 확실한 것은 오늘날 진화론자들은 코페르니쿠스와 같은 처지가 아니라는 것이다. 진화론은 거대해졌고, 이미 많은 사람들에게 보편적으로 받아들여지고 있다.

그렇기 때문에 오늘날 코페르니쿠스의 입장은 절대적 위치에 있는 진화론자들이 아니라, 오히려 고착화된 진화론적 패러다임에 적절한 반론을 제기하며 대응하고 있는 소수의 무리들 가운데서 찾아야 할 것이다.[31]

'환원 불가능한 복잡성(irreducible complexity)'의 산을 넘지 못하는 진화론

현대에 들어와 다윈의 진화론에 대하여 가장 명료하게 비판을 제기한 사람 중 하나는 미국의 생물학자이자 생화학 교수인 마이클 베히(Michael Behe)이다. 베히는 인간의 신체에 대한 구조나 메커니즘을 누구보다 잘 이해하는 사람으로서, 진화론의 불합리한 압박에 적절하게 대응했다. 베히는 다윈의 진화론에 대한 적절한 반론을 그의 책『다윈의 블랙박스』(Darwin's Black Box)를 통해 정리했는데, 특별히 그는 혈액의 응고 과정, 눈 구조의 복잡성, 박테리아 편모의 복잡성 등을 예로 들면서 그러한 복잡한 기능을 가진 신체의 기관이나 그것을 운영하는 복잡한

---

[30] Thomas S. Kuhn, *The Structure of Scientific Revolutions* Vol. II, No. 2 (Chicago: The University of Chicago Press, 1970), 20.

[31] 사실상 진화론은 합리적인 근거를 제시하지 않고 있을뿐더러, 제시할 수도 없다. 솔직히 세상은 진화론이라는 완성되지 않은 이론 안에 담기에 너무 넓고, 복잡한 질서를 이루고 있다.

신체 운영 시스템은 무목적성을 가진 단백질들의 우연한 집합을 통해서는 결코 생성될 수 없다고 주장했다.

일례로, 베히는 만일 우리 몸에 상처로 인해 피가 났을 때 체계적으로 발생하는 혈액 응고 현상에 대해 다음과 같이 정리했다.

> 적혈구를 제외한 나머지 혈장 단백질의 2-3%는 피브리노겐(fibrinogen)이라 불리는 단백질 복합체로 구성되어 있다. 피브리노겐이라는 이름은 이 단백질이 혈액 응고체인 혈병을 형성하는 섬유(fiber)를 만든다고 하면 기억하기 쉽다. … 혈액 응고에 관련된 나머지 거의 모든 단백질은 혈액 응고의 시기와 장소를 결정한다. … 피브리노겐은 바닷물에 녹아 있는 소금처럼 혈장 내에 녹아 있다. 베인 상처나 부상 부위에서 피가 흐르기 전까지는 제각각 핏속을 부유하고 있다가 피가 흐르기 시작하면 트롬빈(thrombin)이라는 단백질이 피브리노겐 단백질 사슬 세 쌍 중 두 개에서 몇 조각을 잘라 낸다. 이렇게 잘려진 피브린(fibrin)이라 불리는 단백질은 잘려 나간 부분을 덮을 수 있는 끈끈한 천 조각(patch)들을 그 표면에 지니고 있다. 이 부분은 다른 피브린 분자의 끈끈한 부분과 상보적으로 들어맞기 때문에 많은 피브린이 서로 엉기게 된다. … 피브린 분자 모양에 의해 긴 실이 모양을 이루고 서로 가로질러 교차하면서 마치 고기 잡는 그물처럼 단백질 그물을 만들어 혈액 분자를 가두게 된다. … 혈액 응고에 관련된 단백질이 오직 트롬빈과 피브리노겐뿐이라면 응고 과정은 통제 불능 상태가 되고 말 것이다. 트롬빈이 순식간에 모든 피브리노겐을 피브린으로 만들어서 엄청난 핏덩어리가 동물의 순환계 전체에 걸쳐 생겨나 그것을 굳게 만들 것이다. 동물들은 이

런 일이 일어나면 즉사하고 만다. 그런 불행한 사태를 피하기 위해서 유기체는 반드시 트롬빈의 활동을 통제해야 한다.³²

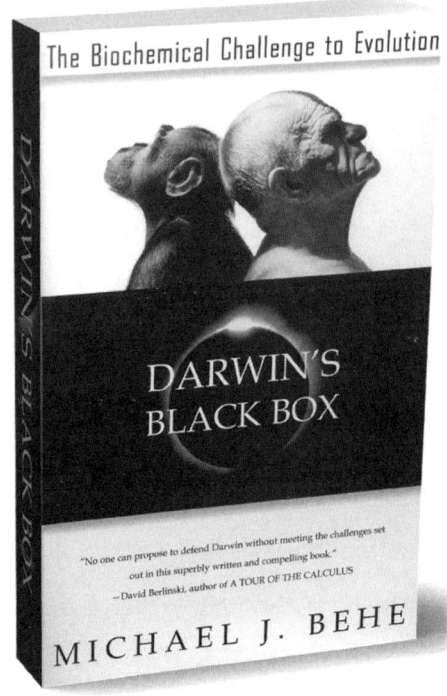

마이클 비히(Michael J. Behe)의 *Darwin's black box*(『다윈의 블랙박스』)

위의 인용 글에서 베히가 출혈 시 우리 몸에서 일어나는 혈액 응고의 원리를 설명하기 위해 사용하고 있는 여러 가지 생물학적 용어들

---

32 마이클 베히, 『다윈의 블랙박스』, 김창환 외 옮김 (서울: 풀빛, 2001), 117-19.

은 사실 전공자가 아닌 이상, 사전을 더듬거리면서 찾아야만 안다. 다만 생물학을 전공하지 않았더라도 문맥상 이 글에 나오는 대부분의 용어들이 혈액 응고에 필요한 단백질 분해 효소이거나 단백질 인자 혹은 혈액의 상태를 제어하는 요소들을 칭하는 것들임을 알 수 있다.

이 글의 요지는 우리 몸에 출혈이 있을 시, 그 위기 상황에 해결하기 위해 일어나는 우리 체내의 단백질 성분의 변화들을 설명하려는 데 있다. 우리가 잘 알다시피 우리 몸에 피가 나면 우리 몸속에서는 그 피를 멈추기 위한 반응들이 자동적으로 일어나게 된다. 이때 중요한 것은 그 피가 계속해서 흐르지 않도록 출혈을 막아 주는 반응인데, 이때 가장 기초적인 역할을 하는 것이 바로 피브린이다. 피브린이라는 단백질은 출혈 시 그물 형태로 뻗어나가 혈액이 흐르지 않도록 작용한다. 그다음으로는 피가 적당히 굳거나, 묽어질 수 있도록 조절하는 여러 요소들이 작용해야 한다. 피가 너무 빨리 굳으면 상처 부위가 완전히 치료되지 못하고, 피가 굳지 않으면 출혈로 인해 어려운 상황을 맞이하게 되는 것이다.

이때 중요한 것은 우리 몸의 기관과 요소들이 늘 '적당히 조절된' 상태에서 연쇄적으로 반응해야 한다는 것이다. 다행스럽게도 이 모든 것을 제어할 수 있는 시스템은 이미 우리 몸에 프로그램화되어 있다. 그런데 진화론을 전제로 가만히 생각해 보면, 이러한 '적당히 조절된 연쇄 반응 시스템'이 우리 몸에 자동적으로 프로그램화되었다는 사실에 의심을 품게 된다. 왜냐하면 진화론적 관점에서 개별적인 물질들, 가령 몸속의 핵이나 세포와 같은 기초 단위의 물질들은 우연히 생성되고, 우연히 변이를 일으키고, 우연히 결합하고, 우연히 운동하고, 우연히 질서와 법칙을 갖게 되기 때문이다. 그러나 우리 몸의 시스템은 어떠한 문제가 발생할 시, 실수가 없이 정확하게 순차적인 과정을 거쳐 그 문제를 해결하기 위해 반응한다. 그러한 문제를 해결할 시 우리 몸에서 세포들이 반응하는 순서는 결코 바뀌어서는 안 된다. 만일 반응하는 순서가 기존의 프로그램화된 순서가 아닌 다른 상태나 순서로 반응하게 된다면, 우리 몸은 외부의 문제에 제대로 반응할 수 없게 된다. 즉, 피를 멈추게 하고 응고시키기 위한 모든 순서와 적당량의 반응들이 작용하지 않는다면, 그 피는 너무 빨리 굳거나 혹은 멈추지 않고 계속해서 흘러 버려서 결국 우리 몸을 보호하기는커녕 해치는 상황을 발생시키고 마는 것이다.

이것이 베히가 말하는 '환원 불가능한 복잡성'의 예이다. 우리 몸의 시스템은 매우 복잡한 순서를 가지고 반응하고 있으며, 그 반응의 순서가 조금이라도 올바르지 않다면 결코 적당하게 반응할 수 없기에 우리 몸을 위험에 빠뜨리게 된다. 과연 이러한 완벽한 체계가 우연히 이루어졌다고 한다면 우리는 그것을 쉽게 받아들일 수 있겠는가? 진화론자들은 이로운 변이(beneficial variety)가 무한한 연속을 이루게 되면 이러한 보호 시스템이 자동적으로 만들어질 수 있다고 믿는다. 그러나 우리 몸의 세포와 물질, 또 각 기관의 형성 및 구성이 명확한 순서를 가지고 형성 및 구성을 이루지 않는다면 우리 몸은 지금과 같은 완벽한 방어 체제를 구축하지 못하고 만다. 그러나 이것은 단순히 우리 몸 안에 있는 생물학적 요소들만 만족시키면 되는 것이 아니다. 우리 몸 밖에서 영향을 주는 우주적인 요소들, 즉 지구의 산소량과 중력, 기압, 태양의 열량과 달의 인력 같은 다양하고도 복잡한 외부 요소들이

모두 만족되어야 진화가 가능한 것이다.[33]

눈 구조의 복잡성은 또 어떤가? 모든 눈의 '막'과 부위와 혈관 등이 명확하게 필요한 자리에 위치해 있어야 하고, 빛을 흡수하거나 반사하는 능력, 움직임에 대한 반응들, 왜곡된 상황과 어둠에 대한 적응, 색깔의 구분, 크기에 대한 분별, 속도를 판별하는 능력, 위험을 느낄 때 눈을 깜빡이는 것, 수정체나 근육의 수축과 팽창 등이 명확하게 일어나야 한다. 만일 눈의 각 부위들이 아주 정밀한 프로세스에 따라 정해진 규칙대로 반응하지 않는다면 우리는 사물을 왜곡된 형태로 보거나, 심한 통증을 느끼거나, 사물을 제대로 판단하지 못하거나, 큰 위험을 당하게 되거나, 심지어 앞을 못 보게 될지도 모른다.[34]

진화론은 이러한 복잡한 눈의 구조가 우연한 물질의 생성과 무규칙적인 상태로 결합되어 형성된다고 설명한다. 그들은 이로운 변이의 무한한 지속성을 통해 이러한 복잡한 구조와 기능을 가진 눈의 형성이 가능하다고 말하겠지만, 그것은 그렇게 쉽게 말할 수 있는 부분이 아니다. 왜냐하면 몸의 구성은 기본적으로 핵이나 세포로 구성되는 것인데, 진화론적 관점에서는 그러한 세포들이 먼저 구성되고 난 후에 구성된 세포들이 우연한 기회에 결합하여 이로운 기능을 갖게 되는 것이기 때문이다. 즉, 처음부터 어떤 유익한 기능을 가진 세포들이 어떠한 구성물이나 기관을 단번에 형성하는 것이 아니라, 우연히 그러한 세포들과 단백질들로 형성되고 결합하다 보면 우연히 이로운 기능들이 발생하고 그것이 축적되어 복잡한 구조를 지닌 개체로 진화된다는 것이

---

33 이 부분에 대해서는 알리스터 맥그래스, 『정교하게 조율된 우주』(서울: IVP, 2014)를 참고하라.
34 마이클 베히, 『다윈의 블랙박스』, 36-44.

다. 그러나 우리의 몸 전체를 구성하는 혈관들은 풀어보면 지구를 몇 바퀴 감쌀 만큼 길다. 만일 그렇게 긴 혈관이 어느 한 곳만 막히더라도 사람은 죽거나 위험한 순간을 맞이하고 만다. 즉, 우리 몸의 구조와 기능은 모든 것이 완벽하게 형성되고, 결합하고, 질서를 갖고, 기능을 발휘해야 한다. 그러나 이것이 과연 연속된 우연으로만 설명될 수 있는 것인가? 그것은 아니라고 생각한다.

그럼에도 많은 진화론자들은 베히의 '환원 불가능한 복잡성' 이론을 부정하면서, 그의 진지한 노력을 '사이비 과학'이라고 폄하한다. 그러나 그러한 태도는 사실 진실하지 못한 것이다. 필자가 보기에 지금까지 그 누구도 베히의 '환원 불가능한 복잡성'에 대해 명확한 반론을 제시한 사람이 없으며, 그보다 더 지적인 주도권을 갖지도 못했다. 베히의 환원 불가능한 복잡성 이론은 그저 오랜 기간 우연한 기회에 이로운 변이가 연속적으로 일어나면 어떠한 복잡하고 정교한 몸의 기관들도 형성할 할 수 있다는 진화론적 상상력을 반박하기에 충분하다. 반면 유신진화론자들을 포함한 진화론자들은 베히를 포함한 지적설계자들의 견해에 불만을 표하면서도 명확하게 자신들의 견해를 뒷받침해줄 만한 근거는 제시하지 않는다. 그럴 수밖에 없는 이유는, 사실 진화론은 명확한 논리적 근거나 증거를 가진 이론이 아니기 때문이다.

그렇기 때문에 진화론을 지지하는 사람들은 어떠한 세포 하나가 활성화되어 타 세포들과 결합하고 구조를 이루고, 그 구조들이 어떠한 질서를 이루고, 어떠한 문제 상황에 정확하게 반응하는 그러한 메커니즘이 어떻게 가능할 수 있는지 '진화론적 입장'에서 명확한 답변을 내놓을 수 있어야 한다. 혹 그러한 대안을 내놓지 못하더라도 그러한 일들이 어떻게 진화론적으로 설명될 수 있는지 자신들의 생각을 잘 정리해 봐야 한다. 그렇지 않으면 베히의 '환원 불가능한 복잡성' 이론에 대한 진화론적 대응은 대안이 아닌 억지가 될 수밖에 없다.

2. 유신진화론은 엄밀히 '믿음'을 요구한다

'진실'에 대한 '진실이 아닌 것'의 도전

만일 유신진화론자들이 진화론을 지지한다고 말하면서 성경의 내용을 건드리지 않았다면, 필자의 책은 굳이 세상 밖으로 나오지 않았을지도 모른다. 성실하게 신앙생활 하는 가운데서도, 서로 다른 세계관을 지향하는 사람들이 분명히 있을 것이며, 그것들을 일일이 대응할 필요는 없기 때문이다.

예를 들면, 신앙이 좋은 누군가가 자신은 여러 가지 정황으로 볼 때 UFO(미확인 비행 물체)와 외계 생물체의 존재가 있음을 확신한다고 말한다고 했을 때, 비록 그 의견에 동의하지 않더라도 굳이 그것을 설득할 필요는 없다고 생각한다.[35] 개인적으로는 필자도 어린 시절부터 UFO에 굉장한 관심을 가지고 있었기 때문에 UFO와 관련된 거의 모든 기사를 읽어 왔다. 그러나 지금까지 누구도 UFO나 외계 생물체가 있다는 사실을 명확하게 증명한 바는 없다. 물론 NASA(미국 항공 우주국)나 미국 국방부 등을 비롯해 여러 전문가와 일반인들이 '미확인 비행 물체(Unidentified Flying Object)'와 관련한 영상들을 공유하고 있지만, 그것

---

[35] 엄밀히 말해서, 어떠한 신념을 강력하게 소유한 사람들을 설득시킬 수 있는 방법은 사실상 없다고 본다.

으로 외계 생명체에 대한 확신을 얻기에는 어려움이 있다. 이 외에도 미국 국방부에서 외계인의 시체를 보관하고 있다는 설이나, 고도로 발달된 고대 문명이 외계 생명체로부터 내려왔다는 설 등은 이미 많은 사람들에게 흥미 이상의 진지함으로 접근되는 주제이기도 하다. 그러므로 만일 신앙이 좋은 우리의 동료가 그러한 자료들을 증거로 외계인은 반드시 존재한다고 확신한다면, 우리는 마음의 불편함이 있을지언정 그것을 굳이 상대하지 않고 입꼬리를 살짝 올리며 애써 고개를 끄덕여 줄 수 있다.

그러나 만일 UFO나 외계 생물체에 대한 명확한 성경적 근거가 있다고 하면서 기존에 잘 정리된 성경신학적 해석들을 무시하며 전혀 이상한 성경적 해석을 우리에게 강요한다면, 우리는 그것을 가만히 참고만 있을 수 없다. 왜냐하면 성경이 UFO나 외계 생물을 명확하게 지지하고 있지 않을뿐더러, 어느 개인의 상상력에 의해 수정되어도 상관없는 그런 권위 없는 책이 아니기 때문이다. 진화론을 지지하는 자들에게는 굉장히 불편한 말이겠지만, 사실 진화론을 받아들이지 않는 입장에서 보면 진화론은 허점 투성이의 이론이다. 우리 우주의 기원이나 우주의 완벽한 질서와 규칙들, 생명의 생존이 가능한 별의 생성, 무기물에서 유기물로, 그리고 종과 종 사이의 변화를 거쳐 인간이라는 특별한 존재에 이르기까지의 모든 과정을 무한한 우연의 연속으로 말한다는 것은 그다지 설득력이 없으며, 그들 스스로도 분명한 증거를 가지고 있어 보이지 않는다. 일례로 우주와 지구 연구에 공신력 있는 단체인 '내셔널 지오그래픽(National Geographic)'에서는 생명의 별 지구와 생명의 근원인 물의 형성에 대해서 다음과 같이 정의한다.

운이 좋게도 어느 날 바다가 커지기 시작하며 우리가 아는 지구로 변해 갔는데, 지구가 태양과 완벽한 거리를 두고 있었기 때문이다. '생명의 거주 가능 영역'으로 너무 덥지도 않고 너무 춥지도 않은…[36] 이해는 잘되지 않지만, 행성도 먼지와 암석으로 이루어진다. … 인력(gravitation)은 암석들을 끌어모아 행성이 되었다. … (이후 장면은 화면이 회전하며 줌 아웃 후, 줌 인이 되면서 '암석'이 '행성'으로 바뀌어 있다. 멋지고 장엄한 음악과 함께 … 당시 지구는 끓는 용암으로 이루어진 행성으로 묘사된다.) 그러나 어느 날 화성 크기의 행성인 테이아(Theia)가 지구를 향해 다가왔고 지구와 충돌하게 된다. 두 어린 행성은 거의 액체 상태가 되었고, 수조 개의 파편이 우주로 날아갔다. 하지만 불과 천 년이라는 시간 동안 인력(gravitation)이 마술을 부려 (날아간 파편들은) 고리(Rings)가 되었고, 지구 주위를 돌았다. (그 후 고리 속에서 갑자기 구(球)가 등장을 하게 되는데,) 지구의 달이 형성된 것이다. 지구는 식어 갔고, 서서히 변해 간다. … 지금으로부터 39억 년 전, (셀 수 없을 만큼 엄청난 수의) 유성이 쏟아진다. 그 유성 안에는 소금 알갱이와 같은 결정이 포함되어 있는데, 그 안에 미세한 물 입자가 포함되어 있다. 이 위협적인 위성이 생명체를 만드는 필수 요소를 가지고 있는 것이다. 그 후 2천만 년 동안 (엄청난 양의 유성이) 지구에 충돌하면서 지구에 물이 축적되었다.[37]

---

[36] "지구 형성 직후, 지구는 어디서 '물'을 공급받았을까?", 내셔널지오그래픽(National Geographic), 2018년 4월 15일, 유튜브 동영상, 3:59, https://youtu.be/-IgXZEdJ5Zw?si=ToIw7bT26xIJjqUe

[37] "NGC 지구 탄생: 45억 년의 비밀", 우끼요, 2020년 2월 28일, 유튜브 동영상, 1,34:35, https://youtu.be/gYf_cb4ZVn8?si=pId98snjmP-_sMil

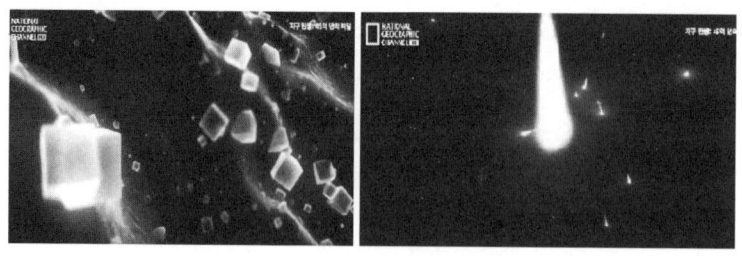

내셔널 지오그래픽 채널(National Geographic Channel)에서는
우주와 지구의 형성을 '이해할 수 없는', '우연한', '마술 같은' 일로 표현하고 있다.

사실, 지구 형성과 생명 형성에 가장 중요한 것은 생명의 원천과도 동일시되는 물의 존재가 무엇으로부터 왔느냐 하는 것이다. 내셔널 지오그래픽은 지구와 물의 형성에 관해 자신감 있는 내레이션과 웅장한 배경 음악을 이용해 설명한다. 그러나 그들은 지구와 물의 형성에 대한 사실적인 내용을 설명함에는 굉장히 확신이 없다.

그들은 "운이 좋게도", "이해는 잘되지 않지만", "마술을 부려" 등의 표현을 사용하면서 지구의 형성이 우리의 지식과 상식으로는 설명될 수 없다는 사실을 간접적으로 시사한다. 그런데 문제는 많은 사람들이 이러한 구절들에 별 신경을 쓰지 않는다는 것이다. 왜냐하면 그들은 우주와 지구가 진화되었다는 관념의 틀에서 벗어나고 싶어 하지 않으며, 이것을 말하는 과학자들의 권위를 절대적으로 신뢰하기 때문이다. 그러나 내셔널 지오그래픽에서 하는 말을 잘 살펴보라! 그것은 결코 사실이 아니다. 그들은 모든 것을 상상과 추측으로 말하고 있다. 그럼에도 불구하고 대중들은 의심 없이 그 영상을 보며 경이로운 세계로 이끌리게 된다.

다른 것은 차치하더라도, 우리는 물의 성분을 가진 소금 결정들을 품은 유성들이 무려 2천만 년 동안 우주로부터 특별한 목적도 없이 지구를 향해 사방으로 날아와 지구를 때렸다는 사실에 왜 조금의 의심도 생기지 않는지, 그러한 유성들이 애초에 어떻게 해서 물의 성분을 지닌 결정체를 보유하게 되었는지, 그 유성들이 왜 많고 많은 별 중에 하필 지구라는 별만을 공격하게 되었는지, 똑같은 성분을 가진 동일한 유성들이 과연 무려 2천만 년 동안 지구에 엄청난 양으로 떨어질 수 있는지 [38] 충분히 의심해 볼 수 있다. 진화론을 받아들이지 않는 나로서는 그러한 주장들이 전혀 받아들여지지 않을 수밖에 없다. 그 모든 일은 그들 스스로가 인정하듯이 '이해가 잘되지 않는' 일들이며 그저 지구의 형성을 '마술쇼' 수준으로 생각하는 것으로밖에 보이지 않는다.[39]

그들은 확신조차 할 수 없는 그들의 견해를 지켜 나가기 위해, 하나님의 완전하고도 특별한 목적을 가진 6일간의 창조 기사나 에덴에서 아담이 하나님과 맺은 언약, 선과 악을 알게 하는 나무의 열매를 먹은 사건이 담는 의미, 죄의 발현, 노아 방주 사건, 모세의 홍해 도하 사건 등을 '비과학적'이거나 '비합리적'인 것으로 취급하면서, 성경이 분명히 역사로 말하고 있는 사실들을 단순한 비유나 상징으로 치부해 버리고 있다. 그것은 분명 신구약 성경을 균형감 있게 이해하지 못한 결과이고, 성경을 왜곡하는 것이며, 건강한 신학 해설에도 큰 걸림돌이 되고 만다.

---

[38] 이러한 질문을 던지면 아마도 진화론자들은 "몇백억의 역사 안에 2천만 년이라는 시간은 짧은 겁니다"라는 식의 대답을 할 것이다.
[39] 어느 유신진화론자는 하나님께서 말씀으로 세상을 창조하셨다는 것을 마술쇼에 비유하기도 한다.

그럼에도 불구하고 대부분의 유신진화론자들은 하나님께서 놀라운 능력으로 일으키신 기적들을 한낱 신화나 설화로 치부하는 경향이 있다. 그런데 더 큰 문제는 그들이 이러한 시도를 하는 이유가 전통적인 성경신학적 해설 안에서 명확한 성경적 오류를 발견했다거나, 예수 그리스도를 중심으로 한 복음에 대한 진지한 고민 가운데서 나온 것이 아니라, 단순히 진화론을 보존하기 위함이라는 점이다. 만일 누군가가 상대방의 견해가 가진 성경신학적 문제들을 명확히 지적하면서, 그 견해가 왜 틀린지에 대해 성경의 내용을 중심으로 진지하게 논의한다면, 그것은 분명 우리의 신앙과 신학적 성숙에 발전을 가져다줄 것이다. 그러나 유신진화론자들은 성경이 가진 순수성과 일관성을 가지고 문제를 제기하기보다는 단순히 진화론이 옳기 때문에, 진화론을 보존해야 하기 때문에, 오랜 기간 건강하게 보존되어 온 성경 해석들을 손쉽게 바꿔 버린다. 진화론을 마치 절대로 깨질 수 없는 중심 이론으로 인식하면서, 이를 보존하기 위해 진화론과 어긋나는 기존의 성경 해석들을 가차 없이 신화나 설화로 만들어 버리고 마는 것이다. 유신진화론자들은 진화론을 바탕으로 기존의 성경 해석들을 별다른 거리낌 없이 수정해도 된다고 생각하지만, 문제는 그러한 그들의 성경 해석이 성경의 통일성을 해치고, 왜곡시킬 뿐 아니라, 구원론 및 기독론과 관련한 기독교의 핵심 교리들을 철저히 무시하도록 요구한다는 것이다.[40]

---

[40] 대표적으로 미국의 복음주의 구약 학자인 피터 엔즈(Peter Enns)는 창세기의 여러 내용이 「에누마 엘리쉬」와 같은 고대 근동의 문서들과 비슷하다는 것을 이유로 성경이 근동의 설화를 바탕으로 기록되었거나 최소한 영향을 받았다고 주장하고 있다. 또한 역사적 아담에 대해 강력하게 반발하면서 '아담' 해석에 대한 다양한 가능성을 제기한다. 그러나 그는 그러한 관점을 고집한 나머지 호세아 6장 7절과 같이 확실하게 창세기 1장의 '아담'을 말하는 구절마저도 마치 '아담'이 '지역' 이름인 것처럼 해석하기도 한다. 그러나 이러한 시도는 분명 억지스럽다고 볼 수밖에 없다. 김진수, 「아담은 역사적

하나님을 믿지 않는 진화론자들조차 인정할 수밖에 없듯이 세상의 창조에 관한 일은 분명 초자연적인 영역이다. 창조는 물질적인 개념이 아니며, 인간의 경험과 논리 안에서 설명될 수 있는 영역이 아니다. 이것은 성경적 창조론을 믿는 자들에게도 마찬가지이다. 하나님의 말씀으로 세상이 창조된다고 했을 때, 우리가 그 '말씀'의 존재와 능력을 어떻게 이해할 수 있겠는가? 태초에 하나님께서 천지를 창조하실 때 시공이 존재하기 시작했다면 그 시공이 창조되기 이전의 세계를 우리가 어떻게 감히 상상할 수 있겠는가? 우리는 일정한 법칙과 규칙과 완벽한 조율을 지니고 운영되는 이 우주를 어떻게 이해할 수 있겠는가?[41]

우리는 그저 성경이 말씀하시는 바와 같이, 태초에 하나님의 말씀을 따라 모든 세계와 시간과 공간이 시작되고 형성되었으며 질서를 갖추었다고 말할 수밖에 없다. 거기에 우리의 생각을 덧붙일 필요가 없으며 우리의 생각으로 태초 하나님의 질서를 정의할 수도 없다. 그럼에도 불구하고 유신진화론자들은 성경의 말씀만 따라가는 것을 굉장히 비합리적이거나 비이성적인 것이라고 비판하면서, 성경의 가르침을 수정하려고 한다.

또한 유신진화론자들은 진화론은 확실히 검증된 이론이며 대부분의 대중들이 그것을 기정 사실로 받아들이고 있기에, 이 확실하고 대중적인 이론을 받아들이지 않게 된다면 세상과 원만한 소통을 할 수 없을뿐더러, 그들로부터 비이성적인 집단으로 손가락질을 받는다고 말한다. 물론 이러한 유신진화론자들의 논리는 일면 합리적인 부분이

인물인가」(수원: 합신대학원대학교출판부, 2018), 85.
[41] 이것은 마치 욥기 38-39장에서 드러나는 욥의 무지와 한계를 보는 것과 같다.

있다. 만일 교회가 진화론을 거부한다면, 교회를 향한 세상의 조롱과 질타는 불을 보듯 뻔하다. 세상은 교회를 향해 전혀 말이 통하지 않는 광신도 집단으로 치부할 것이며, 우리를 조롱할 것이다. 그러나 그러한 이유들로 교회가 진화론을 전적으로 수용한다면, 당장 세상과의 마찰을 피할 수는 있겠지만, 성경이 총체적으로 말하고 있는 창조 기사와 아담에 대한 이해를 크게 훼손하게 된다. 물론 이것은 이미 우리 안에 일어나고 있는 일이다. 많은 유신진화론자들은 창세기 기사를 설화와 전설로 탈바꿈시킨다. 그리고 그들은 진화론을 지지하지 않는 입장에 대해 격렬한 비판을 쏟아 낸다. 문제는 그러한 비난과 거부에 대한 합리적이고 성경적이며 과학적인 반론이 제시되지 않고 있다는 것이다. 진화론에 대한 과학적인 비판점에 대해서는 차치하더라도, 성경신학적으로 볼 때 그것은 분명 반(反)기독교적 내용을 다분히 안고 있다. 그렇기 때문에 우리는 성경의 내용을 순수하게 보존하고자 하는 입장에서, 성경적 창조론의 내용을 훼손하는 유신진화론적 창조론 해석에 전적으로 동조할 수 없는 것이다.

유신진화론이라는 새로운 '종교성'

유신진화론자들은 진화론이 충분한 증거나 이론을 검증할 수 있는 여지가 있기 때문에 우리가 그것을 신뢰할 수 있는 것이 아니라, 믿을 만한 '가설'의 축적을 통해 도출한 '가장 훌륭한 설명'이라는 '믿음'이 있기 때문에 그것을 수용한다고 말한다. 즉, 진화론은 그것을 검증할 만한 어떠한 확실한 데이터나 증거를 충분히 가지고 있기 때문에 우리가 그것을 받아들이는 것이 아니라, 그 이론이 다른 어떤 이론들보다 더 확실하고 완벽하다고 여겨지기 때문에 그것을 받아들일 수 있다는 것이다. 물론 진화론자들은 진화의 증거로서 다양한 것들을 제시하지만, 그들 역시 어느 지점에 가서는 오직 '믿음'으로 받아들여야 하는 부분이 있다는 것을 인정한다.[42]

그러나 이러한 진화론적 측면에서의 '확실성'은 실험 과학이 전제로 하는 '확실성'과는 다른 측면으로 이해되어야 한다. 왜냐하면 실험 과학은 동일한 조건에서, 반복된 실험을 통해 얻어 낸 결괏값을 제시하기 때문이다. 당연히 이러한 결괏값에는 이변이 있을 수 없고, 1,000번의 실험에서 1,000번의 동일한(혹은 절대치에 가까운) 결괏값이 나와야만 소위 대중들이 허용하는 확실성 있는 '과학적 결괏값'이 된다.

예를 들어 지구의 자전으로 인해 해가 동쪽에서 뜬다고 가정할 때, 이 결괏값은 절대로 바뀌지 않는다. 즉, 어떤 경우에도 해가 서쪽에서 뜰 일은 없다는 것이다. 또 고층 건물에서 달걀을 떨어뜨린다고 할 때 그 달걀이 중력에 의해 가속도를 붙여 아래로 떨어진다는 것이나, 달걀이 바닥에 떨어질 경우 박살 난다는 사실도 절대로 바뀌지 않는 결괏값이다. 즉, 달걀이 중력이나 가속도, 탄성을 무시하고서 떨어지는 중간에 갑자기 하늘로 솟아오르거나, 땅에 떨어졌을 때 탁구공처럼 통통 튀어 다닐 가능성은 없다는 것이다. 당연히 이러한 확실한 결괏값에 대하여 이의를 제기하거나 그것을 부인하는 사람은 아무도 없다. 이러한 명확한 결괏값은 아무리 많은 수를 반복하더라도 그 결괏값이 동일하기 때문이다. 그렇기 때문에 일반적으로 대중들이 생각하는 과학은 믿음

---

42 알리스터 맥그래스, 『우주의 의미를 찾아서』, 84.

에 기초한 영역이 아니라, 사실에 기초한 영역이라고 볼 수 있다.

그러나 진화론은 이것과는 결이 다른 이야기이다. 그 누구도 초기 우주나 지구가 형성될 때 반영되었던 조건들에 대해서 정확히 알 수 없고, 진화를 확증할 만한 중간 상태의 화석이 발견된 예도 없으며, 어떠한 물질로부터 생명이 탄생한 예도 없다. 또한 동종(同種)의 동물을 교배 시 전혀 다른 종(種)의 동물이 나올 확률도 없다. 그럼에도 불구하고 이로운 돌연변이들(beneficial mutations)의 무한한 연속을 통해 먼지로부터 인간으로까지의 진화가 이루어졌다는 이 엄청난 진술을 오직 믿음으로 받아들여야만 한다면, 우리는 그것을 과학이라고 부르는 데 있어서 주저할 수밖에 없다.

이 부분에서 우리는 의문점이 발생한다. 왜 과학자들은 이 명확하지 않은 이론을 거절하지 못하고 절대적인 법칙으로 붙잡고 있냐는 것이다. 이에 대해 유나이티드헬스 유럽(UnitedHealth Europe)의 최고 경영자인 리처드 스미스(Richard Smith)는 '동료 전문가 평가'를 그 이유로 들기도 하는데, 이것은 쉽게 말하면 진화론적 세계관을 과학의 기반으로 삼고 있는 과학자 집단이 서로를 평가 판단하는 상황 속에서 진화론에 반(反)하는 가설들은 그 어떤 가설이라도 수용될 가능성이 없다는 것이다. 즉, 누군가 혹 진화론에 대한 미심쩍은 부분을 발견하더라도, 과학자 집단이 이전까지 축적해 놓은 이 거대한 신념의 체계에 결코 도전할 수 없다는 것이다. 스미스는 이러한 상황에 대하여 "과학(science)이 신념(belief)에 뿌리를 두어야 한다는 것은 너무 이상한 일이 아닐 수 없다"라는 말로 결론을 내린다.[43] 물론 스미스의 평가는 '진화'와 '과학'을 동일시한 가운데 내린 결론이다. 사실 과학은 신념에 뿌리를 두고 있지 않다. 앞서 말한 대로 과학은 절대적이고 객관적인 사실을 토대로 세워진 학문 체계이다. 그러나 진화는 분명히 신념에 뿌리를 두고 있다.

이러한 '진화적 신념'은 과학계가 절대적으로 지켜야 하는 것이므로, 그것을 지키기 위한 과학계의 노력은 가히 필사적이었다. 그러다 보니 종종 자신들의 신념을 지키기 위해 그릇된 방식이 도입되기도 하였는데, 예를 들어, 1900년대 초반 완전한 인류의 전 단계에서 하악골 구조만 침팬지와 같다고 규정한 필트다운인(Piltdown Man)은 결국 전문가들의 재실험 결과 오랑우탄의 턱뼈와 현대인의 두개골을 교묘하게 결합한 것이라는 사실이 드러난 적도 있다. 이때, 영국 자연사 박물관은 이러한 거짓된 사실을 밝히고자 했던 조사관들의 접근을 막기 위해 보호조치를 내리기도 했다.[44]

---

[43] 크리스토퍼 쇼(Christopher Shaw)는 진화론을 지지하는 과학자들이 학계의 논리에 반(反)하는 주장을 못하는 이유로, 그러한 견해를 표명할 경우, 그의 모든 과학적 발제가 인정받지 못하고, 지원을 받는 부분에서도 제한을 받게 되기 때문이라고 설명하기도 한다. Christopher Shaw, "순응을 강요하는 것은 과학의 편향을 초래할 뿐이다." J. P. 모어랜드 외 4인, 『유신진화론 비판-상』, 653.

[44] 필립 E. 존슨, 『심판대의 다윈』 이승엽, 이수현 옮김 (서울: 까치, 2006), 288-89; 이러한 거짓은 '오스트랄로피테신' 화석으로 잘 알려진 일명, '루시'의 예에서도 드러났다. 당시 루시를 처음 발견한 도널드 조핸슨은 루시의 뼈를 단일 개체의 화석이라고 발표했으나, 후에 루시의 척추뼈가 개코원숭이에게서 온 것으로 판명이 되었다. J. P. 모어랜드 외 4인, "빠진 전이 형태들: 인간의 기원과 화석 기록", 『유신진화론 비판-상』, 528.

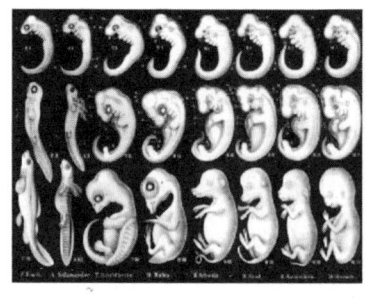 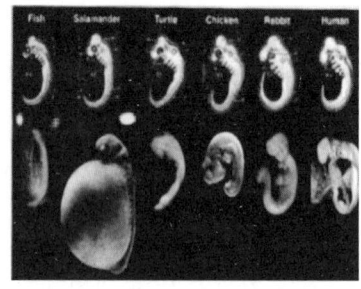

헤켈(Ernst Haeckel)의 조작된 배아 사진과 실제의 배아 사진 (출처: 한국창조과학회)

또한 과거 교과서에서 배아 사진의 정석으로 등장했던 에른스트 헤켈(Ernst Haeckel, 1834-1919)의 배아 사진도 조작된 것으로 들통이 났다. 헤켈은 다양한 동물들이 공통 조상으로부터 왔다는 증거로서, 동물들의 배아 상태가 유사함을 주장하면서 이를 사진으로 제시하였으나, 1997년 미가엘 리처드슨(Michael Richardson)에 의해 그의 배아 사진이 조작되었다는 사실이 드러났다. 헤켈의 조작된 사진은 일반 교과서에 공공연히 실렸었기에, 그 사진이 조작되었다는 사실을 모르는 사람들은 여전히 그 사진의 내용을 진화의 근거 자료로 믿고 있을 것이다. 이 밖에도 대중들은 온 우주의 시작점인 빅뱅(Big Bang)으로부터 진화의 최종 단계인 인간에 이르기까지 불충분한 자료들을 재구성하면서 엄청난 상상력을 동원해야만 했다. 물론, 이러한 상상된 진화의 세계는 '과학자'들에 의해 '과학'이라는 탈을 쓰고, 기정사실화된 채로 대중들의 눈을 가려 왔다.

이러한 상황 속에서 누군가가 불쑥 진화론적 상상력에 동의하지 않고 다른 식의 설명을 제안하면, 그는 진화론 지지자들로부터 엄청난 포화를 받게 되었다. 오스트랄로피테쿠스의 존재에 대한 의문과 비판을 제기한 영국의 저명한 영장류 전문가인 솔리 주커만(Solly Zuckerman, 1904-1993)의 예가 바로 그것인데, 그는 수년에 걸친 실험과 검증을 통해 오스트랄로피테쿠스에 대한 증거가 빈약하여 받아들이기 어렵다는 결론에 이르렀으나, 곧바로 다른 인류학자들의 엄청난 비판에 직면하게 되었다. 그들은 주커만이 내놓은 논리에 적절한 근거를 들어 반론을 제기하기보다는, 주커만의 과학자로서의 자질을 거론하면서 무차별적으로 공격을 퍼부었다.[45]

물론 이것은 비단 과학의 영역에만 해당되는 일이 아니다. 진화론 신봉자들은 창세기에 기록된 명확한 진술들이 진화론과 맥을 같이 하지 않는다는 이유로 성경적 창조론을 전적으로 수정하라고 요구하기도 하며, 창세기에 기록된 역사적 진술을 신화와 비유로 받아들일 것을 강요하기도 한다. 성경적 창조론자들은 창세기의 창조 기사를 읽을 때 하나님께서 세상을 창조하시던 창조 때와 에덴동산을 누비던 아담의 때를 생각하지만, 유신진화론자들은 창세기를 읽으면서 모세(기록자)의 때, 즉 고대 근동의 사회 문화를 생각하도록 유도한다.

그러나 이러한 강요들은 성경이 가진 본연의 뜻을 파악하는 데 방해한다. 성경은 세상의 창조를 하나님의 권능의 말씀으로 이루신 '하나님의 역사(work of God)'로 말하고 있지만, 유신진화론자들을 비롯한 진화론 신봉자들은 이것을 하나님의 간섭이 배재된 '자연선택'과 '무작위 돌연변이' 메커니즘으로 전환시키고자 한다. 그러나 안타깝게도 그

---

[45] 필립 E. 존슨, 『심판대의 다윈』, 120.

들이 제시하는 여러 진화론적 가설들을 온전히 사실로 받아들이기에는 그 논리와 증거들이 너무도 빈약한 것이 사실이다. [46]

분명한 사실은 진화론자들도 진화론을 오직 '믿음으로' 받아들여야만 한다는 것이다. 즉, 진화론자들도 진화론이 완벽한 객관성과 논리성을 갖춘 이론이기 때문에 수용하는 것이 아니라, 그것을 부득이하게 받아들여야 하는 처지에 있기 때문에, 혹은 그것을 그냥 '믿겠다는' 신념으로서 받아들이는 것이다. 진화론을 수용할 때 어느 정도 신앙의 요소가 반드시 포함된다는 것을 진화론자들 스스로도 부인할 수 없다.

그러나 유신진화론이 가진 가장 큰 문제는 성경의 권위를 진화론의 권위 아래 두고자 한다는 것이다. 유신진화론자들은 자신들의 진화론적 신념을 지켜 내기 위해, 성경이 진술하는 창조의 내용을 끊임없이 수정하고 부인하는 작업을 지속해야만 한다. 그들은 기독교계와 과학계에서 자신들의 목소리를 점차 확장시켜 가면서, 진화론을 합리적이고 이성적인 진리로 부추기면서도, 성경적 창조론에 대해서는 비이성적이고 불합리한 잡설(雜說)로 여겨지도록 유도하고 있다.

유신진화론자들은 진화론이 가진 비논리적인 추측들, 진화론으로는 결코 설명될 수 없는 부분들, 더불어 진화론이 가진 증거의 부실함들을 솔직하게 인정할 필요가 있다. 그들은 적절한 근거 없이 전통적인 성경적 창조론을 부인하고 수정하려는 작업을 그만두어야만 한다. 더 나아가 유신진화론자들은 진화론을 믿는 믿음과 창세기 기사를 믿는 믿음 사이에 생길 수 있는 갈등 요소들이 무엇인지를 정확하게 인

---

[46] J. P. 모어랜드 외 4인, "과학적 · 철학적 서론", 『유신진화론 비판-상』, 51.

지하면서, 과연 어느 것을 택하는 것이 성경에 더 충실한 것인지를, 성경을 기준으로 판단해야 할 것이다.

마지막으로 그들의 진화론적 신앙심은 하나님에 의해 완벽하게 설계된 세계를 부인하고, 이 모든 세계가 연속된 우연에 의한 진화로 구성되었다고 믿는 것에서도 나타난다. 유신진화론자들은 이 세상이 어떠한 지적인 설계자에 의해서 완벽하게 설계되었다는 사실조차도 부인하는데, 특별히 그들이 '설계(Design)'라는 말 자체를 강력하게 반대하는 이유는, 세상의 모든 것들이 하나님의 말씀으로 단번에 형성되었다는 사실을 받아들이지 않고, 단지 각 개체가 하나씩 자연스럽게 진화의 과정을 거쳐 형성되면서, 나중에 개체의 결합에 의해 새로운 기능을 얻게 되었다는 '방법론적 자연주의'로서의 진화의 틀을 깨고 싶지 않기 때문이다.

그러한 점에서 유신진화론자들은 설계(Design)보다는 '조율(Tune)'이라는 말을 즐겨 사용한다. 그리고 우연히 발생한 각 물질들이 오랜 시간을 거치기만 하면, 어떠한 기능을 가진 존재로 진화될 수 있다고 가르친다. 즉, 어떠한 물질들이 모여 새로운 조합을 만들고, 그러한 새로운 조합들이 또 다른 새로운 조합과 결합하여 복잡한 기능을 가지게 되고, 나중에는 그러한 복잡한 기능들이 정교한 질서를 이루게 된다는 것이다. 이러한 물질의 발생과 기능의 획득, 물질 간의 조합, 그 조합 속에서의 질서의 획득이 결국 우리가 사는 우주와 지구와 생물의 체계를 이루게 되는 것이다.

그러나 그들의 말처럼 실제 우주와 생물체를 구성하는 요소들의 조합은 그리 간단하지가 않다. 맥그래스도 인정했듯이 '진화'라는 사건이 발생하기 위해서는, 적어도 지구라는 별과 우주 사이에 세밀하게 조정된(fine tuned) 상수들도 영향을 준다. 이 말은 곧 어떠한 개체와 개체 사이에 진화가 이루어지기 위해서는 단순히 두 개체 사이의 연속성만 중요한 것이 아니라는 것이다. 우리는 그냥 서 있어도 중력과 달의 인력과 행성 간의 척력, 지구의 전자기력과 산소의 존재, 공기의 압력 등의 다양한 영향들을 받고 있기 때문에 모든 진화의 과정들은 두 개체 사이의 필요조건만 만족시키면 이루어지는 것이 아니라, 우리를 둘러싸고 있는 모든 외부 조건까지도 다 만족을 시켜야 한다. 예를 들어, 무기물에서 유기물로, 그 유기물이 핵으로부터 원자, 분자, 세포로부터 장기와 기관, 육체 등으로 진화되는 과정에, 간단하게는 전자기력, 중력, 태양력과 별과 별 사이의 인력과 척력 등이 다 영향을 미친다는 것이다.

즉, 대기 중에 산소가 만족스럽게 분포하고 있지 못하면, 생물들은 숨을 못 쉬고 죽고 만다. 태양과의 거리가 조금만 좁혀져도 우리는 다 말라 죽고 만다. 중력이 현재보다 몇 배만 더 크기가 커져도 우리는 정상적인 움직임을 갖지 못하고 만다. 이 모든 조건 중에 단 하나의 요소가 빠지거나 그것을 구성히는 상수들에 변수가 생기더라도 우주와 지구와 생명체들은 전혀 다른 결과물이 되며, 결과적으로는 지성을 가진 인간도 있을 수 없다.[47] 즉, 진화라는 것은 우연한 생물학적 변이와 보존과 전이라는 인간 내부적인 부분을 넘어 달과 태양의 거리까지도 영향을 준다. 어떠한 계기로 우연히 자연스러운 변이가 일어난 가운데

---

47 실로 이것은 대단한 믿음을 요구하는 가설이다.

이 모든 것이 다 완벽하게 맞아떨어져야만 가능할 수 있는 것이다.

이러한 완벽한 구성은 인간을 구성하는 모든 내부적인 조직과 기관에도 적용이 될 수 있는데, 인간의 몸을 잘 살펴보면 마치 잘 짜여진 코딩 시스템과도 비교할 수 있다. 실제로 생물의 DNA는 코딩 시스템과 유사하게 일정한 정보를 보유하고 있으며, 이러한 정보의 완벽한 구성은 인간을 형성하는 특성과 기능들을 좌우하기도 한다.

당연히 이러한 모든 정보의 완벽한 구성들은 우연의 연속으로 이루어졌다기보다는 이러한 구성을 주도하는 설계자를 가정하도록 요구한다.[48] 왜냐하면 빅뱅으로부터 시작되어 시간과 공간과 차원을 만들어 내며 일정한 속도로 팽창하고 있는 우주는, 그 내부에 우주의 먼지들을 재료로 적절한 타이밍과 간격을 유지하며 별과 별을 생성해 내고, 그 별과 별 사이에 완전한 인력과 척력을 유지하면서 자전과 공전의 질서를 만들어 내고, 어느 완전한 시점에 또다시 지구라는 엄청나게 생명체에 유리한 별을 생성시키고, 그 안에 또한 완벽한 타이밍에 무기물을 유기물로 바꾸며, 그 유기물을 온 우주의 질서를 유지하는 상수 아래 단세포에서 다세포로, 어류로, 파충류로, 조류로, 포유류로 발전시켜 인간의 존재를 만들어 내기 때문이다. 이 모든 것들이 단지 우연히, 스스로 발생했다고 보기에는 이 세상이 너무나도 정교하게 설계되지 않았는가?

이때, 우리는 유전 정보를 포함한 생물의 형질에 대한 정보를 담고

---

[48] 이것은 유신진화론자들과 지적설계자들의 가장 큰 차이점이기도 하다. 유신진화론자들은 이러한 완벽한 코딩 시스템에 대하여 우연적 요소들의 연속으로 설명하는 반면, 지적설계자들은 이러한 완벽한 코딩 시스템을 통해 직접적인 결과물이 발생했다고 설명한다. J. P. 모어랜드 외 4인, "발생학의 증거가 진화론에 도전하다", 『유신진화론 비판-상』, 346.

있는 DNA에 대해서 잠시 살펴볼 필요가 있다. DNA에는 그 생물이 추후 어떻게 성장할 것인가에 관한 정보가 담겨 있고, 특별한 이변이 일어나지 않는 이상 그 생물은 DNA 정보 내에서만 변화를 발생시킨다. DNA 내에 저장된 변화들은 보편적인 상황에서는 예측이 가능한 것들인데, 예를 들어 집에서 키우는 개가 임신했을 때 누구도 그 개가 고양이를 낳을 것이라고 생각하지 않는 것은 개는 개를 낳는다는 보편성 때문이다. 사실 개의 DNA에는 그 개가 이후로 성장하면서도 여전히 개가 될 것이라는 정보 이외의 다른 정보가 들어 있지 않다. 사실 이러한 원리는 너무 단순한 것이어서 진화론자들을 포함한 누구든지 인정할 수밖에 없는 것들이다.

이것은 때로는 질서에 대한 부분으로 접근할 수도 있는 것인데, 종간(種間)에 무질서한 교배가 없을뿐더러, 각 종의 적응과 번식 등이 질서 있게 유지되는 상황들을 보면, 마치 자연이 어떠한 거대한 통솔자의 통제를 받고 있는 것처럼 보이기도 한다. 우주의 별들 또한 마구잡이로 그 궤도를 이탈하지 않으며, 달의 인력에 의해 밀물과 썰물을 이루는 바다도 함부로 그 경계를 넘지 않고, 우리 몸을 구성하는 세포와 기관들도 마찬가지이다. 그들은 정확한 장소에 정확히 배열되어, 일정한 질서 안에서 일정한 일들을 감당하게 된다.[49] 만일 그들을 이루는 어떠한 구성과 패턴에 문제가 발생할 경우, 그 모든 것은 감당할 수 없이 그릇된 결과물을 가져올 수밖에 없다.

그렇기 때문에 윌리엄 뎀스키(William Dembski)는 이러한 세포와 기관

---

49   J. P. 모어랜드 외 4인, 『유신진화론 비판-상』, "발생학의 증거가 진화론에 도전하다", 336-41.

들의 명확한 배치와 배열을 '복잡성 이론(Complexity Theory)'으로 설명하기도 했다. 그는 우리 몸이 어떤 필요한 기능을 실행하는 것을, 일종의 입력값을 실행하여 문제를 해결하는 알고리즘을 예로 들어, 이러한 규칙적인 알고리즘이 없이는 난해한 문제들을 어떠한 원칙에 의해 해결할 수 없다고 했다.[50]

이러한 알고리즘은 프로그래밍 언어 코딩과도 비교할 수 있다. 특별히 단순한 입력값과 필요한 연산을 설정하여 어떠한 결괏값을 얻어내는 단순한 코딩 프로그램에서조차, 점 하나를 잘못 찍거나 설정값을 표기한 단어의 철자가 틀리면 프로그램이 제대로 작동하지 않아 원하는 결괏값을 얻을 수 없게 된다. 이런 경우 원하는 결괏값을 얻기 위해서는 이탈되거나 틀린 점이나 철자가 무엇인지를 찾아내야만 하는데, 이를 위해서는 수 시간이 걸리기도 한다.[51]

예를 들어 아래의 표는 C언어의 입문 단계에서 배우게 되는, '계산기 식'을 만드는 아주 기초적인 프로그래밍 언어이다. 여기에는 간단한 변수 선언, 상숫값 입력, 연산자 입력, 또 연산 과정을 설명하는 기본 문구, 설정 오류 시 처리되는 방식 설정 등이 필요하다. 만일 이 프로그래밍 언어에서 점이나 기호가 하나라도 틀리게 입력되면, 이 계산기 식은 작동조차 하지 않는다. 당연히 이 프로그래밍이 원활하게 가

---

[50] William A. Dembski, *The Design Inference: Eliminating Chance Through Small Probabilities* (New York: Cambridge University Press, 1998), 92.
[51] 이는 아주 단순한 계산식일 뿐이다. 조금 더 복잡한 게임 프로그램만 해도, 명령어로 개체를 생성한 후, 그 개체를 자유자재로 움직이도록 작동시키기 위해서는 훨씬 더 많은 분량의 명령어와 계산식이 필요하다. 아무리 견고한 프로그램이라 할지라도 점 하나를 잘못 찍으면 작동하지 않을 수도 있다. 즉, 각 글자의 스펠링과 명령어와 부호와 점들이 완벽하게 찍힐 때 프로그램은 정상적으로 작동한다. 당연히 작동되는 프로그램을 작성하기 위해서는 프로그래머의 설계가 있어야 하고, 목적이 있어야 하고, 정확한 코딩 작업이 병행되어야 한다.

동되기 위해서는 코딩을 할 줄 아는 설계자가 있어야 하고, 그 코딩에 대한 목적이 있어야 하고, 그리고 정확한 입력, 즉 의미를 담고 있는 문자(Character)를 정확히 타이핑 해야 한다. 만일 이 가운데 하나라도 제대로 작동하지 않는다면, 계산식은 작동되지 않으며, 당연히 의도된 결괏값을 정확하게 얻을 수 없게 된다. 이러한 내용은 사실 지적설계자들의 설계와 매우 비슷한 이론이라고 볼 수 있다. 진화론자들에 따르면 이러한 코딩 프로그램은 글자가 우연히 하나씩 입력되고, 그것이 무한한 오류의 과정을 거쳐 우연히 합당한 글자와 서식을 통해 완벽한 프로그램이 활성화되는 것으로 설명된다. 그러나 지적설계자들은 어떤 지적인 설계자에 의해 정확하게 문자와 서식이 입력되어 원하는 목적을 가진 프로그램이 코딩된다고 설명한다.

유신진화론자들은 세상의 모든 것들이 어떠한 지적인 설계자에 의해 명확하게 어떠한 목적을 위하여 그 자리에 배치되어 있다는 페일리의 시계공 이론(watchmaker analogy)을 비판하고 조소한다. 이것은 진화론적 가설 위에서 무언가가 완성된 구조로부터 시작되는 가능성이란 있을 수 없기 때문인데, 그들은 모든 개체들은 무의미한 물질들이 하나씩 서서히 결합되어 형성되고, 우연한 기회에 그 형성된 개체늘이 질서를 이루게 된다고 생각한다. 그러나 그렇게 말하기에는 이 세상이 너무도 정교한 질서와 구조들을 가지고 있어서, 모든 것이 우연히 자발적으로 형성되었다고 말하는 진화론자들의 주장은 우리에게 너무나 많은 의문점을 갖도록 한다. 사실, 도킨스와 같은 강직한 무신론자들조차도 이 세상의 질서가 마치 정확하게 조율되어 있는 것 같다고 인

정하기도 했다.[52]

```c
#include <stdio.h> // 계산기식

int main(void)
{
    char op; // char형 변수 op 선언, op는 operation의 약어.
    int a, b, result; // int 형 변수 a, b 선언.

    printf("수식을 입력하시오.\n");
    printf(">>");
    scanf("%d %c %d", &a,&operation,&b);

    if(op=='+')
    result=a+b;
      else if(op=='-')
      result=a-b;
      else if(op=='*')
      result=a*b;
      else if(op=='/')
      result=a/b;
      else if(op=='%')
      result=a%b;
      else
      printf("지원되지 않는 연산자입니다.\n");

    printf("%d %c %d = %d \n", a,op,b,result);
    return 0;
}
```

C언어로 코딩된 '계산기식'

그럼에도 불구하고 진화론자들은 어떠한 지적인 개체가 분명한 목적을 가지고 프로그램을 시행하여 정확한 결괏값이 나왔다는 사실을 부인하면서, 프로그램을 구성하는 글자 하나하나는 특별한 목적 없이

---

52 물론 도킨스는 이것을 신 존재 가설과 연관시키는 것을 싫어한다. 이 부분에 대한 콜린스와 도킨스의 논쟁은 "http://www.youtube.com/watch?v=0qKLkN4JFP0"을 참고하라.

04 유신진화론이 가진 논리적·신학적 문제점   199

우연히 발생한 것이며, 그렇게 발생된 글자들이 우연한 기회에 어느 순간 명확히 조합을 이루어 특정한 결괏값이 나오도록 형성되었다고 말한다. 사실 완벽한 프로그램이 자발적으로 코딩된다는 것은 한 번 일어나기도 불가능한 일이지만, 고요한 질서 속에 운영되고 있는 광대한 우주와, 생물이 살기에 적합한 조건들을 품고 있는 지구와, 인간의 영혼과 육신의 구성에 대한 모든 일들이 진화론으로 설명된다는 것은 도저히 가능성을 갖기가 어렵다.[53]

이러한 이유로 진화론은 다음과 같은 다양한 문제들을 가지게 되는데, 논리성 결여, 증거 부재, 개념에 대한 혼잡성 등이다. 진화론자들은 진화론이 절대적으로 옳다는 주장을 관철하기 위해 내부적으로 계속해서 그들의 견해를 수정하고자 했으나, 오히려 다양한 오류와 증거의 부족을 인정해야만 했다. 결과적으로 그들은 진화론이 논리적으로 합당하지 않고 증거가 부족하더라도 그것을 그냥 믿기로 결정하면서, 실제로 그 믿음을 그들이 속해 있는 다양한 영역에서 실행하고 있다. 그러한 점에서 그들에게 진화론 외의 다른 가능성은 여지를 둘 수 없으며, 때로는 그 권위가 신적 권위와 동등해 보이기까지 하다. 진화론자들은 진화론이 옳다고 말하면서도, 진화 이론이 가진 난제들을 지적할 때 이에 대해 변변한 대답을 하지 못하는 경우가 많다. 특별히 그들은 지적설계자들이 진화론이 가진 문제점들을 논리적으로, 철학적으

---

[53] 인간의 예로 들었을 때, 인체의 한 기관이 담당하고 있는 일들을 제대로 수행하기 위해서는 그 기관이 가지고 있는 일정한 메커니즘을 따라야 한다. 만일 하나라도 제대로 수행하지 않을 시, 그 기관은 수행해야 할 역할을 제대로 하지 못하게 되고, 이것은 몸 전체의 문제로 나타난다. 그러나 이러한 정확한 메커니즘은 온 지구를 넘어 우주의 형성과 질서에 영향을 준다. 이것이 과연 우연으로 가능한 일인가 하는 것을 묻지 않을 수 없다.

로, 과학적으로 제시할 때, 이에 대해 적절히 대응하지 못한다. 우리는 진화론자들이 즐겨 사용하는 조율(Tune)이라는 표현과 지적설계자들이 주로 사용하는 설계(Design)라는 표현의 차이를 다음과 같은 예를 들어 비교해 볼 수 있다.

조립된 데스크톱(Desktop)이 어떻게 형성되었는가를 진화론의 조율(Tune)이라는 개념으로 설명해 보면 다음과 같다. 어느 날 스크톱의 마더 보드(Mother board)가 우연치 않게 생성된다.[54] 또 그 보드를 구성하는 다양한 칩(chip)과 각기 다른 하드웨어 부품들이 우연치 않게 하나씩 스스로 생성된다. 그리고 그 부품들이 우연치 않게 적절한 위치에 자리를 잡고, 회로와 선들이 우연치 않게 연결된다. 이러한 작업이 반복되고 우연치 않게 완벽히 맞아 떨어지면서 데스크톱의 하드웨어가 작동할 수 있는 상태가 된다. 물론 이 하드웨어는 우연을 거쳐 업그레이드된 기능의 소프트웨어들을 가동시킬 수 있게 된다.

 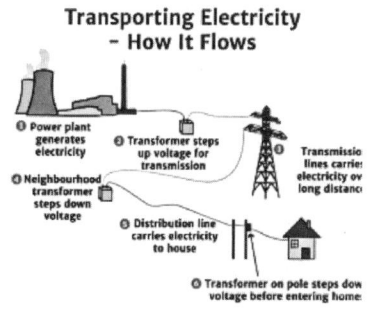

Desktop 내부와 전기 전달 경로[55]

---

54 사실 마더보드를 구성하는 플라스틱 입자로부터 생성이 되어야 한다.
55 How Electricity Flows – Knowledge Bank – Solar Schools

이처럼 '조율'이라는 개념은 칩이나 부품, 반도체와 같은 개별적인 원료들이 우연히 형성되고, 우연히 배치되고, 우연히 결합을 하고, 우연히 기능을 갖고, 우연히 완성되는 개념이라고 볼 수 있다. 물론 유신진화론자들은 '우연히 그렇게 됨'이라는 설명보다는, '하나님이 그렇게 정하심'이라는 설명을 곁들여 마치 하나님께서 진화와 조율의 개념으로 세상을 형성하시고, 발전시키셨다고 설명한다.[56] 그러나 스스로 이러한 재료들이 형성되고, 그것들이 스스로 조립되어 완벽한 데스크톱 하드웨어를 완성시키고, 이어 소프트웨어들을 작동시킨다는 것이 과연 가능한 일인가? 당연히 이러한 부품들이 연속적으로 일어난 우연한 사건들에 의해 스스로 조립되고, 새로운 본체로 탄생된다는 것은 불가능한 일이다. 그럼에도 불구하고 진화론자들은 '오랜 시간'만 있으면, 그 오랜 시간 안에서 다양한 우연들이 발생되고, 그 이로운 (beneficial) 우연들이 무한에 가까운 반복을 이룬다면, 충분히 어느 순간에는 완벽한 기능을 가진 완성품이 탄생할 수 있다고 말한다.

그러나 안타깝게도 이러한 놀라운 우연의 연속은 데스크톱을 완성시키는 것만을 요구하지 않는데, 왜냐하면 데스크톱이 온전히 작동하기 위해서는 그 데스크톱을 가동할 수 있는 전기가 필요하기 때문이다.[57] 당연히 기본적으로 데스크톱에 전기를 공급할 수 있는 콘센트와 플러그가 마련되어야 하는데, 이때 과연 데스크톱의 점화 플러그를 어떻게 콘센트에 꽂을 것인가 하는 문제를 묻지 않을 수 없다.[58] 이 질문

---

56 이것이 유신진화론자들이 말하는 'tune'의 개념이다.
57 전기는 데스크톱에 생명력을 부여한다.
58 사실, 이 문제는 전기 배선을 지나, 전신주로, 전신주에서 발전소로 연결되는 수많은 전기 발전 시스템과 전기 이동 시스템까지 연결되는 문제이다. 이러한 시스템이 시간만 있으면 우연히 이루어진다

에 대하여 아마도 무신론적 진화론자들은 플러그가 오랜 기간 우연한 기회를 얻어 스스로 움직이는 일을 반복하다 보면, 어느 순간에는 콘센트에 꽂혀 있을 날이 올 것이라고 주장할 것이고,[59] 유신진화론자들은 그보다 간결하게 '하나님께서' 친히 플러그를 콘센트에 꽂으셨다고 설명할 것이다.

그러나 아직 우연에 대한 요구가 끝난 것이 아니다. 콘센트에 점화 플러그를 꽂는 일은 고작 가정에서 일어나는 일일 뿐이다. 그 전깃줄은 가정 밖으로 나가면서 각각 송전선을 따라 변압기, 변전소, 발전소 등으로 뻗어 나간다. 적어도 '조율'의 개념으로는 이 모든 것들이 각기 개별적으로 발생하고, 우연히 결합되어 완전한 기능을 하게 되는 것이다. 그러나 이러한 일은 아무리 생각해 봐도, 가정조차 할 수 없는 결코 불가능한 일이다.

만일 하나님을 믿는 지적설계자의 설계(Design) 개념으로 이것을 정리한다면, 굉장히 단순해진다. 이것은 하나님께서 모든 전기 장치와 하드웨어를 설계하시고 작동시키셔서 외부와 내부의 모든 전기 시설이 작동하고, 이를 통해 데스크톱이 작동하고, 필요한 소프트웨어를 가동시키는 것이다. 사실, 전자와 후자를 논의할 때 두 진영의 설명 모두 믿음을 요구한다. 그러나 후자의 설명이 오히려 성경에서 말하는 창조의 방식과 비슷하다는 점에서 우리는 진화론에서 주장하는 '조율(Tune)'의 개념보다는 지적설계자들이 주장하는 '설계(Design)'의 개념이 좀 더 납득할 만하다고 생각할 수 있다.

고 주장하는 진화론자들, 혹은 유신진화론자들의 믿음이 대단하다.
[59] 이것은 '빅뱅(Big Bang)'일 수도 있다.

그러므로 유신진화론자들이 완벽한 지성이신 하나님께서 완벽하게 완성하신 세계를 인정하지 않고, 무한히 많은 우연의 과정을 거쳐 우주와 지구와 생명이 발현되고 완전한 조율을 이룬다는 주장은 과도한 신앙일 수밖에 없다. 그들에게도 오직 믿음 외에는 그러한 가설을 받아들일 방법이 없는 것이다.

이러한 진화의 종교성은 피에르 데 샤르댕(Pierre Teilhard de Chardin)의 주장에서도 잘 나타난다. 샤르댕은 이 이론에 인류의 모든 운명을 맡겨야 한다며, 진화의 끝에는 모든 물질적, 영적, 의식적 통합을 이룬 어떠한 완벽하고 거대한 합일체를 이루게 된다는 기대를 하면서, 이를 오메가 포인트(the Omega Point)라고 명명했다. 그는 진화론을 다음과 같이 찬양하기도 했다.

> 진화는 하나의 이론인가, 하나의 체계인가, 아니면 하나의 가설인가? 진화는 훨씬 그 이상의 것이다. 모든 이론과 모든 가설과 모든 체계가 이제부터 그것에 굴복해야 하며, 이 모든 것들이 믿을 만하고 진실이기 위해 충족되어야 하는 하나의 총체적인 선결 조건이다. 진화는 모든 사실을 밝히는 빛이며, 모든 노선의 사고가 따라야 할 궤도이다. 이것이 바로 진화의 실체이다.[60]

샤르댕에 의하면, 진화는 사람에 의해 명명된 어떠한 법칙이 아니라 사람의 이성과 실체를 주도하고, 점령하고, 통치하는 숭배의 대상

---

[60] 필립 E. 존슨, 『심판대의 다윈』, 186-87.

이다. 그러나 이것이 비단 샤르댕만의 주장일까? 그렇지 않다. 많은 사람들은 진화론을 과학의 범주 안에만 두지 않고, 철학적, 종교적, 문화적, 정치적 영역까지 넓혀서 적용시킨다. 이것은 실제로 진화론이 우리가 살아가는 모든 세계를 지배하고 있다는 의미이다. 더 비관적인 사실은 이러한 진화론적 사상을 우리 스스로가 선택할 수 있는 것이 아니라 다양한 영역을 통해 강요받고 있다는 사실이며, 우리 아이들의 교육 환경을 통해 자연스럽게 스며들고 있다는 것이다. 이것은 곧 이 사상을 거부할 시, 사회로부터 강력한 제재와 저항을 받게 된다는 의미이기도 하다.

원숭이와 조상을 공유하고 싶지 않은 솔직한 심정

찰스 다윈의 『종의 기원』이 발표된 이후, 그것이 교계의 반발을 산 가장 큰 이유는 바로 모든 생명체가 하나의 공통 조상으로부터 나왔다는 것 때문이었다. 다윈은 어떠한 개체가 우연한 기회로 변이를 일으키고, 그 변이가 몇 대의 개체를 거쳐 보존되고, 또 다른 변이가 일어나며 보존되는 방식이 반복되면서 다양한 변이를 가진 다양한 개체가 존재하게 되었다고 설명한다.[61] 이러한 설명은 일반적인 상황에서는 결코 상상조차 할 수 없는 일이지만, 다윈은 그것이 1,000세대 이상의 오랜 시간이 지나면, 가능할 수 있다고 믿었다. 특별히 다윈은 어떠한 변이가 일어날 경우, 그러한 변이가 당대의 세대에만 영향을 주는 것이 아니라 다음 세대로까지 계승되고 보존된다고 가정했다.

61　찰스 다윈, 『종의 기원』, 168-69.

그러나 오늘날 다윈이 가정한 가설들을 전적으로 신뢰하면서 그것을 고스란히 받고자 하는 과학자는 흔치 않을 것이다. 왜냐하면 다윈의 시대에는 없던 많은 생물학적 정보들과 개념들이 발견되면서 다윈의 이론은 아주 기초적인 개념이 되었으며, 후속적인 연구를 통해 다윈의 이론 중에도 논리적으로나 과학적으로 적절치 않은 부분들이 있다는 사실을 발견하게 되었다. 단순하게 생각해 볼 때, 부모와 자녀에게서 비슷한 형질이 발견되는 것은 인정되더라도, 부모의 장점들이 자녀 세대에 고스란히 전달되지 않는다는 사실을 우리는 알고 있다. 더 나아가 부모와 자녀가 시간이 지나면서 어떠한 변이로 인하여 다른 종(species)으로 변할 가능성이 없다는 사실 또한 인정할 수밖에 없는 사실이 되었다. 그러한 점에서 다윈이 그려 놓고 상상한 그와 같은 일들은 우리에게서 결코 일어나지 않는다.

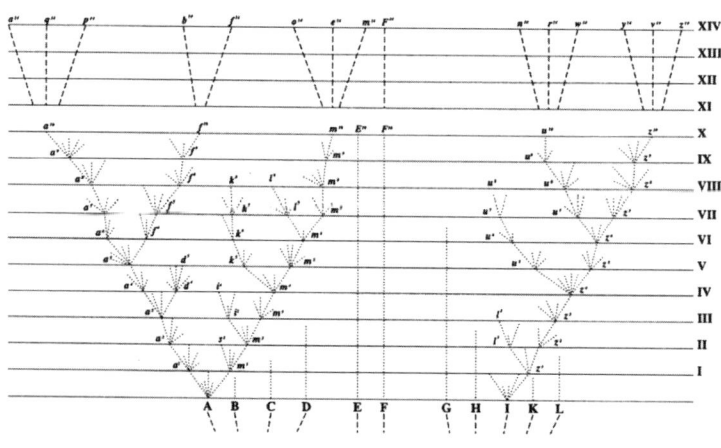

다윈의 생명 나무

최근 들어 유신진화론자들을 포함한 진화론자들은 공통 조상에 대해 설명할 때, 자신들은 원시 생물이나 설치류 등과 공통 조상을 공유하지 않는다고 주장하곤 한다. 그들은 "인간은 오직 유인원과만 공통 조상을 공유한다"라고 말하면서, 그 근거로 침팬지와 인간의 DNA가 98% 동일하다는 것을 말한다. 물론 유인원과 인간과의 유사성을 설명하는 이러한 주장도 시간이 지날수록 반박이 늘고 있는데, 예를 들어 인간과 침팬지의 DNA가 그 정도까지 유사성이 있지는 않다는 것이나, 염색체 수가 다르다는 것, 또 단순히 DNA의 유사성만으로 인간과 침팬지를 같은 계열로 이해하는 것은 무리가 있다는 것 등이다.

사실 침팬지가 인간과 상당히 유사성을 지닌 동물이라는 사실은 꼭 오랜 시간 연구에 몰두하지 않더라도 인정할 수밖에 없는 부분이기는 하다. 우리가 잘 알다시피 영국의 동물행동학 박사이자 오랜 시간 침팬지 무리 속에서 생활하면서 실제적인 연구를 진행했던 제인 구달(Jane Goodall)은 침팬지와 인간 사이의 유사성에 대해 신뢰할 만한 많은 보고들을 남겼다. 40여 년간 아프리카 탄자니아를 중심으로 침팬지를 연구한 구달은 침팬지도 어느 정도 도구를 쓸 수 있다는 것, 서열이 있다는 것, 감정을 표현할 수 있다는 것, 인간과 감정을 공유한다는 것 등을 발견했다. 그녀는 이러한 것들을 근거로 침팬지가 인간과 아주 깊은 유사 관계 안에 있다는 것을 말하고자 했다. 그러나 구달의 연구를 존중하면서도, 이러한 연구 결과들이 인간과의 유사성을 판단하는 것을 넘어 침팬치가 인간으로 진화했다는 근거로 사용되는 것에 대해서는 의문을 제기할 수밖에 없다. 예를 들어 침팬지가 먹을 것을 얻기 위해, 서열을 유지하기 위해, 다른 침팬지에게서 무언가를 뺏기 위해 도구를 사용하는 것이 어떠한 인간의 이성적인 감정과 판단과 같은 것이 아니라, 그저 침팬지에 내재한 본능적인 것이라고 볼 수 있기 때문이다.

많은 이들은 침팬지가 나뭇가지를 도구 삼아 개미구멍을 쑤셔 흰개미를 먹는 행위를 보면서, 침팬지가 도구를 사용하는 면이 인간과 유사하고, 이는 추후 오랜 시간이 지나면 그러한 도구 사용의 행위가 그 이상의 이성에 가까운 어떠한 행동들을 유발할 수 있다고 기대하겠지만, 고작 침팬지의 나뭇가지 사용을 예로 들면서, 그들 속에 인간다움이 내재하고 있다는 것을 인정하고 싶지는 않다.[62] 만일 불곰이 가려운 등을 긁기 위해 나무에 등을 비벼 대는 모습을 본다면, 그것이 다소 신기하기는 하겠지만 불곰과 인간 사이에 어떠한 굉장한 유사성을 공유하고 있다고 말하기 어려운 것과 동일하다. 오히려 다른 곳에서 신기한 일이 더 발견된다. 예를 들어, 거미가 어떠한 규칙적인 공식을 가지고 거미줄을 완성한다든지, 연어가 때가 되면 수천수만 킬로미터를 헤엄쳐 자신이 태어난 곳으로 돌아온다든지, 꿀벌이 놀라운 방식으로 집을 짓고 그 집의 온도와 환기를 조절한다든지 등의 일은 침팬지가 나뭇가지로 흰개미를 잡아먹는 일보다 훨씬 더 신비한 일이다. 그러나 그러한 일들이 신기하다고 한들, 그것이 그들이 인간다움에 한 걸음 다가왔다고 말할 수는 없다. 위에서 언급한 거미나, 꿀벌이나, 연어와 같은 동물들의 수학적이고 기하학적인 일들도 인간적이기보다는 오히려 동물적 감각, 본능에 기인한 일이라고 말할 수 있다.

---

[62] 이것은 결코 제인 구달이 40여 년 동안 애써 작성한 관찰 기록을 경시하는 것이 아니다. 다만 침팬지의 도구 사용이 인간의 고도의 지적 능력과 직접적으로 비교되는 것 자체를 거부하는 것이다.

물론 침팬지의 행동 양식을 지켜보다 보면, 분명히 그 속에서 인간의 감정이나 행동 양식과 유사한 무언가를 발견할 수도 있다. 그러나 그것은 단지 행동 양식으로서의 유사성이지 그 이상이라고 말할 수는 없다. 예를 들어 집에서 키우는 애완견은 어떤가? 그들은 훈련을 통해 앉았다 일어나고, 손을 내밀고, 납작 엎드리고, 짖고, 음식 먹기를 참고, 또 학습된 경로를 왕복으로 다니며, 간단한 글씨를 읽기도 한다. 개가 주는 감정적 위로와 정서적 안정감은 결코 침팬지가 주는 감정적 소통보다 작다고 말할 수 없다. 우리는 가끔 우리가 키우는 애완견을 보면서 마치 '인간 같다'라는 생각을 갖기도 하지만, 개를 보면서 그것이 인간의 조상이라거나, 언젠가는 개도 진화되어 인간처럼 될 수 있다고 생각하지는 않는다.

그렇기 때문에 우리는 침팬지의 생김새와 구조가 인간과 비슷하다고 해서 그것에 우리 인간만이 가진 고유한 특징을 억지스럽게 투영할 필요는 없다. 침팬지는 아무리 오랜 시간이 지나도 침팬지이고, 그것이 인간처럼 변화될 여지는 조금도 없다. 침팬지의 DNA 정보는 애초부터 침팬지를 침팬지로 성장하도록 하는 정보를 가지고 있을 뿐, 그것이 인간으로 변화될 여지를 두지는 않는다.

그럼에도 불구하고 진화론자들은 기어코 침팬지를 인간의 조상으로 두고자 한다. 물론 어떤 유신진화론자들은 침팬지를 인간의 조상으로 여기고 있지 않으며, 단지 침팬지와 인간이 공통 조상을 가지고 있다고 말했을 뿐이라는 식으로 말장난을 하기도 한다. 그들은 어떻게든 인간이 다른 종(種)으로부터 진화되었다는 이슈가 불러일으키는 갈등으로부터 피하고 싶어 한다. 그러나 그것이 어떤 방식이든지 간에 인간이 다른 종으로부터 진화되었다는 주장은 옳지 않다. 더군다나 인간과 침팬지 사이에는 실제적인 유사성이 존재하지도 않으며, 그 둘의 정체성은 전혀 연속적이지 않다. 말 그대로 침팬지는 침팬지이고, 인간은 인간인 것이다. 오히려 하나님께서는 인간에게 모든 것을 다스릴 권한을 주셨기에(창 1:28) 인간들은 동물과 식물을 포함한 모든 생물들에 대한 소유권과 다스리는 권한을 가지고 있다. 그것은 침팬지이든 집에서 키우는 강아지이든 마찬가지이다. 그 어떤 동물도 인간과 동등한 위치에 설 수 없으며, 인간의 조상이 될 수도 없다. 오직 인간만이 인간의 조상이 될 수 있고, 오직 인간만이 인간과 동등할 수 있다. 그렇기 때문에 우리는 원숭이를 인간들의 조상으로 여기면서 인간이 인간 됨의 가치를 떨어뜨리려고 하는 진화론자들의 주장에 계속적으로 불만 섞인 질문들을 던져야 한다. 왜 진화론자들은 하나님께서 특별하게 창조하신 인간의 특별한 존엄과 권리를 무시하고자 하는가? 그들은 왜 증거가 턱없이 부족하고 상상력으로 채워진 진화론을 성경의 창조론보다 더 신뢰하는가?

분명한 사실은 하나님께서는 인간을 모든 동물들과 구별하여 창조하셨고, 인간을 모든 동물들보다 존재론적으로 우월하게 두셨다는 것, 그리고 진화론은 지금까지 유인원과 인간 사이의 어떤 연결고리도 발견하지 못했다는 것이다. 결론적으로, 우리가 원숭이를 우리의 조상으로 두어야 할 이유가 전혀 없다는 것이다.

3. 유신진화론은 하나님의 '완전한' 창조를 부인한다

하나님은 완성된 세계를 창조하셨을까?

아니면, 완성될 가능성만을 창조하셨을까?

하나님의 창조는 기능적 창조(functional creation)가 아닌 완전한 창조(perfect creation)였다

유신진화론자들이 성경과 신학에 충실한 창조 관념을 가지고 있다는 증거로 자주 제시하는 것은 아우구스티누스의 '씨앗 같은 원리(*rationes seminales*)' 비유이다. 아우구스티누스는 우리가 잘 알다시피 3세기 교회를 대표하는 훌륭한 교부요, 신학자였다. 그렇기 때문에 아우구스티누스의 말들은 개혁파든, 복음주의든, 가톨릭이든 할 것 없이 후대의 교회들에게 충분히 신뢰를 얻고 있으며, 유신진화론자들 역시 아우구스티누스의 말을 통해 진화론의 성경적·신학적 타당성을 확보하고자 한다.

그들이 예로 드는 아우구스티누스의 '씨앗 같은 원리'란 무엇인가? 이것은 하나님께서 이 세상을 창조하실 때 완성된 세계를 만드신 것이 아니라, 처음에는 불완전한 형태였으나 추후로 완성되어 갈 가능성을 품은 세계를 만드셨다는 것이다. 이때 처음 만들어진 불완전한 형태의 세상은 모든 질서와 복잡성에 대한 원리 등을 품고 있다. 존 월턴과 같은 유신진화론자들은 이에 대하여 '기능적 창조'라는 명칭을 붙이고, 어떠한 유기물이 우연한 기회에 화학적 반응을 통한 변이를 일으키고, 보존되고, 전이되어서 고등 생물로 변화되는 것 등이 '기능적 창조'로 설명될 수 있다고 말한다.

동일한 맥락에서 알리스터 맥그래스도 아우구스티누스의 '씨앗 같 은 원리' 비유를 신뢰하는데, 그는 화학적으로 복잡한 생물의 세계를 설명하기 위해서는 모든 것이 만들어지기 전부터 화학적으로 복잡해 질 수 있는 능력이 전제되어야 한다고 말했다. 이 말은 그러한 복잡한 화학 구조를 지닌 생물들이 창조 시에는 존재하지 않았더라도, 언젠가 는 등장할 것이라는 '가능성'은 존재했다는 설명이다. 그는 생물을 구 성하는 유기물들이 애초부터 화학적으로 복잡해질 가능성을 가지고 있기 때문에, 생물 세계가 추후 점점 발전할 수 있었다고 말한다. 즉, 생물 속에 잠재되어 있던 어느 복잡성에 대한 가능성이 어떤 환경을 만나면서 갑자기 발동하며 복잡성을 띠게 되었다는 것이다.

맥그래스는 아우구스티누스가 말한 씨앗의 의미는 결국 특정한 화 학적 특성들이 적절한 환경에서 어떻게 등장하게 되었는가를 이해하 는 데 유익한 유비가 된다고 설명했다.[63] 이 밖에도 맥그래스는 우주가 품고 있는 질서와 위계 등도 씨앗 비유에 포함될 수 있으며, 결국 모 든 우주는 하나님께서 처음 설정하신 것과 같이 물리적이고, 도덕적이 고, 환경적인 면에서 하나님의 의에 따라 올바로 설정되고 배열된다고 말한다.[64] 이를 쉽게 설명하면, 하나님께서 모든 세계를 '진화'라는 체 계 아래서 창조하시고, 형성하시고, 운영하신다는 것을 의미한다. 즉, 하나님이 태초에 완성된 형태의 세계를 창조하신 것이 아니라, 완성될 가능성을 품은 세계를 창조하셨고, 그 가능성들이 시간이 지나면서 진

---

63 알리스터 맥그래스, 『정교하게 조율된 우주』, 박규태 옮김 (서울: IVP, 2014), 309.
64 Alister McGrath, *The Order Things: Explorations in Scientific Theology* (Oxford: Blackwell Publishing, 2006), 189.

화를 통해 실재하는 세계가 되었다는 설명이다.

그러나 사실 아우구스티누스의 '씨앗 같은 원리' 비유가 유신진화론자들이 생각하는 것만큼 진화론을 확실하게 뒷받침하는 견해라고는 단정 지어 말할 수 없다. 왜냐하면 '씨앗 같은 원리' 비유는 존재론적으로 봤을 때 '당시에는 존재하지 않았던 것들이 나중에 존재하게 되는 것', 혹은 '어떠한 원인에서 어떠한 결괏값이 나오는 것' 등으로도 해석될 수도 있기 때문이다. 예를 들어 오늘날을 살아가고 있는 많은 사람들과 현대의 여러 문물들과 종교, 사회, 문화적으로 발전된 형태의 여러 산물들이 태초 하나님께서 세상을 창조할 때는 존재하지 않았던 것들이었으나, 나중에 존재하게 된다는 의미에서 '씨앗과 같은 원리' 비유가 성립될 수 있다는 것이다. 우리의 존재 역시도 태초에는 없었으나 훗날 이 땅에 보내지기로 이미 작정된 것이었으므로, 존재 가능성의 씨앗에 포함될 수 있다.

세상의 역사(history)는 분명 처음 시작점을 가지고 있었고, 시간이 지남에 따라 실재(實在)하는 세계로 나타났다. 그러한 점에서 세상은 처음에 씨앗과 같은 존재로 만들어졌으나 오늘날까지 많은 열매들을 맺고 있는 것이다. 그렇기 때문에 아우구스티누스의 씨앗 비유는 진화론과 꼭 연결된 것이라고 말할 수 없으며, 진화론과 연결하여 해석하지 않더라도 전혀 해석상의 문제를 발생시키지 않는다. 아우구스티누스는 씨앗 비유를 통해 훗날 어느 때에 어떠한 것들이 발생하고, 존재하고, 형성되고, 완성되리라는 말을 하고 있는 것이다.

아우구스티누스와는 조금 다른 의미이긴 하지만, 하나님께서 태초에 천지를 창조하실 때 세상을 완성된 형태가 아닌 불완전한 형태로 창조하셨다고 주장하는 견해인 존 월턴의 '기능적 창조(functional creation)' 역시 많은 유신진화론자들로부터 선호를 받는다. 월턴은 창세기 1장이 기록된 목적은 하나님이 세상을 완전하게 창조하신 사실 자체를 말하려는 데 있지 않고, 단지 그러한 물질들이 무언가로 발전해 나갈 가능성을 말하거나, 혹은 창조의 목적과 속성, 기능을 부여하는 것에 있다고 설명한다.[65] 그는 이러한 기능을 가진 물질들은 때가 이르매, 다른 기능을 가진 물질들과 합쳐서 더 완전한 기능을 이루기도 한다고 하면서, 이때 중요한 사실은 창조라는 것이 결코 단번에 완성된 일이 아니라는 점을 강조한다. 월턴의 이러한 점진적인 창조, 혹은 기능적인 창조는 유신진화론자들 사이에서 큰 호응을 얻었다.

맥그래스를 비롯한 유신진화론자들은 하나님께서 모든 창조를 이루시고 창조의 완성인 사람을 만드신 후에 "보시기에 심히 좋으셨다"(וַיַּרְא אֱלֹהִים אֶת־כָּל־אֲשֶׁר עָשָׂה וְהִנֵּה־טוֹב מְאֹד)라고 말씀하신 부분에 대해서도, 하나님께서 하루하루의 창조 후에 마지막으로 인간을 만드시고 나서 "심히 좋으셨다"라고 말씀하신 것이 아니라, 하나님께서 언젠가 시행하게 될 인간 창조, 아니 인간 진화에 대한 만족감을 미리 말한 것이라고 주장한다. 즉, 맥그래스는 창세기 1장에서 하나님이 말씀하신 "좋았더라(טוֹב)"라는 말씀을 해석할 때, 하나님께서 태초에 천지를 창조하시면서 완성하신 창조물을 보며 좋아하셨다는 뜻이 아니라, 창조가 하나님의 의도대로 진행될 것과 추후 지속적으로 진행되는 창조에 대한 만족감을 나타낸 것이라고 가정한다.[66]

---

65   John H. Walton, *The Lost World Genesis One*, 33.
66   Alister McGrath, *NIV Bible Commentary*, 22.

쉽게 말해 창세기 1장에서 하나님께서 "빛이 있으라!" 하시니 빛이 있었고, "궁창은 나뉘어라!" 하시니 궁창이 나뉘었고, "물은 한 곳으로 모여라" 하시니 물과 뭍이 구분되었고, "씨 맺는 채소와 각기 종류대로 씨 가진 열매를 맺는 나무를 내라!" 하시니 채소와 열매 맺는 나무가 있었고, 광명체를 통해 낮과 밤을 나누시고 "계절과 날과 해(year)를 이루어라!" 하시니 날과 해가 나뉘어졌고, "하늘의 새와 바다 짐승 등은 그 종류대로 있으라!" 하시니 그 바다 짐승과 새들이 종류대로 있었고, "가축과 짐승과 물고기 등이 있으라!" 하시니 짐승과 물고기들이 있었고, 마지막으로 인간을 하나님의 형상으로 지으신 그 모든 사건들이 **창조 시에 하나도 이루어지지 않았다는 것**을 의미한다.

즉, 기능적 창조론에 의하면 하나님께서는 태초 세상에 아무것도 만들어지지 않았음에도 불구하고, 단지 앞으로 이 세상에 무언가가 형성되고 진화될 것을 기대하시면서 '혼자' 좋아하셨다는 뜻이 된다. 이 이론에 따르면 하나님은 창조 시에 자신의 뜻대로 완벽하게 창조된 이 세상을 보시고 좋아하신 것이 아니라 먼 훗날, 적어도 인간 편에서는 수십억 년이 지난 후에 일어나게 될 일들을 상상하시면서, '그때가 되면 이 우주가 정말 좋을 것들로 진화될 것 같다'라는 기대감을 가지고 좋아하셨다는 것이다.

그러나 사실 이러한 진술은 기존에 우리가 알고 있던 전통적인 창조 기사에 대한 설명과는 꽤 거리감이 있다. 왜냐하면 우리는 하나님께서 능력의 말씀으로 세상을 창조하셨고, 그 말씀대로 창조된 세상이 자신의 뜻과 정확히 일치하는 것을 보시면서 심히 기뻐하셨다고 믿어 왔기 때문이다. 물론 이 믿음은 다른 것에서 온 것이 아니라 성경의 말씀 그대로를 통해 얻게 된 믿음이다. 그러하기에 세상의 시작을 그저 '과학적 미스터리'라고 말할 수밖에 없는 진화론적 믿음과는 그 권위가 다르다. 그러므로 우리는 진화론에 물든 창조론 해석을 거부할 필요가 있으며, 여전히 '하나님의 말씀으로', '완전하게', '하나님이 보시기 심히 좋으셨던' 창조를 믿음으로 받아들여야 한다.

또한 월턴을 비롯한 몇몇 유신진화론자들은 진화론을 거부하는 성경적 창조론자들을 향해 '창조론자들은 성경책을 과학책으로 이해한다'라는 식의 누명을 씌우곤 한다. 그들은 창세기가 기록될 당시 계시를 받은 사람은 과학적인 지식을 전혀 반영하지 않았을뿐더러 그러한 지식조차 없었다고 주장한다.[67] 그리고 현대 기독교인들이 이처럼 과학적인 지식에 반(反)하는 사건을 과학적인 지식을 동원하여 억지로 끼워 넣으려고 한다는 '일치설(concordism)'에 문제가 있다고 말하면서,[68] 현대 과학과 부조화를 이루는 창세기의 과학적 해석의 시도야말로 비성경적인 것이며 성경 텍스트가 가진 권위에 대하여 도전하는 것이라고도 말한다.

그러나 반복적으로 말하듯이 성경적 창조론자들 중 그 누구도 성경책을 읽으면서 그것을 과학책이라고 생각하면서 읽지 않는다. 다만 성경의 텍스트가 무엇을 의미하는지를 깊이 고민하면서 읽을 뿐이다. 물론 성경 텍스트 속에는 일반적인 역사뿐만 아니라, 비유, 상징, 예표 등이 다 포함되어 있다. 그렇기 때문에 우리는 그 텍스트가 어떠한 범

---

[67] 아마도 이 사람은 모세를 칭하는 말일 것이다; 이에 대하여 또 다른 유신진화론자인 피터 엔스(Peter Enns)의 견해는 좀 다른데, 그는 창세기 1-3장에 소개된 아담 이야기는 인류의 기원 이야기가 아닌, 포로기 후의 이스라엘의 자기 이해에 해당한다고 주장한다. 김진수, 「아담은 역사적 인물인가」, 14.
[68] Walton, *The Lost World Genesis One*, 14.

주에 속해 있으며 무엇을 의미하는지를 잘 판단하면서 역사는 역사로, 비유는 비유로, 상징은 상징으로, 예표는 예표로 읽어 가야 한다. 유신진화론자들이 조롱하는 것과 같이 성경 텍스트를 연구하는 많은 학자들은 성경을 과학책 수준으로 연구하지 않는다. 오히려 그들은 과학보다 더 심도 있고 포괄적인 영역을 참고하여 연구해야만 한다. 과학적인 부분은 성경 전체를 연구하는 데 아주 작은 참고 자료일 뿐이다.

이러한 과정에서 유신진화론자들의 말처럼 성경 텍스트는 당대의 사회문화적 배경은 물론 개인의 성향까지도 고려해서 해석해야만 할 때가 있다. 성경의 여러 텍스트들은 하나님의 감동을 받아 성경을 기록한 여러 저자들의 필체와 습관들이 반영되어 있으며, 유대인들의 정서적 특성도 반영되어 있다. 일례로 요한계시록은 유대인들의 정서와 사회문화적 배경을 이해하지 못하면 절대로 해석이 불가능한 책이기도 하다. 그렇기 때문에 우리는 그러한 정서와 배경에 대한 지식을 반드시 먼저 가지고 있어야 하는 것이다. 다만 우리는 이러한 성경 해석 과정에서 모든 성경이 하나님께서 저자들에게 특별히 주신 감동(Inspiration of God)이라는 점을 감안하면서, 저자들이 받은 특별한 감동이 무엇인지에 초점을 두어 해석해야만 한다. 예를 들어 하나님께서 모세에게 창조 시의 일들을 영감으로써 보여 주셨을 때, 이것을 단순히 모세 시대의 시대적 배경을 가지고 해석하기보다는 모세에게 감동으로 주신 '그것'이 무엇인지에 초점을 맞춰 해석해야 한다는 것이다. 만일 이것을 모세 시대의 상황적 배경에만 초점을 두고 해석하게 되면, 정작 하나님이 보여 주신 감동이 무엇인지에 대한 중요성을 상실하고 마는 것이다. 사실 성경의 저자들 중에서는 하나님께서 주시는 감동이 무엇인지 정확하게 이해하지 못한 경우도 있었다. 즉, 하나님이 어떠한 장면을 보여 주셨을 때, 보여 주신 장면이 무엇인지 정확히 무엇인지 이해하지 못하는 경우가 있었다는 것이다.[69] 그래서 성경의 저자들은 자신의 지식과 경험의 범위 내에서 최대한 유사하게 자신이 본 것들을 묘사하기도 했다. 그러나 다시 한번 강조되어야 하는 것은 성경 텍스트를 해석할 때 저자가 가진 지식과 경험이 우선순위가 되는 것이 아니라, 하나님께서 그에게 보여 주신 '감동' 자체가 우선순위가 되어야 한다.

　모세는 창조 시에 일어난 일들을 하나님의 감동을 통해 보게 되었을 때, 그것이 무엇인지를 다 이해하지 못했을 수도 있다. 그러나 창세기 1장의 내용들을 우리가 읽어 볼 때, 모세의 상상력을 크게 더할 만한 일이 없다. 태초에 하나님이 천지를 창조하시면서 말씀하신 빛과 궁창, 땅과 식물, 행성과 궁창, 짐승과 사람 등은 비유로 말씀하신 것이 아니다. 누군가는 이 텍스트를 해석하면서 하나님의 창조에 관한 본문 중 일부는 비유이고, 일부는 실제라고 말하기도 하지만, 이것은 전혀 일관성이 없는 말이다. 우리는 창조 기사를 통해 하나님의 '말씀'으로부터 온 세계와 우주와 지구의 모든 생물들의 존재가 '시작'되었음을 알 수 있다. 이것은 모세가 살아왔던 시대의 상황이나 배경과는 상관없는 것들이다. 모세는 단지 하나님께서 보여 주신 것들을 기록한 것뿐이다. 만일 그가 이해하지 못하는 무언가를 환상 중에 보았다면,

---

[69] 이것은 구약의 선지서와 요한계시록에 특별히 나타나는 것들인데, 예를 들어 요한은 보이는 장면이 무엇인지를 잘 이해하지 못하여 '~와 같은 것들'이라는 표현을 사용하면서, 이 땅에 존재하는 무언가를 비유로 들어 하나님께서 자신에게 보여 주신 장면들을 설명하였다.

그는 그것을 이 땅의 것들과 비슷한 것으로 비유했음을 밝혔을 것이다. 그러나 창세기 1장에서 그러한 표현은 전혀 보이지 않는다. 모세는 하나님께서 명확하게 보여 주신 감동을 명확하게 묘사하고 있다.

우리는 하나님께서 창세에 일어난 일들을 모세에게 보여 주셨다고 해서, 그것을 모세 시대의 상황으로 이해할 필요가 없다. 그러한 개념으로 우리가 생각한다면 우리는 계시록을 통해 사도 요한에게 보여 주셨던 '새 하늘과 새 땅'을 2000년 전 유대인들의 사회문화적 배경 이상으로 읽을 수 없게 된다. 계시록 해석에는 분명 유대인들의 사회문화적 배경이 반영되어 있지만, 우리는 계시록을 읽을 때 요한의 눈에 비친 미래의 일들을 단지 요한이 살았던 시대적 배경을 가지고서만 이해하지 않는다. 주님은 요한에게 미래에 일어날 일들을 보여 주셨고, 요한은 그 본 것들을 서술했다. 이것은 모세도 마찬가지다. 하나님은 모세에게 과거 창세에 일어난 일들을 보여 주셨고, 모세는 이를 서술했다. 당연한 말이지만 하나님께서는 모세가 살았던 시대적 배경을 설명하기 위해 창세기 기사를 주신 것이 아니다. 하나님께서는 모세가 살기 훨씬 이전인 창세에 일어난 일들을 그의 백성들에게 알리시기 위해 모세에게 창세에 일어난 일들을 보여 주신 것이다. 그러므로 우리는 모세에게 보이신 창세의 일들을 창세에 일어난 일들로 받아들여야 한다. 앞서 말했지만, 창세기 1장은 창세에 일어난 일들을 기록한 책이지, 모세 시대의 역사를 설명하기 위해 기록한 책이 아니다. 적어도 유신진화론자들이 하나님의 놀랍고 위대하신 창조 역사를 설명하기 위해 기록된 창세기 1장을 모세 시대의 사회문화적 배경을 설명하기 위한 기사로 폄하하지 않았으면 좋겠다. 다시 한번 생각해도 하나님께서 온 세계를 창조하셨다는 그 위대한 역사가 성경 속에서 사라진다는 것은 매우 섭섭한 일이다.

성경적 창조에 대한 바른 이해란?

「웨스트민스터 신앙고백」은 하나님의 '창조'에 관하여, "성부, 성자, 성령 하나님께서는 자신의 영원한 능력과 지혜와 선하심의 영광을 나타내시기 위하여, 태초에 세계와 그 안에 있는 보이는 것과 보이지 않는 모든 것을 6일 동안에 무에서 창조하시고 만드시기를 기뻐하셨다. 그리고 이 모든 것이 심히 좋았다"라고 고백하고 있다.[70] 이러한 「웨스트민스터 신앙고백」의 내용은 여러 신학자와 목회자들이 성경의 내용을 깊이 묵상한 끝에 가장 일반적이고 쉬운 용어로 정리한 공교회의 성경 해석이다. 여기서 말하는 것처럼, 이 세계의 모든 영역을 다스리시는 하나님의 사역들이 그러하듯이 태초의 창조 사역 역시 성부, 성자, 성령, 삼위 하나님의 사역이었다.

삼위 하나님께서 이 세상을 창조하신 이유는 자신의 영원한 능력과 지혜와 선하심의 영광을 나타내기 위하신 것이다. 그러므로 우리는 하나님께서 창조하신 이 광활한 세계를 보면서 사도 바울의 고백과 같이 **'하나님이 없다고 핑계할 수 없을 만큼'** 충분한 영광을 보게 되는 것이다. 성경은 이 모든 세계를 하나님께서 6일 동안 만드셨다고 분명하게 고백한다. 이것은 7일째 안식하시기 전까지 모든 창조 사역이 완전히 마무리되었다는 것을 의미한다. 물론 이 6일이라는 기간에 대해서

---

[70] 웨스트민스터 신앙고백 4장 1항.

는 신학적으로도 다양한 견해가 있지만, 하나님께서 모든 창조 사역을 마치시고 7일째 안식하셨다고 분명히 말하는 것으로 미루어 봤을 때, 6일간 모든 창조 사역을 마쳤다고 확신 있게 말하는 것이 전혀 이상한 것은 아니다.

그렇다면 하나님께서 이 세상을 창조하시기 전의 세계는 어떠한 모습이었을까? 이것에 대해서 어떠한 명확한 답이 우리에게 주어져 있으면 좋겠지만, 우리에게는 이 세상이 창조되기 전의 세계가 과연 어떠한 형태의 세계였는지 감히 상상할 수 있는 증거나 자료가 조금도 없다. 모든 세계가 창조되기 전, 즉 시간과 공간과 차원(dimension)이 없던 세계를 우리는 경험하기는커녕 상상할 수도 없는 것이다. 우리는 다만 그 시기를 아무것도 존재하지 않았던 '무(無)의 세계' 정도로 표현할 수밖에 없다. 주님은 그 '무(無)의 세계'에서 어떠한 질료를 따로 재료로 삼지 않으시고, 오직 그의 말씀으로만 세상에 시간과 공간과 차원을 존재하게 하셨다. 다시 한번 강조하지만, 하나님께서 어떠한 '존재함'에 대해서 말씀하시기 전에는 세상에 아무것도 존재하지 않았으며, 우리는 그 상황이 무엇인지 생각조차 할 수 없다.

다만 우리는 창세기 1장 1절에 등장하는 '태초에(בְּרֵאשִׁית)'라는 말로부터 온 세계의 시간과 공간과 차원이 시작되었다고 볼 수 있는데,[71] 이 말이 모든 우주의 첫 시작을 알리는 유일한 단서가 된다는 점에서 우리는 그 말에 큰 의미를 부여할 수 있다. 그 '태초'의 이전 시간에는 오직 하나님만 계셨으며, 하나님의 명령으로부터 이 세상은 존재하게

---

[71] 루이스 벌코프, 『조직신학』, 130.

되었다. 이것은 어떠한 점(point)이라는 형이상학적 물질이 시간의 어느 한 부분에서 우연히 발생하여, 점점 더 나은 물질로 변화되는 차원이 아니다. 이것은 존재하지 않던 것이 존재하게 된 것을 의미한다. 이전까지, 아니 방금 전까지 없었던 어떠한 존재가 하나님의 말씀을 통해 존재하게 되었다는 것이 창조의 골자이다. 즉, 하나님은 그의 말씀을 통해서 온 세계의 기원(genesis)을 이루신 것이다.

그리고 하나님께서는 오직 말씀으로 지으신 그 세계 안에, 생명과 질서와 규칙과 법칙을 부여하셨다.[72] 진화론자들은 우주란, 어느 시점으로부터 스스로 발생한 어떤 물질들이 특별한 이유도 없이 결집과 분해를 거듭하면서, 우연히 질서와 조화와 규칙 등을 이루게 되고, 이러한 질서와 조화와 규칙을 유지하면서 점차 확장되는 것이라고 설명한다. 그러한 우주 안에서 어느 순간 생명의 가능성을 품은 지구라는 별이 생성되고, 그 지구라는 별 안에서 생물들이 무한에 가까운 우연을 거듭하고 발전함으로써 인간이 존재하게 된다는 것이다. 진화론자들은 우주로부터 발생한 물질로부터 진화의 최종 단계인 인간으로까지 하나의 진화의 고리가 이어진다고 말한다. 그러나 그들은 그 모든 일들이 우연히, 그리고 스스로 발생한다고 말하면서도, 왜 그러한 일이 발생하게 되는지에 대해서는 설명하지 못한다.[73]

이와는 달리, 성경은 이러한 발생과 섭리에 대한 적절한 답을 제시해 주는데, 적어도 성경적 틀 안에서 유추해 보면, 온 우주의 존재적

---

[72] J. P. 모어랜드 외 4인, 『유신진화론 비판 (하)』; 성경에서 말하는 선함은 다름이 아닌 그것이 "하나님의 말씀대로 되었다"라는 것에 있다. 그렇기 때문에 우리는 그 명령의 즉각적인 시행 이외에 다른 것에서 하나님의 선하심을 찾아서는 안 된다.

[73] 이것은 유신진화론자들은 'tune'이라는 말로, 지적설계자들은 'design'이라는 말로 표현한다.

시작점으로부터 모든 별들의 형성과 그것들을 다스리는 법칙과 질서, 지구라는 별에서 발생한 모든 생명의 기원과 생성 등은 태초에 하나님께서 창조하시고, 법칙과 규칙을 부여하신 것이다. 물론 오늘날 우주의 질서와 법칙들은 때로는 파괴적이고 위협적인 요소들을 품고 있기도 한데, 그러한 불완전성에 대해서 성경은 죄(sin)가 그러한 건강한 질서와 법칙을 깨뜨린 것이라고 설명한다.

이러한 점에서 우리는 우주를 이루는 모든 시간과 공간과 차원들, 그리고 그것들을 운영하는 질서와 규칙들이 오직 하나님과 그의 말씀으로부터 시작된 것이라는 가능성 외에 다른 무언가를 상상할 수 없다. 당연히 우리는 유일하고 전능하신 하나님께서 그의 능력과 권위의 말씀을 통해 세상의 모든 것들을 '단번에(once for all)', '완전히(perfectly)' 창조하셨다는 사실에 전혀 의심할 이유가 없다. 이전까지 무(無)의 개념이었던 이 세상에, 시간과 공간과 차원을 만드신 이가, '오직 그의 말씀만으로', '완전한' 창조를 이루셨다는 사실은 전혀 이상한 것이 아니다.

창세기 1장에서 진술하는 하나님의 말씀으로부터의 창조 사건은 하나님의 계시 전체의 시작이자 토대이며, 우주 전체로부터 인간 세계에 이르기까지 모든 존재와 생명과 삶의 근본이기도 하다.[74] 이것은 곧 성경 첫 장의 권위가 여느 고대의 문화와 종교를 다루는 인간들이 쓴 책들의 권위와는 비교할 수 없이 놀랍고 위대하다는 의미이기도 하다.[75] 우리가 성경의 권위를 그 어떤 책들의 권위보다 높이 둔다는 점

---

74 헤르만 바빙크, 『개혁교의학 2』, 511.
75 대부분의 유신진화론자들은 창세기 기사를 고대 근동의 신화나 설화 정도의 수준에서 이해한다.

에서, 우리는 이 세상을 말씀으로 창조하시고, 그 말씀으로 세계를 운영해 나가시는 하나님의 무한한 권위와 능력을 조금의 의심도 없이 받아들일 수 있게 된다.

물론 유신진화론자들은 창세기 1장의 내용을 성경의 진술 그대로 받아들이는 것을 가리켜, 성경에 대한 맹목적인 숭배라고 폄하하기도 한다. 그들은 성경의 진술을 그대로 믿는 것을 '근본주의적인' 것이라고 일반화시킨다. 그러나 엄밀히, 그리고 솔직히 말해서 성경만큼 세상의 창조에 관하여 명확하게 진술한 예가 어디 있는가? 또 우리가 성경 이외에 무엇으로부터 세계의 시작을 확신할 수 있는가? 세계의 시작, 즉 창조는 오직 하나님의 계시의 말씀에 의해서만 증언되고 증명될 수 있다. 이것은 누구도 목격할 수 없고 실험에 의해서 증명될 수 있는 일도 아니다. 엄밀히 말하면 창조 사건은 과학의 영역도 아니다. 진화론자들이 창조 사건을 설명하기 위해 제시하는 빅뱅 이론(Big Bang)도 단지 가설을 제시한 것뿐이지 결코 그러한 사실을 증명할 수 없다. 그렇기 때문에 성경의 직접적인 계시가 진화 이론으로 인해 차선책이 되어야 할 이유는 전혀 없다. 진화론적 진술이나 성경의 계시나 믿음으로 받아들여야만 하는 사안이라면, 당연히 우리는 진화론적 상상력을 믿기보다는 성경에 분명하게 계시된 내용을 믿음으로 받아야만 한다.[76]

많은 유신진화론자들은 월턴의 '기능적 창조'에 대하여, 그것이 진화론과 성경의 내용을 잘 조화시켰다고 말하면서 굉장한 지지를 보내

---

[76] 헤르만 바빙크, 『개혁교의학 2』, 522.

지만, 결국 그 이론은 하나님의 '단번에', '완전하게' 이루신 하나님의 창조를 부인하는 이론이다. 월턴의 기능적 창조론은 성경에서 분명하게 진술하는 창조의 완전성과 독특성을 모호한 것으로 만든다. 창세기 1장에서 '창조하다'로 번역된 히브리어 '바라(בָּרָא)'라는 동사는 분명히 모든 것의 기원이 하나님의 창조로부터 비롯된 것임을 드러내는 말이다.[77] 웨스트민스터 신학교에서 구약학을 가르쳤던 에드워드 영(Edward J. Young)은 '바라(בָּרָא)'라는 동사가 오직 신적인 활동에서만 사용되며, 동사 '바라(בָּרָא)'의 주어가 항상 하나님이라는 점을 강조하면서, 창세기 1장에서 진술하는 창조 행위가 하나님의 독단적인 활동이었음을 역설했다.[78]

그러한 점에서 우리는 하나님께서 주도적으로 실행하신 창조 행위가 완전한 것이 아니며, 오직 진화의 과정을 통해 점진적으로 발전되었다고 이해할 이유가 전혀 없다. 사실 하나님께서는 창조를 실행하시기에 앞서, 그분이 창조하실 세계의 형태와 구성과 목적을 그의 지혜로써 '이미' 정해 놓으셨다. 그러하기에 창세기 1장의 창조의 실행은 그분의 지혜의 발현이요, 신적 본질의 반영이라고 볼 수 있다.[79] 하나님께서 창조하신 이 세계가 하나님의 지혜와 본질의 반영이라는 점에서 그분의 최초의 창조가 완전성이 결여된 상태로 이루어졌음을 주장하는 것은 그분의 지혜에 대한 도전이기도 하다. 왜냐하면 그의 지혜는 완전하며 무궁하기 때문이다.

---

[77] 김진수, "아담의 역사성 연구," 「신학정론」 34/2 (2016): 100.
[78] Edward J. Young, *Studies in Genesis One* (New Jersey: Presbyterian and Reformed Publishing Co., 1964), 6.
[79] 하인리히 헤페, 『개혁파 정통 교의학』, 이정석 옮김 (고양: 크리스천다이제스트, 2011), 288.

창세기 1장에서 하나님은 왜 창조된 세계를 보시며 좋다고(선하다고) 말씀하시는가? 그것은 하나님께서 창조하신 그 세계가 '하나님의 뜻대로' 지어졌기 때문이다. 하나님의 뜻은 하나님의 말씀과 다르지 않다. 그렇기 때문에 우리는 하나님의 말씀으로 이루어진 창조 세계가 하나님의 뜻대로 이루어졌다는 사실을 자연스럽게 받아들이게 된다. 하나님께서 "있으라!" 명하셨다면 그곳에 명하신 그것이 있는 것이 선한(טוֹב) 것이다. 하나님께서 "각기 종류대로" 존재하라고 말씀하셨다면 그것은 각기 종류대로 존재해야 선한 것이다. 즉, 창세기 1장 24절에서 "하나님이 이르시되 땅은 생물을 그 종류대로 내되 가축과 기는 것과 땅의 짐승을 종류대로 내라"라는 명령이, 25절에 가서 "하나님이 땅의 짐승을 그 종류대로, 가축을 그 종류대로, 땅에 기는 모든 것을 그 종류대로 만드시니"라는 결과로 맺어져야 선한 것이다. 우리는 이러한 선명하고 생생한 말씀을 못 들은 척해서는 안 된다. 태초에 주님은 세상이 존재하라고 말씀하셨고, 모든 것은 그 말씀대로 존재하게 되었다. 이처럼 성경에서 분명하게 증거하고 있는 주님의 선하신 창조 사역을 우리가 불완전한 진화론을 보존해야 한다는 이유로 애써 부인할 이유가 있을까? 필자는 없다고 본다.

6일 창조에 대한 어색한 해석

앞서 언급했듯이, 존 월턴을 포함한 유신진화론자들이 창조 기사의 해석에 혼란을 가지는 이유는 그들이 창세기 1-3장을 생각할 때, 하나님께서 모세를 통해 계시하신 창세를 떠올리는 것이 아니라, 모세가 살고 있었던 고대 근동을 떠올리기 때문이다. 그들은 태초에 하나님께서 천지를 창조하셨다는 기사를 보면서 이 세상이 창조된 시점을 떠올리는 것이 아니라, 창세기의 저자인 모세가 살고 있던 시대의 사회 문화상을 떠올린다. 이것은 어쩌면 성경을 읽을 때 하나님께서 주신 계시에 초점을 맞추어서 성경의 내용을 이해한 것이 아니라, 성경을 기록한 사람을 중심으로 성경의 내용을 파악한 것이라고 말할 수 있다.

물론 성경은 하나님께서 각기 다른 시대와 문화 속에서 살아가고 있는 불특정 다수에게 유기적인(organic) 영감을 주셔서 성경을 쓰도록 하셨기 때문에, 분명 그 글 안에는 필자들의 성향과 지적(知的) 수준, 그가 살던 사회 문화상이 반영되어 있음이 사실이다. 그래서 우리는 때때로 성경을 쓴 저자의 문학적 습관을 통해서도 그 성경의 저자가 누구인지 파악하기도 한다. 또 계시록과 같은 비유와 상징적 표현이 많은 책 같은 경우는, 당대 유대인의 문화와 역사를 파악하고 있어야만 정확한 해석이 가능하기도 하다. 그러나 그렇다고 해서 하나님께서 주신 계시의 직접적인 내용을 무시하고서, 저자의 성향이나 당대의 사회 문화상을 앞세워 본문을 해석한다면, 성경은 하나님의 계시로서의 권위를 잃어버리고, 고작 인간이 집필한 책으로서의 권위에 머물고 말 것이다.[80] 저자의 성향과 당시 배경 상황에만 너무 몰두한 나머지 정작 하나님의 직접적인 음성을 소거해 버린다면, 성경은 그저 인간의 음성만을 전할 수밖에 없다. 그런 의미에서 우리는 "하나님이 말씀하신" 부분에 대한 권위에 절대적인 의미를 부여해야 하며, 그것을 사실로 믿고, 사실로서 강조해야만 한다.

---

[80] 사실 이러한 이유로 성경의 권위를 떨어뜨리고 있는 무수한 예들이 있다.

그러나 유신진화론자들은 하나님께서 태초에 6일 동안 세상을 창조하신 사건을 다룰 때, 타임머신의 시간을 모세의 시대로 맞추어 놓는 경향이 있음과 더불어 세상이 결코 엿새 만에 창조되었을 가능성이 없다고 말하면서, 성경에서 명확하게 말하는 6일 개념의 창조 개념을 마음대로 바꿔 버린다.[81]

이러한 시도는 결과적으로 하나님의 창조 사건을 설명할 때 굉장히 억지스러운 결론에 도달하도록 만들었다. 대표적으로 맥그래스의 해석이 그러하다.[82] 맥그래스는 창세기 1장의 6일 창조를, 출애굽 당시 10개의 재앙을 내리신 일과 같은 선상에 놓고 설명한다. 그는 창세기 1장에서 각 날에 하나님께서 창조하신 '대상'들(즉, 빛과 어둠, 궁창, 물과 뭍과 식물, 해와 달과 별, 새와 물고기, 동물, 인간)을 가리켜, 그러한 것들은 고대 근동 당시 사람들이 '우상시했던 것'들이며, 하나님께서 그러한 것들을 창조하셨다고 말씀하신 이유는 그들보다 하나님이 더 위에 계신 분이심을 천명하기 위해서라고 설명한다. 그러면서 그는 이것이 출애굽 당시 하나님께서 열 가지 재앙을 통해 그 당시 애굽 사람들이 신으로 섬기던 우상들보다 하나님께서 더 위에 계시다는 사실을 선포한 것과 같은 원리라고 말한다. 즉, 창세기 1장의 창조 기사는 고대 근동 사람들이 신으로 섬기던 태양이나 별, 자연 위에 참신이신 하나님이 계시다는 사실을 선포하기 위해 기록했다는 것이다.[83]

81　물론 6일에 대한 개념은 신학자들 안에서도 해석이 달리 나타나기도 한다. 그러나 이것을 하나님의 권위로 6일 동안 창조하신 것으로 보더라도 그것이 무지하거나, 비이성적인 것으로 취급될 이유가 없다. 왜냐하면 성경 전체적인 맥락에서 일주일은 7일로 나타나기에 최초 6일만 다른 식으로 해석될 이유가 없기 때문이다.
82　맥그래스는 존 월턴의 견해를 어느 정도 수용했다.
83　Alister McGrath, *Christianity: An Introduction*, 32.

맥그래스는 당시 많은 고대인들은 천체(天體)들에 어떠한 신적 능력이나 초자연적인 능력이 있다고 믿고 있었다고 한다. 따라서 그러한 천체들에는 특별한 능력이 없으며, 그러한 것들이 하나님께서 지으신 일부에 지나지 않음을 나타내기 위해서 하나님께서 우리에게 창세기의 창조 기사를 주셨다고 말한다. 그래서 그는 하나님께서 그 천체들을 다스리는 권위와 권능을 가지고 계시며, 우리는 더 이상 그러한 천체들을 경배하거나 두려워할 필요가 없다는 교훈을 주기 위해 6일간의 창조 기사를 창세기에서 기록하고 있다고 설명한다.[84]

그러나 그러한 설명은 아무리 생각해 봐도 도무지 자연스러워 보이지가 않는다. 과연 하나님께서 성경의 첫 번째 책의 첫 번째 기사를 고대 근동의 우상 숭배자들을 향한 권면과 경고로 시작하셨을까? 그건 아니라고 본다. 오히려 우리는 성경의 첫 번째 책의 첫 번째 장에서 하나님께서 모든 세계를 창조하신 주이시며, 따라서 모든 세계가 하나님의 소유요, 그의 주권 아래 있다는 위대한 선포로 시작된다는 것을 자연스러운 교훈으로 받아들일 수 있다. 성경은 하나님께서 그의 백성들을 향해 주신 특별한 책이다. 하나님께서 우리에게 주신 첫 번째 책인 창세기의 첫 번째 선포는 모든 세계를 창조하신 분이 여호와 하나님이시고, 그러하기에 모든 피조물들은 그분을 예배해야 하며, 그분의 주권 앞에 머리 숙여야 한다는 것을 분명하게 가르쳐 주고 있다. 만일 우리가 이 책의 첫 장에 나오는 첫 번째 기사를 믿음으로 인정하지 못한다면, 우리는 성경이라는 놀라운 비밀의 책 안으로 들어갈 수조차 없

---

[84] Alister McGrath, *NIV Bible Commentary*, 21-22.

게 된다. 그러한 면에서 유신론자들의 창세기 1장의 창조 기사에 대한 해석은 창조의 역사를 통해 드러나는 하나님의 위엄과 그분의 지혜와 선함을 적절히 드러내지 못하도록 만들면서 창세기의 창조 기사를 그저 인간들의 평범한 문화 이야기로 만들어 버리는 아쉬움을 낳는다.

또한 창세기 1장에는 분명 하나님의 능력과 위엄의 말씀을 통해 세상이 '무로부터(out of nothing)' 발생했고, 형성되었고, 조화를 이루고 있다는 놀라운 사실들이 기록되어 있는데, 그것을 단순히 모세 당시 천체를 우상으로 숭배했던 사람들에 대한 경고일 뿐이라고 말해 버린다면, 그동안 창세기 1장을 통해 하나님의 창조의 위대함을 찬양했던 우리의 모든 찬양과 경배들은 그 대상과 내용을 잃어버리고 말게 된다. 지금까지 모든 기독교인들은 창세기 1장의 내용을 통해 이 세계의 시작이 하나님의 말씀으로부터 비롯되었으며, 그분의 말씀 선포와 함께 이 세상이 발현되고, 구성되고, 질서가 형성되었음을 찬양해 왔다. 그러나 유신진화론자들에 따르면, 하나님은 창세에 공허한 외침을 하고 계셨을 뿐이다.

또 한편으로 유신진화론자들의 창세기 1장 해석은 하나님의 창조에 관한 가장 정확한 기록을 성경에서 지워 버리는 꼴이다. 그 어느 곳에서 창세기 1장만큼 하나님의 창조에 관하여 정확하게 기술된 곳이 있는가? 이것은 단지 성경의 범위에만 해당되는 내용은 아니다. 모든 책과 이야기 속에서 이 세상의 창조에 관하여 창세기 1장의 진술만큼 세밀하고 정확한 내용이 발견된 적이 있는가? 앞서 보았듯이 과학자들 스스로도 태초의 시작과 지구의 형성, 생명의 발현에 관한 내용을 그저 '미스터리'로 전제하고서 진화에 대한 대화를 시작한다. 그럼에도 불구하고 창세기 1장에서의 가장 정확하고 세밀한 창조 기사를 애써 부인하는 이유가 무엇인가?

오히려 유신진화론자들은 창세기 1장의 창조 기사를 성경의 말씀 그대로 받아들이는 자들을 조롱하면서, 성경책은 과학책이 아니라고 말한다든지, 창조 기사를 고대 근동의 서사시요 상징적인 이야기로 읽어야 한다든지 말하고 있지만, 그들은 자신들의 주장들이 모든 성경을 통틀어 유일하게 기록된 하나님의 창조 기사를 왜곡하려고 하는(혹은 삭제하고자 하는) 심각한 도전이라는 점을 주의해야 한다.

유신진화론자들의 말대로라면, 성도들은 온 세계를 창조하신 하나님의 역사를 확인하기 위해서 성경책을 봐야 하는 것이 아니라 과학책을 뒤져야만 한다. 그러나 만일 정말 그래야만 한다면 우리의 성경과 신학에서 가장 소중한 부분인 창조에 관한 기사를 과학책에 빼앗겨 버린다는 억울한 기분이 들지 않겠는가? 유신진화론자들은 성경책은 과학책이 아니라고 하소연하지만, 나는 그들에게 말하고 싶다. 과학책은 결코 성경책이 아니며, 창조는 과학에 의존하여 해석될 내용이 아니라, 성경에 기록된 그대로 받아들여져야만 한다.

4. 유신진화론은 아담의 역사성과 언약적 대표성을 부인한다

하나님은 과연 인류의 운명을 건 계약을 원숭이와 맺으셨을까?

'아담의 역사성'이 지니는 생각보다 중요한 의미들

사실 유신진화론자들이 창조 기사를 논의하면서, 그들이 '오직 하나님의 말씀으로', '완전하게', '6일 동안'의 창조를 거부하는 것보다 더 큰 문제는 역사적 아담을 부인하는 문제이다. 사실 대부분의 그리스도인들은 하나님께서 흙으로 아담을 창조한다고 말씀하실 때 완성된 인간 아담을 생각하는 것이 일반적이다. 그러나 유신진화론자들은 진화론을 창조 기사의 중심에 두면서, 아무리 하나님이 말씀하셨더라도 완성된 형태의 완전한 인간이 처음부터 창조되었다는 사실은 있을 수 없는 일이라고 주장한다.

그런 의미에서 유신진화론자들은 창세기 1장과 2장 사이에 큰 간격을 가정하면서, 적어도 우주의 흙먼지로부터 인간으로 진화되기까지에는 긴 시간이 흘렀을 것이라고 추측한다. 그러면서 창세기 1장에 나오는 하나님의 형상을 따라 창조된 인간과 2장에 생기를 부여받은 인간의 존재를 서로 다른 존재로 이해한다. 그러나 우리는 유신진화론자들의 이러한 설명이 얼마나 부자연스러운지를 알아야 한다. 예컨대, 유신진화론자들은 창세기 1장에 나오는 '아담'이라는 존재가 명확히 어떤 형식의 존재인지를 밝히지 못한다. 또한 그들의 설명대로라면, 창세기 1장 26-27절에서 하나님이 "우리의 형상을 따라, 우리의 모양대로 사람을 만들어 그들로 하여금 바다의 물고기와 하늘의 새와 가축과 온 땅의 것들을 다스리게 하자"("Let us make mankind in our image, in our likeness, so that they may rule over the fish in the sea and the birds in the sky, over the livestock and all the wild animals, and over all the creatures that move along the ground." [NIV ver.])라고 말씀하신 후, 자기의 형상대로 사람, 곧 남자와 여자를 창조하신 그 사건은 증발하게 된다. 여기서 증발한다고 말하는 이유는 유신진화론자들에게는 사람이 창조된 사건이 창세기 1장이 아닌 2장에서야 효력을 발휘하기 때문에, 1장에서의 창조 사건은 자연스럽게 사라지는 것이다.

그들은 창세기 1장 27절에 명확하게 기록된, "하나님이 자기 형상 곧 하나님의 형상대로 사람을 창조하시되 남자와 여자를 창조하시고"라는 구절을 사실로 받아들이지 못한다. 왜냐하면 진화론적 가설의 토대 위에서는 창세기 1장에서 하나님이 사람을 창조하셨다고 말씀하셨다고 하더라도, 사람은 처음부터 사람일 수 없으며, 그때에는 사람은커녕 아무것도 그 자리에 있어서는 안 되기 때문이다. 그렇기 때문에 앞서 말한 바와 같이 맥그래스는 하나님이 분명하게 창조하셨다고 말씀하신 이 구절에 대하여 하나님이 사람을 창조한 것이 아닌, 고대 근동에서 왕을 우상으로 섬기던 것을 경고하기 위해서 쓴 것이라고 주장한다.[85]

사실 맥그래스는 창세기 1장의 태초 창조 사건을 빅뱅(Bing Bang) 사건과 연결 지어 이해하기 때문에, 그의 생각대로 하면 우리가 알고 있는 상당 부분의 창세기 해석이 수정되어야 할 뿐 아니라,[86] 아담에 대해서도 전혀 새로운 형식의 해석을 준비해야 한다. 이러한 과정에서 유신진화론자들은 전통적인 창세기 해석과 진화론적 창세기 해석을 뒤섞을 수밖에 없으며, 결국에는 앞뒤가 맞지 않는 아담 해석을 내놓을 수밖에 없게 된다.

아담에 대한 이야기를 좀 더 구체적으로 나눠 보자면, 맥그래스는 창세기 1장과 2장에서 아담의 기사를 다룰 때 '아담'을 한 사람 아담이 아닌 공동체의 일부로 이해하고 있으며, 에덴에서의 범죄 사건도 상징적인 것으로 이해하고 있다. 이러한 관점으로 보면 아담은 우리가 생

---

[85] Alister McGrath, *Christianity: An Introduction*, 32.
[86] 적어도 주일학교 때부터 배운 창조 기사에 관한 내용들 전부가 수정되어야 한다.

각하는 것처럼 하나님의 형상으로 지은 최초의 사람이거나, 인류를 대표하여 하나님과 언약을 맺은 사람이 될 수 없으며, 에덴에서의 불순종으로 인한 온 인류의 원죄에 대한 주범도 될 수 없다. 그러나 이런 말은 결과적으로 우리가 기존에 믿고 있던 아담에 대한 이해들을 모두 포기하라는 것이나 마찬가지다.

그러나 더 큰 문제는 아담의 역사성과 아담의 언약적 대표성이 부인될 때, 그 이후부터 나오는 아담에 대한 해석들이 모두 다 꼬여 버린다는 것이다. 왜냐하면 성경은 분명히 아담을 역사적 인물이요, 인류의 언약적 대표임을 가정하면서 이후의 내용들을 서술하고 있기 때문이다. 아담이 역사적인 인물이라는 것과 언약적 대표자가 된다는 점이 성경에 명확히 서술되어 있고, 또 그 중요성이 작지 않다는 점에서 유신진화론 진영 안에서도 신학자 그룹과 목회자 그룹은 아담의 역사성을 쉽게 부인하지 못한다. 그래서 그들은 창세기 1-3장에 나오는 아담을 상징적 인물 내지 진화된 인물 정도로 그리면서도, 뒷부분에 가서는 아담을 역사적 인물이요 언약의 대표자로 말할 수밖에 없는 모순을 노출하게 된다.

이에 대한 분명한 예를 우리는 맥그래스의 성경 주석에서 볼 수 있는데,[87] 맥그래스는 그의 창세기 1-3장 주석에서 아담을 진화된 존재 내지 여러 사람 중 한 사람, 혹은 상징적인 인물로 보고, 에덴에서의 아담과 하와 사건을 상징적인 이야기로 보면서도 로마서 5장에 가서

---

[87] 사실, 이 부분을 다루면서 계속해서 맥그래스의 이름을 거론하는 것은 미안한 일이지만, 유신진화론자들 안에서 맥그래스만큼 진화론과 성경에 대한 깊은 이해를 가진 사람이 드물고, 그의 성경 해석에서 유신진화론적 창조론 해석에 대한 문제점이 가장 명확히 드러나기에 그의 성경 해석을 계속해서 거론할 수밖에 없다.

는 아무 일 없었다는 듯이 아담과 그리스도를 역사적 인물이요, 언약적 대표자로서 대비하여 해석한다. 사실 로마서 5장의 해석은 아담의 언약적 대표성과 에덴 사건의 역사성을 부인하게 되면 제대로 해석할 수가 없게 되는데, 맥그래스는 그것의 전통적인 관점을 그대로 가져와서 해석을 하는 것이다. 바로 그러한 점에서 모순이 발생하는 것인데, 맥그래스는 창세기 1-3장에서의 아담 해석은 유신진화론적(상징적)으로, 로마서 5장에서의 아담 해석은 전통적(역사적, 언약적)인 방식으로 해석한다.

피터 엔즈 역시 아담을 역사적 인물로 보지 않으려는 고집스러운 신념을 버리지 못해 어색한 아담 해석을 내놓기도 했다. 그는 호세아 6장에 나오는 아담을 하나님께서 지으신 첫 번째 사람, 언약의 대표자로 보지 않고, 전혀 다르게 어느 '지역'의 이름이라고 설명했다.[88] 그러나 이러한 해석은 사실 하나님의 계시를 무시하고 자신들의 진화론적 신념을 앞세운 진실하지 못한 성경 해석일 뿐만 아니라, 성경 앞뒤 맥락과도 전혀 어울리지 않는 엉뚱한 해석일 수밖에 없다.

이처럼 아담의 역사성을 부인하는 유신진화론자들의 노력에도 불구하고 아담의 역사성이 가지는 의미는 상당히 중요하다. 무엇보다 아담의 역사성은 첫째, 최초 인간이 하나님의 형상으로 창조되었다는 증거가 된다. 둘째 몸과 영혼의 실체적 증거가 된다. 셋째, 죄의 기원을 설명한다. 넷째, 구속사적 구절 안에서 그리스도와 병렬 혹은 병행을 이룬다.[89] 그리고 다섯째, 그리스도의 성육신과 그가 이 땅에서 이루

---

[88] 김진수, 『아담은 역사적 인물인가』, 85.
[89] 아담의 이름은 누가복음 3장 38절에서 예수님의 족보에 등장하며, 로마서 5장에서 예수님과 병행을

신 구원 사역의 의미를 제공한다.

만일 아담이 에덴에서 하나님의 명령에 순종했더라면, 인간은 무한한 영생을 얻었기에 예수님이 이 땅에 오실 이유가 없었다. 하지만 그 날에 에덴에서 아담이 하나님의 명령에 불순종하게 됨으로써 하나님의 약속, 곧 "먹으면 죽으리라!"라는 저주가 아담을 포함한 모든 인류에게 내려지게 되었다. 아담 이후의 모든 인류는 아담의 죄에 대한 죄책을 함께 지며, 출생과 함께 사망의 저주로 들어가게 된 것이다. 우리는 이것을 '원죄'라고 부른다.

그러나 하나님께서는 그의 아들을 이 땅에 보내셔서 그 아들을 인류의 새로운 언약의 대표자로 세우시고, 그 아들을 믿는 자들에게 구원을 주시는 새로운 계약을 체결하셨다. 한 사람 아담의 죄 때문에 죽은 이들은 한 사람 그리스도를 통해 살길을 마련하게 되었다. 이것은 로마서 5장에서 너무도 명확하게 설명되고 있는데, 만일 아담이 가상의 인물이거나 에덴에서의 범죄 사실이 그저 상징적인 일이라면, 성경 안에서 그리스도의 구속사를 가장 명확하게 다룬 로마서 5장의 내용은 그 의미가 심각하게 훼손되고 만다.

그럼에도 불구하고 유신진화론자들은 아담이 하나님께서 창조하신 첫 번째 사람이라거나, 하나님의 명령에 불순종함으로 인류에게 죄의 저주를 제공한 인물로 보기보다는, 아예 아담의 존재 자체를 인정하지 않거나, 혹 아담의 존재를 인정하더라도 그 의미를 최소화하여 그가 인류의 죄의 시작점에 있었다는 사실이나 그를 통해 모든 인류가 죄의

이룬다.

저주 아래 들어갔다는 사실을 부인한다.

예를 들어 프랜시스 콜린스는 아담을 상징적인 존재로 이해하고 있으며, 성경학자인 존 월턴은 그 의미를 최소화하여 아담을 아브라함과 같이 인류의 조상으로서 중요한 역할, 특별히 첫 번째 제사장의 역할을 담당했던 사람 정도로 정리하는 것이 좋다고 말한다.[90] 바이오로고스의 수장인 하스마는 아담의 역사성까지 부인하지는 않더라도, 적어도 아담을 최초의 인물로 보지 않으며, 아담을 통해 원죄가 전달되지도, 그의 죄를 통해 영과 육의 죽음이 오지도 않았다고 말한다. 또한 죄를 통해 하나님과의 관계가 단절된 것은 맞지만 이것으로 인해 하나님의 형상이 손상된 것은 아니며, 그저 하나님과의 유대 관계가 틀어진 것이라고 이해한다. 맥그래스 역시 아담의 범죄 후에 하나님과 사람과의 관계나, 남자와 여자의 관계가 이전의 친밀했던 관계에서 종속적인 관계로 변질되었다고 말하면서,[91] 아담이 지은 죄에 대한 구속사적 의미나, 최초의 범죄 가능성, 죄로 인해 찾아온 죽음의 의미 등에 대해서는 구태여 다루지 않는다.

그러나 창세기 창조 기사에 대한 전통적인 해석에서는 에덴에서의 아담 사건을 당연히 역사적 사실로 이해하고 있는데, 아담을 실존 인물로 보는 가장 분명하면서도 근본적인 이유는, 무엇보다 성경에서 아담을 역사적 인물로 기록하고 있기 때문이다. 먼저 창세기 5장과 누가복음 3장을 보면 아담의 족보와 예수님의 족보에서 아담의 이름이 등

---

[90] John H. Walton, *The Lost World of Adam and Eve Genesis 2-3 and the Human Origin Debate* (Illinois: IVP Academic, 2015), 115.
[91] Alister McGrath, *NIV Bible Commentary*, 24-25.

장하는데, 당연한 일이겠지만 족보에는 실제로 존재했던 인물들의 이름을 올려놓지, 가상 인물의 이름을 올려놓지는 않는다.[92] 더군다나 다른 사람도 아니고 예수님의 족보에 가상 인물의 이름을 넣을 이유가 없지 않은가? 그러나 유신진화론자들의 견해에 따르면 아브라함, 다윗, 요셉과 같은 역사적 인물들의 이름을 나열하고 마지막에는 상징적인 인물인 '아담'이 등장하게 된다. 그러나 이것은 오히려 족보의 권위를 굉장히 상실하게 만들며, 상식적으로도 맞지 않는 일이다. 물론 족보 이외에도 신약 성경에 나오는 몇 가지 구절들(마 19:4-6; 막 10:6-8; 딤전 2:13)은 아담과 하와가 실존 인물이었다는 사실을 잘 말해 주고 있다.

무엇보다 중요한 부분이라고 한다면, 신약 성경 안에서 아담과 예수 그리스도를 비교하거나 대조하는 부분일 것이다. 예를 들어 로마서 5장과 고린도전서 15장에서 바울은 아담과 그리스도를 인류의 대표로 규정하고, 그 둘 사이를 대조시키면서 아담을 그리스도와 더불어 모든 인류의 운명을 쥐고 있던 책임자로 서술한다.[93] 성경에 따르면 "생육하고, 번성하고, 땅을 다스리라!"라는 명령으로부터 "먹으면 죽으리라!"라는 명령에 이르기까지 하나님께서는 온 인류에게 해당되는 언약적 메시지를 아담을 통해 전달하셨다.[94] 이러한 언약적 메시지는 하나님과 인간 사이에 관계를 단단하게 만들었다. 그리고 그 선한 의도로 만들어진 율법을 인간의 대표자로 세워진 아담이 실행할 때 모든 인간

---

92 기타 창세기 9장과 11절, 마태복음 1장의 족보는 아담과 연결시키고 있다. 이러한 족보들은 또한 아브라함과도 연결이 되는데, 아브라함은 역사적 사실로 가정하면서, 아담을 비유로 볼 필요가 전혀 없는 것이다. 브루스 월키, 『구약신학』, 김귀탁 옮김 (서울: 부흥과개혁사, 2007), 293.
93 레온 모리스, 『신약의 십자가』, 이승구 옮김 (서울: CLC, 1987), 203.
94 Joshua Philpot, "See the True and Better Adam: Typology and Human Origins," *BET* 5/2 (2018): 93.

은 복을 받게 되고, 하나님과 인간들의 관계는 평안해질 수 있었다.[95]

그러나 안타깝게도 아담은 하나님께서 수여하신 그 율법을 수행하지 못했고, 인간과 세상은 "먹으면 죽으리라!"라는 하나님의 선행 명령대로 비참한 상태에 빠질 수밖에 없었다. 아담의 불순종 이후에 인간은 완전함을 잃고 불완전한 존재가 되어 죄와 사망과 저주 아래 들어가게 된 것이다. 뿐만 아니라 인간과 세상은 죄로 인해 파생된 질병과 고통과 재해와 혼돈과 무질서 등의 저주들도 피할 수 없게 되었다.

따라서 우리는 여전히 불완전한 시대 속에서 고통받으며 살아가고 있다. 환경 문제, 정서의 문제, 빈곤과 질병의 문제 등이 우리를 괴롭힌다. 이러한 상황 속에서 우리는 우리가 겪고 있는 고통의 문제에 대한 원인을 죄로부터 찾을 수 있어야 하는데, 죄는 우리를 죽음과 고통과 더불어 불완전한 상태로 몰아넣게 되었다. 물론 후대의 많은 사람들은 한 사람 아담의 불순종으로부터 그러한 불완전함이 자신에게까지 전달된 상황을 달가워하지 않는다. 그러나 그들이 너무 억울해할 필요는 없다. 왜냐하면 우리가 아담 한 사람의 불순종으로 인해 죽음의 상황을 맞이했던 것과 같이, 예수 그리스도 한 사람의 순종으로 인해 완전한 생명을 얻게 되었기 때문이다(롬 5:19).

다만 적어도 우리가 이 세상을 살아가는 동안에는 죄로 인한 불완전 요소들과 함께 살아가야 한다. 이 불완전한 세상은 언제까지 지속

---

[95] 반 그로닝겐(Gerard Van Groningen)은 아담을 "첫 번째 언약의 사람이요, 하나님의 언약의 첫 번째 중재자였다"라고 분명하게 서술한다. 이 외에도 영국 청교도 프란시스 로버츠(Francis Roberts), 게할더스 보스(Geerhardus J. Vos), 에드워드 영(Edward J. Young) 등도 하나님께서 아담과 더불어 언약을 맺으셨으며, 성경의 체계 자체가 타락 이전에 아담과 맺었던 행위 계약과 타락 이후에 맺어진 은혜 계약이라는 토대로 구성되어 있다고 주장한다. 신국현, "알리스터 맥그래스의 유신진화론적 이해에 대한 개혁신학적 비평", 144-45.

되는가? 그리스도께서 이 땅에 다시 오셔서 새 하늘과 새 땅을 세우실 때까지 우리는 죄의 영향 아래, 불완전한 시대를 살아가야 한다. 예수께서 재림하실 그때 우리에게 다가올 새로운 나라는 죄로 인한 고통이 전혀 존재하지 않는 곳인데, 성경은 그 새로운 나라를 사망과 애통과 눈물과 아픔이 없는 곳이라고 소개한다(계 21:4). 죄에 대한 서사는 모든 죄를 주도하고 있는 옛 뱀, 곧 마귀가 영원한 불 못에 던져지게 됨으로써 끝이 난다(계 20:10). 이것은 모든 고통의 원인인 죄와 죄의 영향이 더 이상 우리가 사는 세상에 있지 않다는 것을 의미하는 것이다.

  필자가 구태여 창세기로부터 계시록에 이르기까지 죄에 관하여 일일이 설명하는 이유는 죄의 문제가 결코 추상적인 형이상학에 머무는 것이 아님을 말하기 위함이다. 죄는 우리 삶에 실재(實在)하는 것이며, 우리에게 아주 구체적이고 분명한 영향들을 미치고 있다. 우리 안팎에 아주 가까이에 머물면서 우리에게 영향을 주고 있다는 것이다. 그리고 성경은 그 죄의 시작을 아담의 불순종으로부터 말하고 있다. 즉, 아담의 불순종으로부터 죄가 시작되었고, 그 죄의 저주는 우리를 포함한 모든 인류에게 영향을 미치게 되었다.

  더불어 아담의 불순종에 대한 보상은 그리스도의 순종으로 대체되었는데, 이것 역시 막연하고 추상적인 상상이 아닌 실제로 일어난 역사이며, 지금도 우리는 그리스도께서 새롭게 지정하신 역사 안에 살고 있다. 당연한 말이지만 만일 아담의 역사성이 부인된다면 우리의 죄의 기원이 부인되며, 죄의 기원이 부인되면 죄의 결과와 영향도 부인이 된다. 그리고 아담의 불순종과 죄의 관계성이 부인된다면, 죄로부터 우리를 해방시키신 그리스도의 십자가 순종에 대한 의미도 약화될 수밖에 없다.

그렇기 때문에 우리는 아담의 에덴에서의 불순종 사건을 단순히 상징이나 가상으로 치부해 버려서는 안 된다. 예수 그리스도와의 병렬 관계를 잘 생각하면서, 아담의 역사성과 언약적 대표성, 그리고 에덴에서 발생한 아담의 불순종 사건과 그로 인해 파생된 죄의 저주의 문제를 실제적인 문제로 인식할 수 있어야 한다. 더불어 유신진화론자들은 아담의 역사성과 언약적 대표성을 부인할 경우에 생기는 성경신학적인 문제가 얼마나 큰 것인지에 대해서 진지하게 생각해 볼 수 있어야 한다. 그리스도께서는 왜 이 땅에 오셔서 십자가와 율법의 순종을 드리셨는가? 그것은 아담이 저지른 죄에 대한 보상이요, 그의 불순종에 대한 순종의 완성을 이루시기 위한 것이다.

'그날', '에덴'에서 '아담'이 저지른 일에 관하여

앞서 우리는 아담의 역사성이 지니는 의미가 생각하는 것보다 훨씬 크며, 아담의 역사적 사실에 대해서는 성경 스스로가 증명하고 있다는 사실을 보았다. 아주 다른 이야기는 아니지만, 우리는 아담이 에덴에서 저지른 일의 결과가 우리와 어떻게 연결되는지에 관해서도 생각해 볼 필요가 있다.

물론 모든 기독교인들이 동의하는 부분은 아니지만, 유신진화론들도 자주 인용하는 아우구스티누스와 루터와 칼뱅의 경우, 인간의 '전적 타락(total depravity)'을 인정한다. 인간의 전적 타락은 아담이 불순종한 죄에 대한 책임이 모든 인간들에게 효력을 미치게 되어 우리가 하는 모든 일들이 하나님께서 요구하시는 의에 도달하지 못함을 의미한다. 그리고 모든 사람들이 아담의 죄의 영향을 받고 있다는 사실은 다른 면에서 보면 아담이 모든 인류에 대한 대표성을 갖고 있다는 사실을 의미하기도 한다.

에덴에서 아담과 하와는 선과 악을 알게 하는 나무의 열매를 먹었지만, 성경은 나무의 열매를 먼저 먹은 하와를 몰아세우거나 아담과 하와 둘 다를 죄에 대한 책임자로 세우지 않고, 오직 아담 한 사람에게만 죄에 대한 책임을 묻는다(롬 5:12).[96] 아담과 하와의 역사성을 인정하는 유신진화론자들은 아담과 하와를 '다수의 무리들', 혹은 아담과 하와로 불리는 '남자와 여자'에게 죄에 대한 책임을 묻지만, 성경은 분명하게 하나님과 인간 사이에 맺은 언약에 대한 총체적인 책임을 '아담 한 사람'에게 묻고 있다.

아담의 에덴 사건이 중요한 이유는 우리의 전적 타락의 기원에 대해서 잘 설명해 주고 있기 때문이다. 오늘날 우리가 살아가는 세상은 왜 처음 하나님께서 창조하실 때의 선한 모습이 아닌 불완전성을 띠고 있을까? 또 우리는 왜 계속 죄의 범주 안에서 죄를 짓고 살아야만 할까? 우리는 왜 세상이 주는 고통과 아픔을 경험해야만 할까? 우리는 이러한 질문에 대한 답을 창세기 2장 15절과 16-17절 사이에서 찾을 수 있게 된다.

사실, 창세기 2장 15절까지는 인간을 향한 저주에 대해서 별다른 기류가 없었다. 하나님은 '그 사람(הָאָדָם)'에게 동산에 대한 권한을 주어 그것을 경작하고 지키게 하셨으며, 그 사람은 그 말씀에 순종하면

---

[96] Jean Calvin, *Commentary Genesis*, 3:6.

서 하나님께서 주신 동산의 모든 것을 즐기고 누릴 수 있었다. 그러나 창세기 2장 16-17절에서 하나님은 아담에게 내재된 불완전성을 인지시켜 주시고, 그가 그 불완전함에 종속되지 않도록 강력한 경고를 하셨다. 그 경고는 무엇이었는가? "여호와 하나님이 그 사람에게 명하여 이르시되 동산 각종 나무의 열매는 네가 임의로 먹되 선악을 알게 하는 나무의 열매는 먹지 말라 **네가 먹는 날에는 반드시 죽으리라.**"

하나님은 아담에게 "반드시 죽으리라!(you will certainly die!)"라는 참으로 섬뜩한 경고를 하시며, 아담이 선악을 알게 하는 나무의 열매를 취하고자 하는 마음을 차단하셨다. 물론 하나님께서 이러한 경고를 하신 이유는 아담을 진짜로 죽음으로 몰아넣으시기 위한 것이 아니었다. 오히려 하나님께서는 아담이 자신이 주신 명령을 잘 수행함으로 인하여 결코(!) 죽지 않기를 원하셨다. 당연히 하나님의 이러한 섬뜩한 경고 앞에서 위축되지 않을 사람은 아무도 없을 것이기에 아담 역시도 하나님께서 이러한 경고를 하셨을 때 그 금지된 나무의 열매를 감히 쳐다보지도 못했을 것이다. 혹여나 아담이 그 열매를 쳐다봤더라도, 그 열매를 취하고자 하는 마음을 품은 것이 아니라, 하나님의 경고를 상기하고 창조주와 피조물의 관계를 마음에 되새겼을 것이다.

그러나 이후 어떤 일이 일어났는가? 우리가 잘 알다시피 아담의 아내 하와가 교활한 뱀에 의해 유혹을 받게 되고, 그 가여운 여성은 하나님께서 "먹으면 정녕 죽으리라"라고 경고하신 신성한 열매에 손을 대고 말았다. 뿐만 아니라 하와는 그 열매의 맛을 혼자 음미하지 않고 그것을 그의 사랑하는 남편에게 권하기까지 했다. 그 탐스러운 열매가 지닌 유혹이 도저히 참을 수 없이 컸던 것인지, 혹은 그의 사랑하는 아내의 집요한 권면을 끝내 이겨 내지 못했던 것인지, 아담은 결국 하나님이 이전에 내리셨던 섬뜩한 죽음의 명령을 잊어버리고서 하나님이 금하신 열매를 먹고 말았다.

사실 선악을 알게 하는 열매는 다른 열매들과 비교해 봤을 때, 그 자체적으로 가지고 있는 특별함이 없었을지도 모른다. 이 말은 곧 그 열매가 사실 평범한 열매였을 수도 있다는 것이다. 그럼에도 불구하고 그 열매가 다른 열매들과 달리 특별했던 이유는 하나님께서 그 열매를 딱 지목하셔서 먹지 말라고 명령하셨기 때문이다. 하나님은 아담의 순종을 보시고자 한 열매를 지목하여 먹지 말도록 명령하셨다. 이때, 하나님께서는 그 나무의 열매를 아담이 잘 볼 수 있는 동산 중앙에 두셨는데, 이것은 아담이 그 나무를 자주 보면서 더 많은 유혹을 느끼도록 하기 위함이 아니라, 아담이 그 나무를 보면서 더욱 자주 하나님의 명령을 기억하며, 그 명령에 순종해야만 하는 피조물이요 예배자로서의 정체성을 확인하도록 하기 위함이었다.

그러나 안타깝게도 아담은 피조물이요 예배자로서 지켜야 할 선을 지키지 못했다. 그는 창조주의 명령에 불복종하고 하나님께서 금지하신 열매에 손을 댔다. 그가 하나님의 명령에 불순종했다면 그를 기다리고 있는 일은 무엇이었겠는가? 창조주의 약속대로 "정녕 죽는 일"만이 그를 기다리고 있었다. 하나님께서 '열매를 먹으면 죽는다'라는 결과를 미리 말씀하셨기 때문에, 그 명령을 어긴 아담과 인류는 이제 하나님께서 정하신 처분을 받을 수밖에 없게 된 것이다.[97]

---

[97] 마이클 호튼, 『언약신학』 (서울: 부흥과개혁사, 2009), 119; 더불어 이때의 죽음은 단순히 육체적인 죽음, 혹은 상징적인 죽음만을 의미하는 것이 아니라, 전인적인 죽음으로서, 육체적이고도 영적이고

이후 하나님께서 불순종자들에게 내리신 구체적인 형벌의 내용은 무엇이었나? 하나님은 죄를 짓도록 유혹한 뱀에게, 뱀의 유혹에 넘어간 하와에게, 하와의 유혹에 넘어간 아담에게 차례로 저주를 내리셨다. 특별히 창세기 3장 15절은 성경 전체를 아우르는 '선과 악', '그리스도와 사단'의 역사 속에서의 대립과 그리스도의 최종적인 승리를 예표한다는 점에서 '원시 복음(protevangelism)'이라고 불리기도 한다.

더욱이 하나님께서는 아담이 지은 죄 때문에 땅이 가시덤불과 엉겅퀴를 낸다고 말씀하기도 하셨는데(창 3:18), 이것은 앞서 창세기 1장 11-12절에서 하나님께서 땅의 풀과 씨 맺는 채소와 각기 종류대로의 씨 가진 열매를 맺으시고 좋아하셨던 것과는 분명한 대조를 이루는 대목이다. 즉, 아담의 불순종 이후, 뱀과 여자와 아담과 더불어 '땅'도 저주를 받게 된 것이다. 하나님께서 태초에 창조하시고 "좋았더라(טוֹב)"라고 말씀하신 이 세계의 모든 것들은 아담의 범죄 이후에 그 완전성을 잃어버리고 '좋지 않은 것', 혹은 '악한 것'들로 변질되고 말았다.

그렇다면 이제 우리는 과거 아담의 죄 때문에 내려진 그 저주들이 과연 실제로 우리에게 영향을 주고 있는지를 살펴보아야 한다. 즉, '말씀대로' 사단의 세력과 그리스도의 세력이 원수가 되었는지(창 3:15), '말씀대로' 여자가 임신으로 인해 고통을 받고 있는지(3:16), '말씀대로' 남자가 수고하여 소산을 먹고 있는지(3:17), '말씀대로' 땅이 가시덤불과 엉겅퀴를 내고 있는지(3:18) 등의 저주가 실제로 현재 우리 삶 속에서 영향을 미치고 있느냐 하는 것이다.

도 영원한 죽음을 의미하는 것이며, 실제적으로는 하나님으로부터 분리된 것으로 간주할 수 있다(루이스 벌코프, 『조직신학』, 479).

결론적으로 아담의 에덴 사건은 현재 우리의 삶에 분명하게 영향을 미치고 있기에, 우리는 우리에게 주어진 이 삶의 고통과 저주가 시작된 원인을 아담의 불순종 사건으로부터 찾을 수 있어야 한다. 에덴에서의 아담의 불순종 사건은 어떠한 교훈을 주기 위해 만들어 낸 허구가 아니라, 실제 우리가 사는 세계의 모든 조건들을 바꿔 버린 실재이다. 우리는 아담의 불순종으로 인해 죄와 저주와 사망 아래 들어가게되었다. 그러나 우리는 지금 그러한 죄와 저주와 사망의 직접적인 통치를 받지 않고 있는데, 우리는 어떻게 죄의 저주로부터 해방될 수 있었는가? 그리스도를 나의 주로 영접함으로써 그러한 저주를 끊어 낼수 있었다.[98]

이것은 우리가 복음을 정의하는 것과 관련해 매우 중요한 사실이다. 우리는 그리스도께서 오신 이유를 설명하기 위해서 아담의 불순종 사건을 상기해야 한다. 에덴 사건의 실재성이 부인된다면 그리스도께서 이 땅에 오신 이유도 모호해진다. 하나님께서는 자신의 형상으로 아담을 창조하셨고, 그를 인류의 대표자로 세우셔서 그의 행동 여부에 따라 인류의 운명이 좌우되도록 하셨다. 곧 아담의 순종이 모든 인류의 순종이요, 아담의 불순종이 모든 인류의 불순종이 되는 것이다. 만일 아담 한 사람의 불순종으로 인해 모든 인류가 죄인이 된다는 사실이 불만이 된다면 그리스도 한 사람의 순종으로 말미암아 모든 믿는 자들이 구원을 받게 된다는 사실 또한 불만이 되어야 한다. 이것은 '등가(equivalence)의 원리'이다. 로마서 5장에서 잘 설명하듯이 한 사람의

---

[98] 물론 이것은 'already' but 'not yet'('이미' 그러나 '아직')의 상태이다.

불순종으로 말미암아 사망이 오고, 한 사람의 순종으로 말미암아 생명이 오게 된 것이다. 당연히 앞의 아담 사건이 상징이고 역사적 사실이 아니라면, 뒤의 그리스도의 일도 상징이고 역사적 사실이 아닌 일이 되고 만다. 게다가 아담 사건을 받아들일 수 없다면 그리스도 사건도 받아들일 수 없는 것이 되고 만다.

그렇기 때문에 우리는 에덴에서 일어난 아담의 불순종 사건을 단순히 상징으로만 치부해서는 안 되며, 한 사람 그리스도와 마찬가지로 한 사람 아담의 모든 것을 받아들여야만 한다. 그럼에도 불구하고 유신진화론자들의 지적(知的) 테두리 안에서는 에덴에서의 아담의 역사성이 인정되기 힘든데, 왜냐하면 그들에게 있어서 아담은 유인원에서 인간으로 진화되어 가는 불완전한 종(種)에 불과하기 때문이다. 아담이 유인원에 불과한 존재라면 당연히 아담의 완전성이나 완전한 의로움 등의 개념은 전혀 도입이 될 수 없다. 유인원과 같은 비이성적이고 비완성적인 존재에게 하나님께서 인류의 운명을 맡기셨을 리는 만무하다. 결국 유신진화론자들은 진화론적 신념을 지키려고 하다가 아담이 가지고 있는 구속사적 의미와 에덴에서의 아담의 불순종 사건, 그리고 아담의 불순종으로 인해 파생된 죄의 결과들을 다 부인할 수밖에 없게 되었다. 하나님의 형상으로 완벽하게 창조된 아담을 인정할 수 없고, 아담의 에덴 사건을 사실로 받아들일 수 없는 유신진화론자들에게는 창세기 1-3장의 모든 사건들은 필히 상징이요, 상상의 이야기 이상이 될 수 없다.

그러나 성경 전 부분에서 나타나는 '에덴에서의 아담 사건'의 중요성이 결코 작지 않다는 점에서, 아니 그것이 그리스도의 등장과 사역의 필연성을 제공한다는 점에서, 우리는 하나님이 자기 형상으로 완벽하게 지으시고 인류의 운명을 건 언약을 맺으신 아담을 그저 원숭이 수준의 존재로 비하하고, 죄의 기원이 되었던 에덴의 역사적 사건을 상징적인 이야기로 치부해 버리는 유신진화론자들의 견해를 쉽게 수용할 수 없다.

5. 유신진화론은 '하나님의 형상(Image of God)' 개념을 비천하게 만든다

하나님은 인간을 하나님의 형상으로 창조하셨다

진화론적 관점에서의 '하나님의 형상' 개념의 모호함

유신진화론자들에게서 가장 애매모호하게 표현되는 개념 중 하나는 바로 '하나님의 형상(Image of God)' 개념이다. 그들에게서 하나님의 형상 개념이 애매모호할 수밖에 없는 이유는 창세기 1장 26절과 27절에서 하나님이 자신의 형상(the image, צֶלֶם)과 모양(the like-ness, דְמוּת)으로 사람을 만드시기로 정하시고, 그의 형상대로 사람을 창조하셨다고 하신 말씀을 그대로 받아들이지 않기 때문이다. 사실 성경에 따르면 하나님께서 인간을 자신의 형상대로 창조하신다고 말씀하셨고 그 말씀과 함께 인간 창조가 실행되었으니, 이 사실에 대해서는 우리가 더 이상 의심할 것이 없다.

그러나 진화론자들에게서 이 세상에 존재하는 모든 것들은 그 존재 형태도 알 수 없는 어떠한 점(point)이 폭발하여 그것이 시간과 공간과 차원을 발생시키고, 이후에 점차 확장되면서 우주의 형태와 질서를 만들고, 우연치 않은 기회에 지구라는 생명을 품은 별을 형성하고, 그 별에서 어느 날 무기물이 유기물이 되어 진화라는 과정을 거쳐 인간이 되어야만 하기 때문에, 태초에 하나님의 말씀을 통해 인간이 즉시 창조되었다는 사실은 도무지 받아들여질 수 없다. 그들은 하나님께서 말씀으로 인간을 창조하셨다는 개념은 과학적인 개념이 아니므로 결코 받아들일 수 없다고 말한다.

이러한 이유로 유신진화론자들은 '태초에 하나님이 자신의 형상(image)과 모양(likeness)으로 인간을 만드셨다'라는 구절을 전통적인 성경해석의 개념에서 받아들이지 못하고 반드시 진화론적 틀 안에서 재해석한다. 우선 그들은 진화되어 가는 여러 종(種) 중에서 어느 단계부터를 '인간(human)'으로 규정할 수 있는지를 정할 필요가 있었는데, 이것은 적어도 성경이 인간을 하나님의 형상으로 부르기 때문에 반드시 규정해야 할 문제였다. 성경에서는 태초의 시점으로부터 하나님이 자기 형상으로 사람을 창조하셨다고 나오지만, 진화론적 관점에서는 생물의 초기 단계를 원시 유기물로 보기 때문에, 원시 유기물로부터 하나님의 형상을 곧바로 적용시킬 수는 없었다.

이후 그들은 그들이 가진 진화론적 지식을 동원하여, 과연 진화 생물학적 관점에서 인간으로 규정할 수 있는 존재가 무엇인지를 찾아내야만 했다. 이때, 대부분의 유신진화론자들은 인간이 하나님을 인지할 수 있는 정도의 인지 능력이 생겼을 단계에서는 적어도 인간들이 무리를 이루며 살았을 것이라고 추측했다. 왜냐하면 인간이 하나님의 형상이라고 불릴 정도가 되었다면 그들은 어느 정도의 지성과 감성과 영성이 발달한 단계일 텐데, 이러한 능력을 가진 존재는 인류의 초기 단계에 나올 수 있는 것이 아니라 그로부터 굉장히 오랜 세대를 진화해야만 나올 수 있었기 때문이다. 그래서 유신진화론자들은 하나님의 형상으로 지음받은 '아담'을 개인으로 이해하지 않고, 진화된 다수의 '무리'의 개념으로 이해하게 되었다.

  자연히 이러한 개념에서는 하나님께서 태초 인간에게 부여하신 하나님의 형상이라는 특별성이 희미해질 수밖에 없는데, 왜냐하면 진화론자들에게는 무기물이 아담으로 진화하기까지 점진적으로 변화하기 때문에 어느 한 시점을 딱 찍어서, "여기서부터 하나님의 형상이다!"라고 말하기가 애매해지기 때문이다. 이것은 곧 하나님의 형상이 인간에게 부여되는 시점이 애매하다는 것을 의미한다. 예를 들어 앞선 부모 세대까지는 인간이 아니었다가 자녀 세대에 와서 마침내 인간이 되어 하나님의 형상을 부여받는다고 한다면, 그것은 참으로 부자연스러운 적용일 수밖에 없다. 이러한 발상은 자연스럽게 유신진화론자들로 하여금 '하나님의 형상' 개념을 다룸에 있어서 소극적인 자세로 접근하게끔 만들었다.

  그러나 전통적인 관점에서 '하나님의 형상' 개념은 분명 특별한 의미를 가지고 있으며, 대부분은 이 개념이 하나님의 본질이나 속성과 연결되었다. 즉, 하나님의 형상으로 지어진 인간은 그 본질과 속성 면에서 하나님을 닮았다는 것이다. 그런 의미에서 「웨스트민스터 신앙고백」 4장 2절은 인간 창조 시에 하나님께서 "자신의 형상을 따라 지식과 의와 참된 거룩함을 부여하셨다"라고 말하고 있으며, 「제2스위스 신앙고백」도 제7장 인간에 관한 서술 부분에서 하나님의 형상에 대해 '선함'이라는 속성을 부여하였다. 이 밖에 「웨스트민스터 대요리문답」 제17문답도 하나님의 형상에 대해 '지식과 공의와 거룩함'으로 정의한다.

이것은 곧 무엇을 의미하는 것인가? 인간은 하나님께 지음받는 그 순간부터 하나님을 닮아 의와 지식과 거룩함과 선함과 공의를 추구하도록 지음받았다는 것이다. 이것은 분명 인간이 창조 시부터 다른 동물들과는 차이를 갖는다는 것을 의미하기도 하다. 하나님께서는 최초 인간을 지으실 때부터 이러한 하나님의 속성들을 닮도록 하셨기 때문에, 지금도 우리는 여전히 다른 동물들과는 다르게 의와 지식과 거룩함과 선함과 공의 등을 추구하고 있다.

이러한 속성들은 분명 다른 동물들에게서는 찾아볼 수 없는 것이다. 아무리 원숭이를 인간과 비슷하다고 여길지언정 그 원숭이들이 하나님을 경외하는 '의로운 원숭이', '거룩한 원숭이'가 될 수 있다고 생각할 수 있겠는가? 원숭이들이 진화의 상위 단계에 오르게 되면 언젠가는 주의 말씀을 깨달아 자신들의 죄를 회개하고, 전도와 선교에 힘쓰며, 성령 안에서 새 하늘과 새 땅을 소망할 날이 온다고 볼 수 있을 것인가? 적어도 성경은 그러한 질문에 대하여 단호하게 "아니오!"라고 대답한다. 왜냐하면 하나님의 형상에 반영된 속성들은 오직 인간들에게만 특별하게 허락된 것들이기 때문이다. 하나님은 오직 인간만을 '하나님의 형상'으로 부르시고, 그들에게 자신을 닮아 의롭고, 지혜롭고, 거룩하라는 명령을 주셨다.

물론 우리가 지금 지니고 있는 하나님의 형상은 최초 아담 때 부여된 것만큼 완전하지는 않다. (유신진화론자들은 부인하겠지만) 아담이 에덴에서 하나님의 명령에 순종하지 못한 대가로 '사망'이라는 형벌을 받았을 때 하나님의 형상도 그 완전성을 잃어버렸다. 즉, 아담의 범죄 이후 모든 인간들은 그 죄책을 함께 지며 불완전하고 오염된 하나님의 형상을 물려받게 되었다. 그러나 우리가 분명히 인식해야 할 점은 아무리 변질되고 오염된 상태의 인간이라 할지라도 그가 하나님의 형상으로 지음받은 이상 동물들과는 절대적으로 다른 차원의 가치를 부여받게 된다는 점이다.

모든 인류는 넓은 의미에서든 좁은 의미에서든 하나님의 형상을 지니고 있으며, 그러한 이유로 하나님 편에서 보면 가장 우선 된 존재들이요, 그렇기에 지구상 모든 생물의 주인 역할을 할 수밖에 없다.[99] 그러한 면에서 '하나님의 형상'이라는 개념은 분명히 인간의 존엄성과 차별성을 부각시켜 주고, 우리가 이미 하나님을 닮은 존재로 태어났으며, 앞으로도 하나님을 닮아 가야 하는 복된 의무를 지닌 존재라는 사실을 깨닫도록 해 준다.

그러나 유신진화론자들은 이러한 명백한 개념을 분명하게 주장하지 못한다. 앞서 말했듯이 그들에게서 인간은 결코 하나님의 말씀에 의해 즉각적으로 창조된 존재들이 아니다. 반복해서 말하지만, 그들은 창조 시로부터 어느 순간에 우연찮게 우주의 먼지가 발생하고, 그것이 아주 오랜 기간을 거쳐 진화의 과정을 지나 마침내 인간이라는 존재가 될 때야 비로소 하나님의 형상이 부여된다고 말한다. 유신진화론 진영에서 비교적 보수적인 맥그래스마저도 하나님의 형상을 설명할 때, 창조 시에 즉각적으로 인간에게 부여된 하나님의 속성이라고 이야기하지 못한다. 그는 단편적이고 표면적인 측면에서 인간이 하나님의 대리

---

[99] 헤르만 바빙크, 『개혁교의학 2』, 692.

인이나 청지기로서 책임을 가지고 있다는 점과 하나님과 관계를 맺을 수 있는 존재라는 점 등을 하나님의 형상이라고 설명한다. 즉, 유신진화론자들이 보는 하나님의 형상 개념은 우리가 하나님의 대리인으로서 맡겨진 명령에 책임 있는 행동을 보이는 것이며,[100] 또한 창조주이자 구속자이신 하나님과 좋은 관계를 맺는 것이다.[101]

물론 이것은 표면적으로 보면 굉장히 그럴싸한 표현이다. 하나님의 형상이란, 하나님의 대리인이요 좋은 관계를 맺는 자들이라는 것! 그러나 그러한 표현들은 엄밀한 의미에서 보면 우리 자체를 하나님의 형상으로 보는 것이 아니라, 어떠한 조건이 성립했을 때 하나님의 형상이 된다는 것을 의미하는 것이다. 사실 우리는 표면적으로 어떠한 일을 굳이 행하거나 노력하지 않아도 그 존재 자체로 하나님의 형상이다. 하나님은 우리 인간들을 자신의 형상으로 지으셨다. 이것은 우리가 어떠한 명령을 수행하지 않더라도, 혹은 우리가 어떠한 합당한 조건을 갖추거나, 하나님과의 관계 개선을 위한 노력을 하지 않더라도, 우리가 인간으로 태어난 이상 우리 모두는 그 자체로 하나님의 형상이라는 점을 말해 주는 것이다. 그러므로 '하나님의 형상'은 인간과 다른 어떤 것을 구별해 주는 가장 중요한 잣대가 된다. 그리고 하나님께서 우리를 하나님의 형상으로 지으셨다는 것은 우리 인간 편에서 볼 때 굉장히 복된 일이며 다른 동물들과는 구별된 특별한 일일 수밖에 없다.

그러나 유신진화론자들은 이러한 복됨과 특별함에 대해 크게 강조하지 못한다. 적어도 그들은 창세기 1장 26-27절에서 하나님이 인간

---

100 Alister McGrath, *The Passionate Intellect Christian Faith and the Discipleship of the Mind*, 74.
101 Alister McGrath, *Mere Apologetics How to Help Seekers and Skeptics Find Faith*, 91.

을 얼마나 특별한 존재로 만드셨고, 인간들이 어떠한 복과 은혜를 위해 지음받았는지를 곧이곧대로 인정하지 못한다. 하나님께서 말씀하신 그 말씀! "하나님이 이르시되 우리의 형상을 따라 우리의 모양대로 우리가 사람을 만들자!", "하나님이 자기 형상 곧 하나님의 형상대로 사람을 창조하시되 남자와 여자를 창조하셨다"라는 이 놀라운 은혜의 말씀을 오롯이 믿음으로 받아들이면 되는데, 이 놀라운 은혜의 말씀을 뒤로 하고서 우리의 존재를 정의하기 위해 또다시 어둠 가운데 존재하는 우주 먼지를 떠올려야 하는 것이다.

유신진화론자들의 말대로 과연 '하나님의 형상'은 진화의 어느 단계에서 받을 수 있는 상(prize)인가? 지금 우리는 여전히 진화되어 가는 존재인가, 아니면 진화의 완성 단계인가? 진화의 완성 단계라면 어떻게 그것을 확신할 수 있는가? 분명한 것은 우리의 존재 정의가 애매하다면 당연히 하나님의 형상 개념도 애매할 수밖에 없다는 것이다. 그러나 성경은 이것을 분명하게 말한다. 우리 인간들은 하나님을 닮은 하나님의 형상이다.

인간은 진화의 연속선상에 있는 동물인가, 아니면 특별한 창조물인가?

진화론적 관점에서 인간은 분명히 '신화된 동물' 그 이상일 수 없다. 즉, 인간은 동물 진화의 연속선상에 있는 것이다. 물론 최근의 진화론자들은 인간이 네 발로 걷는 포유류나 설치류 등으로부터 진화된 것이 아니며, 그들과는 직접적인 조상이 같지 않다고 말하면서, 오직 유인원과 인간만이 공통 조상을 갖는다고 에둘러 표현한다. 하지만, 다윈의 생명나무가 설명하는 바에 의하면 모든 생물들이 결국 최초 한 공통 조상으로부터 갈라져 나왔다는 점에서 진화론적 관점에서 인간은 동물 진화의 연속선상에 있다고 볼 수 있다.

그렇다면 이제 우리는 진화론자들이 지겹게 들었던 질문을 또다시 던질 수밖에 없다. "그래서 동물이 어느 정도 진화의 단계에 다다라야 우리는 그를 인간이라고 규정지을 수 있는가?" 하는 것이다. 적어도 우리가 사회문화적 관점이 아닌 성경신학적 관점에서 인간을 정의하자면 인간은 처음부터 분명히 신적 속성을 닮은, 신인식이 가능한 존재여야 한다.

그렇다면 진화론적 관점으로 이해했을 때, 인간이 하나님의 속성을 공유하고 하나님을 인식하기 시작한 것은 과연 어느 단계부터였을까? 사실 유신진화론자들은 이러한 질문에 명확히 답을 할 수 없다. 왜냐하면 일단 동물들을 봤을 때 그들로부터 하나님의 속성과 하나님에 대한 인식, 더 나아가 하나님을 향한 경외함, 죄에 대한 후회 등을 발견할 수가 없는 것은 자명한 일인데, 분명 진화되어 가는 어느 순간에 그러한 신적 속성의 부여와 하나님을 인식하는 시작점을 설정해야 하기 때문이다.

그래서 유신진화론자들은 이러한 종교적, 문화적 시점을 설정하기 위해서 충분히 진화된 어느 '집단'을 설정하기 시작한다. 유인원 다음 단계 정도에 있는 어느 무리들 중에 어느 누군가가 갑작스럽게 신에 대한 인식을 시작했을 것이고, 그가 다른 구성원들에게 그것을 전달했을 가능성이 있다. 혹은 어느 무리 가운데 하나님의 특별한 임재가 있었고, 그 무리를 통해 신에 대한 존재 인식이 가르쳐지고 전달되었을 것이다. 그전까지 그들은 하나님에 대한 인식을 할 수 없었으며, 성경이 말하는 모든 죄에 대한 의식을 가질 수 없다. 왜냐하면 그들은 그저 동물이었기 때문이다.

유신진화론자들에게서 최초 신에 대한 인식이나 신적 속성의 소유에 관한 설명들은 결국 상상력으로 메워야 하는 부분이다. 반면 성경은 분명하게 인간의 기원을 말해 주고 있는데, 창세기 2장 7절은 "여호와 하나님이 땅의 흙으로 사람을 지으시고 생기를 그 코에 불어넣으시니 사람이 생령이 되니라"라고 설명한다. 성경은 하나님께서 첫 번째 인간(the first Adam)을 창조할 당시에 질료로서 흙(먼지, dust)을 사용하셨다고 말한다. 그 흙으로 사람을 지으시고, 그에게 생기(a breath of life, חַיִּים נִשְׁמַת)를 불어넣으시니 생령(a living being, נֶפֶשׁ חַיָּה)이 되었다고 설명한다. 물론 여기서 생령을 꼭 인간의 '영혼'이라고 확정 지어 말할 수는 없지만, 적어도 우리가 하나님께서 인간을 지으실 때 그 몸을 먼저 만드시고, 그 몸에 더하여 생기를 주셨다는 표현을 사용하셨다는 점에서, 사람은 육체로만 구성된 존재가 아니라 '생기'로 명명된 영혼도 가진 이중적 구성체임을 알 수 있게 된다.[102] 즉, 성경은 인간의 기원뿐만 아니라, 인간을 구성하는 구성 요소에 대해서도 충분히 짐작할 수 있도록 설명해 주는 것이다. 이것은 진화론자들과 같이 애매하거나 상상력을 동원해야 하는 문제가 아니다. 하나님께서 태초에 그렇게 일하셨고 그렇게 말씀하셨기에, 우리는 그것을 믿으면 되는 것이다.

그러나 인간의 기원이나 구성 요소를 진화론적 가설로 설명한다면 이것 역시 애매한 설명을 낳고 만다. 앞서 언급되었던 '육체적으로 어

---

[102] Louis Berkhof, *Systematic Theology* (Grand Rapids, Michigan: Wm. B. Eerdmans Publishing Co., 1949), 192.

느 단계까지 와야 인간인가?' 하는 문제와는 별도로 '과연 모든 것을 판단하고 인식하는 영혼의 존재는 어느 때에 부여되는 것인가?', 또는 '동물도 영혼이 있다고 한다면 동물과 인간의 영혼의 질적 차이는 어떻게 설명되어야 하는가?' 하는 여러 질문들이 따라오고 만다.

물론 낸시 머피와 같이 충실한 유신진화론들 중에서는 애초부터 인간의 영혼의 존재를 배재하고 인간의 몸을 물리주의적인(physicalism) 개념에서 이해하는 사람들도 있다.[103] 그러나 이것 또한 진화론이 낳은 결론이라고 볼 수 있다. 성경은 분명히 영혼의 존재를 말하고 있고, 영혼은 우리가 하나님을 인식하고 구원을 받아들이는 데 굉장히 중요한 역할을 한다. 그럼에도 불구하고 만일 유물론적 관점에서 영혼의 존재를 배재해 버리게 되면 성경의 여러 본문들은 무의미한 외침이 되고 만다.

그러하기에 적어도 성경의 내용을 근거했을 때 영혼의 존재는 반드시 인정되어야만 하는데, 진화론적 가설에서는 영혼의 최초 발생 시점과 각 개체별(크게는 동물과 인간) 영혼의 질적 차이 등에 대한 개념이 모호해지기 마련이다. 쉽게 말하면 '진화론적 가설 안에서 신인식은 미성숙한 영혼으로부터 서서히 선명해져 오는 것인가, 아니면 진화의 어느 단계에 이르면 갑자기 선명해지는 것인가?', '동물의 영혼과 인간의 영혼의 질적 차이는 진화의 어느 단계에서부터 생기게 되는가?' 하는 것들이다. 구약 성경을 보면 동물을 잡아 죽이는 것이 일반적인 제사의 방법일진대 '진화론적 관점에서 죽여도 문제가 되지 않는 동물의

---

[103] Nancy Murphy, *Bodies and Souls, or Spirited Bodies?*, 16.

단계는 어디까지인가?' 하는 시답잖은 질문들도 나올 수 있다.

 물론 진화론자들은 이러한 꼬리를 무는 질문들이 썩 필요한 질문들이라고 생각하지 않을 테지만, 이러한 불필요한 질문을 부추기는 장본인들은 오히려 유신진화론자들이다. 성경적 창조론자들은 하나님께서 흙으로 사람을 지으셨으며 생기를 부어 생령을 만드셨다는 것을 믿음으로 인간 창조와 인간 구성에 대한 설명을 이미 끝냈다. 하나님이 이루신 특별한 창조 방식은 인간에게만 부여된 특별함을 충분히 반영해 준다. 그러나 만일 유신진화론자들과 같이 태초 하나님께서 인간에게 허락하신 특별한 창조의 방식들을 인정하지 않게 되면, 우리는 인간의 존재와 인간의 구성 등을 위한 또 다른 상상력을 가동시켜야 한다. 물론 이러한 문제는 한 걸음 더 나아가 육체와 영혼의 관계, 영혼의 생성, 육체와 영혼의 분리 상태와 중간 상태(intermediate state), 부활 등의 문제를 답할 수 없는 한계에 부딪힐 수밖에 없으며, 최후에 가서는 성경의 내용을 받아들이지 않거나, 왜곡하거나, 적어도 침묵해야 하는 결과를 초래할 수밖에 없다.

 그렇기 때문에 우리는 인간을 동물 진화의 연속선상에 놓아두어 인간의 특별한 존엄성을 폄하하는 유신진화론자들의 주장을 직극적으로 받아들일 수 없게 되는데, 진화론적 관점에서는 근본적으로 인간과 동물 사이에 있는 명확한 존재론적 구별점을 적용하기 어려우며, 인간이 동물과 구별되는 영성과 이성과 지성, 도덕성, 죄의식 등의 문제를 말할 수 없고, 또 인간의 영혼만이 가지고 있는 특수한 활동들을 말하기 어려워진다.

 그러나 무엇보다 중요한 것은 성경이 인간과 동물의 차이를 분명하게 말하고 있다는 점, 하나님께서 인간과 동물의 가치를 시작부터 다르게 지으셨다는 점, 오직 인간만이 몸과 더불어 하나님과 소통할 수 있는 영적인 존재라는 점, 그리고 이 모든 과정을 하나님께서 말씀을 증언하셨다는 점을 들어, 인간이 다른 동물들과 비교할 수 없는 특별함과 존귀함을 가진 존재임을 인정해야만 한다. 유신진화론자들은 이런 철학적·신학적 문제들을 잘 고민하면서 과연 인간이 동물의 진화적 연속선상에 있는 존재인지를 고민해야 할 것이며, 그들이 말할 수 없는 인간과 동물의 차이점, 인간에게 특별하게 허락된 존엄성 등을 성경에 근거하여 보완해 나가야 할 것이다.

6. 유신진화론은 '죄와 대속의 문제'를 모호하게 만든다
그리스도께서는 아담의 실패한 사명을 회복시키시기 위해 오셨다

인간의 죽음은 과연 죄로부터 왔는가?

성경적 창조론자들과 유신진화론자들이 합일을 이루지 못하는 한 가지 견해 중 하나는 '과연 인간의 죽음이 아담의 죄로부터 기인했는가?'에 대한 문제이다. 앞서 언급한 대로 유신진화론자들은 아담이라는 존재가 하나님의 말씀에 따라 하나님의 형상으로 지어진 최초의 인간이라는 사실을 받아들이지 않기 때문에, 창세기 1-3장에서 나오는 아담에 대한 모든 기사들을 상징이나 비유, 문학적 표현 등으로 받아들인다. 당연히 유신진화론자들은 에덴에서 아담과 하와가 뱀에 의해 죄를 저지르게 되었고, 그로 인해 사망의 저주 아래 들어갔다는 성경의 기사를 사실로 받아들이지 않는다.

그러나 우리는 앞서 '한 사람', 아담이 가진 인류적 의미에 대해서 살펴보았다. 하나님께서는 아담을 온 인류의 머리로 세우시고, 그와 언약을 맺으셨는데, 이 언약의 내용은 하나님이 요구하신 행위에 대한 완벽한 순종을 이행하라는 것이었다. 이 언약의 중요성에 대해서는 뒷부분에서 좀 더 나누도록 하겠지만, 중요한 것은 이 언약이 '죽음'이라는 효력이 있는 언약이었으며, 아담 한 사람이 아닌 온 인류에 영향을 주는 언약이었다는 점이다.[104]

당시 아담은 하나님의 말씀에 전적으로 순종할 수 있는 능력을 가진 순수한 상태였기 때문에, 이러한 명령을 이행할 수 있었고, 그러했다면 인간은 죽지 않는(*posse non mori*) 상태에서 이전보다 더 큰 영광스러운 상태로 발전했을 것이다.[105] 그러나 아담 한 사람을 통해 사망이 세상에 들어왔고(롬 5:12), 모든 인류는 죽지 않을 수 없는(*non posse non mori*) 상태가 되었다.[106] 쉽게 말해, 아담이 하나님의 말씀에 순종하여 죄를 짓지 않았다면 아담 이후의 모든 인류는 영원한 생명 가운데 살아갔을 텐데, 아담이 하나님의 말씀에 불순종하여 죄를 지었기 때문에 모든 인류를 죽음 가운데 들어갔다는 것이다.

이러한 결과는 하나님으로부터 미리 경고된 내용이었고, 아담은 인류를 대표하여 하나님과 언약을 맺었기 때문에, 그의 불순종의 결과 역시 모든 인류에게 적용이 되었다.[107] 동일한 맥락에서 「웨스트민스터

---

104 Michael Horton, *Introducing Covenant Theology*, 84.
105 아담은 죄 없는 순수한 상태로 창조되기도 하였지만, 본인에게 맡겨진 사명을 성취할 수 있는 선천적이고, 도덕적 능력을 가진 적극적인 의의 상태로 창조되기도 하였다. 마이클 호튼, 「언약적 관점에서 본 개혁주의 조직신학」, 423.
106 Louis Berkhof, *Systematic Theology*, 226.
107 아담이 최초 죽지 않을 수 있는 상태(*posse non mori*), 죄를 짓지 않을 수 있는 상태(*posse non peccre*)였

신앙고백」6장 2항은 아담이 지은 죄의 결과의 비참함이 얼마나 큰 것인지에 대해, "이 죄로 말미암아 이들은 원의(Original righteousness)와 하나님과의 교제에서 떨어졌으며, 그리하여 죄 가운데 죽은 자가 되었고, 영혼과 몸의 모든 기능과 부분이 완전히 오염되었다"라고 서술한다. 아담이 죄를 지은 결과, 인간의 모든 지정의(知情意)의 기능이 무너지고 인간은 죽음의 결과를 맞아야만 했다는 것이다. 우리 인간들은 아담의 죄로 인해 저주와 죽음을 맞이할 수밖에 없는, 그야말로 말로 형용할 수 없는 비참한 상태가 되었다.

사실 이것은 우리가 흔히 알고 있는 원죄에 대한 진부한 설명이며, 우리는 죄로 인해 비참해진 현재 우리의 상태를 통해 성경의 진술에 거짓이 없다는 것을 명확히 확인하게 된다. 처음 하나님께서 지으시고 "심히 좋다"라고 말씀하셨던 때의 아담은 분명히 완전히 의로운 상태였으나, 죄를 지은 이후의 아담은 비참한 상황에 빠졌다. 그리고 그의 후손인 모든 인류는 아담의 비참한 상태를 공유하게 되었다. 의심할 것 없이 우리의 육신은 한 시도 죄와 분리될 수 없고, 우리의 마음은 언제든 죄 가운데 나아가려고 기회를 엿보고 있다. 칼뱅은 인간과 죄의 끈질긴 공생 관계에 대해, "인간 전체가 마치 홍수를 만난 듯이 머리로부터 발끝에 이르기까지 압도되어, 죄를 면한 부분은 하나도 없으며, 사람에게서 출발하는 것은 모두 죄로 돌려야 한다"라는 말로 표현하였다.[108]

다는 것은 매우 중요하다. 왜냐하면 아담의 죄로 인해 그 상태가 깨어지고, 그리스도를 통해서 그러한 상태가 더욱 완성된 상태로 다시 회복되기 때문이다.

[108] Jean Calvin, *Institutes*, 2. 1. 9.

내가 아담의 불순종으로부터 인류의 비참함이 왔다는 사실을 계속해서 상기시키는 이유는 '아담의 죄로부터 온 죽음'이 '그리스도의 순종으로부터 온 생명'과 극적인 대비를 이루기 때문이다. 성경적 창조론을 믿는 자들은 우리가 첫 사람이요 첫 언약의 대표자였던 아담의 죄책을 전가 받은 자들로서, 죄를 범할 수밖에 없는 부패하고 무능한 자들임을 인정하고, 이러한 죄에서 해방할 수 있는 유일한 방법이 오직 예수 그리스도를 믿는 믿음과 하나님의 은혜밖에 없음을 고백하게 된다.[109]

그럼에도 유신진화론자들은 이러한 부분을 간과하고 있다. 그들이 간과하고 있는 것은 첫째, 하나님께서 아담 한 사람을 언약의 수여자로 삼으셨다는 점. 둘째, 그 언약을 실패할 시 받게 되는 저주가 범세계적인 것이라는 점. 셋째, 그리스도의 십자가가 아담의 실패한 언약에 대한 회복이라는 점이다. 진화론적 관점에서 보면 아담은 인류의 운명을 짊어질 특별한 사람이 될 수 없으며, 그의 죄와 사망의 결과가 어떻게 우리에게까지 전가되었는지 말할 수가 없고, 그리스도와 '한 사람' 아담의 직접적인 비교에 대한 해석을 명확하게 할 수 없다. 그러나 우리는 그 한 사람의 범죄로 인해 내려진 '죽음'의 저주를 인정하면서, 또 다른 한 사람 그리스도께서 그 죽음의 문제를 어떻게 해결해 주셨는지에 관해 관심을 가져야 한다.

---

[109] Jean Calvin, *Institutes*, 2. 3. 8.

아담의 불순종과 그리스도의 순종

아담의 불순종이 사망의 결과를 가져왔다는 것을 인정하는 것이 중요한 이유는 이것이 성경신학적으로 늘 그리스도의 순종으로부터 얻게 된 영생과 연결되어 왔기 때문이다. 아담의 불순종을 통해 얻게 된 사망과 그리스도의 순종을 통해 얻게 된 생명은 '전가(imputation) 교리'로써 설명이 된다.

이것은 로마서 5장에 설명이 잘되어 있는데, 로마서 5장은 아담 한 사람의 불순종으로 인해 죄와 사망이 세상에 들어왔으며 많은 사람들이 정죄를 받게 되었다고 말하면서, 예수 그리스도의 순종으로 인해 많은 사람이 의롭다 함을 받고 생명에 이르렀다고 말한다. 이때, 우리에게는 한 가지 질문이 생길 수밖에 없다. 그것은 아담 한 사람이 죄를 지었을 뿐인데, 왜 우리도 마치 죄를 지은 것과 같이 죽게 되었으며, 그리스도 한 사람이 순종했을 뿐인데, 왜 우리도 마치 순종한 것과 같이 살게 되었는지에 대한 부분이다.

이것은 오직 '전가 교리'로써만 설명할 수 있다. 전가 교리란 쉽게 말하면 아담의 죄에 대한 책임이 우리에게도 넘어왔다는 것이고, 그리스도의 십자가의 공로의 의가 우리에게 넘어왔다는 것이다. 사실 이러한 개념은 결코 일반적인 것이 아니다. 하나님께서는 이러한 방식을 취하셔서 아담의 죄를 우리의 죄로, 그리스도의 의를 우리의 의로 받으시겠다고 정하셨다. 그렇기 때문에 우리는 전가의 원리를 다 이해할 수 없고 받아들이기 어려운 부분이 혹 있을지라도 그것을 믿음으로 받아들여야만 한다(롬 1:17).

물론 유신진화론자들 안에서도 이러한 전가 교리를 주장하는 사람이 있다. 성경에 충실하고자 하는 유신진화론자들 중에서도 아담으로 인해 사망이 오고 그리스도로 인해 생명이 주어진다는 것, 아담의 불순종이 죄와 저주와 사망을 불러왔다는 것, 그리고 모든 사람이 아담의 타락으로 말미암아 죄인이 되었다는 것까지도 인정하면서, 그러한 죄와 저주로부터 우리를 해방시켜 주시고, 우리를 은혜와 평강으로 이끄실 이가 예수 그리스도이심을 분명하게 고백하기도 한다.[110] 이러한 고백은 분명 명확하고 진실한 고백이라고 볼 수 있다. 다만 이러한 고백을 보면서 한 가지 의문을 갖는 것은 앞서 유신진화론자들의 아담 이해가 전통적인 아담 이해와는 상당히 다르다는 점에서 그들의 아담과 관련한 전가 교리를 우리가 어떻게 수용할 수 있느냐 하는 것이다. 그들은 에덴에서 아담이 불순종한 사건을 실제 사건이 아닌 상징적인 일로 이해하거나, 혹 아담이라는 사람이 실제 있었더라도 그는 최초의 사람이 아닌 여러 무리 중 한 사람이었고, 완성되거나 무죄한 상태가 아니었으며, 죄의 책임을 갖는 언약의 대표자도 아니었다고 말한다. 유신진화론자들은 아담은 최초의 사람이 아니기 때문에 당연히 아담 이전에도 사람들(혹은 진화 과정 중에 있는 무언가)은 죽음을 겪어 왔고, 죄가 있었다고 말한다.

그러나 이와 같은 논리에서는 한 사람 아담의 죄로 인해 사망과 저주가 임했다는 원리는 성립하지 않으며, 자연히 예수 그리스도께서 아담의 실패한 언약을 갱신하시고 사망을 영생으로, 온 우주적 저주를

---

[110] 알리스터 맥그래스, 『구속사로 본 핵심 주석』 (서울: 국제제자훈련원, 2008), 412; 맥그래스는 칭의에 대해서 표면상으로는 전통적인 견해를 따라간다. 즉, 그는 우리가 의롭다 함을 받을 때의 '의'를 '전가된 의'로서 분명하게 고백한다. 알리스터 맥그래스, 『알리스터 맥그래스의 이신칭의』 (서울: 생명의말씀사, 2015), 95.

회복으로 바꾸셨다는 사실 역시 성립하지 않는다. 이것은 더 나아가 죄로부터 파생되는 인간의 존재론적 문제, 영혼의 파괴 문제, 언약의 파기 문제 등이 전통적인 개념과 다를 수밖에 없도록 만든다.

일반적으로 유신진화론자들에게서 죄의 시작점은 무질서한 우주로부터였고, 죽음 역시 아담의 죄의 결과로 온 것이 아니라, 창조 시부터 본래 있었던 것이라고 받아들여진다. 유신진화론자인 존 월턴이나 존 호트는 태초의 우주 자체를 무질서하게 보면서, 기존의 생명체들이 원죄를 안고 있는 것으로 이해하기도 한다.[111] 그러나 이때 그들은 죄라는 '형이상학적인' 영역의 문제를 우주라는 '물질'의 영역으로부터 가져오게 되는 오류를 남긴다. 이러한 상황에서 유신진화론자들은 생명의 기원을 무기물, 혹은 물질로부터 온다고 이해함으로써, '유물론(materialism)'을 지지한다는 오해를 받기도 한다. 그들은 물질 스스로 발생과 진화를 이루었다고 말하지는 않지만, 적어도 하나님께서 물질 스스로 발생하며, 진화를 이루는 방식으로 세상을 창조하시고 운영하신다고 설명한다.

물론 우리가 관심을 갖는 부분은 유신진화론자들이 유물론을 지지하느냐, 지지하지 않느냐 하는 문제가 아니다. 오히려 그보다 훨씬 더 중요한 부분이 있는데, 그것은 바로 그리스도께서 무엇을 회복하시기 위해서 이 땅에 오셨느냐에 관한 것이다. 유신진화론자들의 주장에 따르면 예수 그리스도께서 이 땅에 오신 것과 아담이 에덴에서 불순종한 사건은 크게 연관성이 없다. 왜냐하면 그들은 에덴에서의 아담 사건

---

111 John F. Haught, *God after Darwin: A Theology of Evolution* (London: Routledge, 2007), 146.

자체를 상징적으로 이해하기 때문이다.

그러나 아담의 에덴에서의 불순종 사건은 그리스도께서 이 땅에 오시게 된 가장 직접적인 원인이다. 로마서 5장에서 설명하는 바, 아담한 사람의 범죄함으로 말미암아 사망이 오고, 그 사망으로 인하여 모든 사람이 정죄를 당하고 있었기 때문에, 그리스도께서는 자신의 순종을 드려 사람들을 죄의 올무에서 해방되도록 하셨다. 그러므로 그리스도께서는 아담의 실패한 순종을 완전한 순종으로 바꾸시고, 아담으로 범죄로 인하여 정죄된 많은 사람들을 생명에 이르도록 하시기 위해 이 땅에 오셨다.

만일 이러한 이유가 아니었다면 그리스도께서는 이 땅에 오실 이유가 없으셨다. 성경의 증언에 따르면 예수님은 하나님이시다(요 1:1). 이것은 성자께서 성부와 그 신적 본질이 동일하시며, 그 능력과 영광이 동등하시다는 것을 의미한다. 그런데 그 무한한 영광의 하나님(로고스)께서 왜 인간의 몸을 입고 이 땅에 오셨는가? 여기서 중요한 것은 '왜 인간으로 오셨는가?'이다. 예수님이 인간으로 이 땅에 오신 이유는 분명 인간들 편에서 해결하지 못하는 문제를 해결하시기 위해서이다.

그렇다면 인간들 편에서는 어떠한 풀지 못할 문제가 있었는가? 그것은 이미 우리가 잘 알고 있다. 인간들은 자신들의 죄와 사망에 관한 문제를 스스로 해결할 수 없었다. 그래서 그리스도께서는 그 문제를 해결해 주시기 위해 이 땅에 오셨으며, 그리스도께서 이 땅에 오심으로 인간들의 죄와 사망의 문제를 해결받게 되었다. 로마서 5장 12절을 보라. "그러므로 한 사람으로 말미암아 죄가 세상에 들어오고 죄로 말미암아 사망이 들어왔나니 이와 같이 모든 사람이 죄를 지었으므로 사망이 모든 사람에게 이르렀느니라" 우리는 여기서 말하는 그 '한 사람'이 누구인지를 헷갈려 할 필요가 없는데, 14절에서 분명히 그 한 사람이 아담이라고 말해 주고 있기 때문이다.[112] 성경은 아담으로부터 죄와 사망과 심판과 정죄가 들어왔다고 말해 준다. 여기서 "아담으로부터"라 함은 아담이 이 모든 죄와 사망에 관한 문제의 시작점이 된다는 것을 의미한다.

이때, '한 사람' 아담이 중요한 이유는 그가 또 다른 '한 사람' 예수 그리스도와 병행이 되기 때문이다. 로마서 5장 12절에서 21절 사이의 병행 구조는 '첫 한 사람'의 문제를 '나중 한 사람'이 해결하는 방식을 잘 나타내 준다. '첫 한 사람'으로 인해 죄와 사망이 이 세상에 들어왔으나, '나중 한 사람'으로 인해 영생이 이 세상에 들어왔고, '첫 한 사람'으로 인해 인간들은 심판과 정죄에 이르렀으나, '나중 한 사람'으로 인해 의롭다 하심에 이르렀다. 그리고 '첫 한 사람'의 불순종으로 인해 많은 사람들은 죄인이 되었으나, '나중 한 사람'의 순종으로 인해 많은 사람이 의인이 되었다.

로마서 5장의 본문은 우리에게 대표성의 원리를 적용하면서 '첫 한 사람'과 '나중 한 사람'이 인류의 대표자가 되며, 인류는 아담과 그리스도가 각각 하나님과 체결한 언약의 영향을 절대적으로 받고 있다는 사실을 상기시켜 준다. 이때, 우리는 하나님과 아담 사이에, 그리고 하나님과 그리스도 사이에 세우셨던 언약에 어떠한 조건들이 있었는지를 잘 살펴야 한다. 「웨스트민스터 신앙고백」 7장 2항은 하나님께서 사람

---

[112] 그러나 아담으로부터 모세까지 아담의 범죄와 같은 죄를 짓지 아니한 자들까지도 사망이 왕 노릇 하였나니 아담은 오실 자의 모형이라(롬 5:14).

과 맺으신 첫 번째 언약을 '행위 언약'[113]으로 이해하면서 아담이 하나님께서 내리신 명령을 순종하고 성실히 실행했다면, 그의 후손들에게 생명이 약속되었다고 진술한다.

창세기 2장 16절과 17절에서, 하나님께서는 아담(הָאָדָם)을 하나님의 형상으로 지으시고, 그에게 에덴을 경작하고 지키게 하시면서, "동산 각종 나무의 열매는 임의로 먹되 선악을 알게 하는 나무의 열매는 먹지 말라! 네가 먹는 날에는 반드시 죽으리라!"라는 조건적 명령을 주셨다. 그리고 이것은 아담 한 사람에게만 해당되는 말씀이 아니라, 아담의 후손들, 곧 전 인류를 대상으로 주신 명령이었다. 즉, 만일 아담이 하나님과의 언약적 의무를 어길 시, 그는 '반드시' 죽게 될 것이고, 그와 함께 물리적, 관계적, 환경적인 사망과 저주가 인류와 세상 가운데 오게 되는 것이다.[114]

우리는 하나님과 아담 사이의 이러한 명령과 순종이 '언약적'인 성격을 띠고 있었다는 것에 주목해 봐야 하는데, 실제로 아담의 언약 파기 이후에 인간들의 역사 안에서 하나님과 아담 사이에 맺었던 언약의 내용, 특별히 저주에 대한 내용이 즉각적으로 실행이 되었고, 그 언약의 실패를 갱신하기 위해 새로운 언약의 실행자이신 예수 그리스도께서 이 땅에 오셨다는 사실을 잘 알고 있다. 신약 성경에서 아담과 그리스도를 직접적으로 비교하는 이유는 바로 이것 때문인데, 이러한 병행적 언약 구조는 첫 아담이 실패한 언약의 내용을 그리스도께서 새로이 성취하시고 완성하셨다는 성경의 클라이맥스를 정당하게 제시하도

---

[113] '~을 행하면, ~을 이루겠다'라는 형식의 언약.
[114] 마이클 호튼, 『언약적 관점에서 본 개혁주의 조직신학』, 418.

록 만든다. '아담의 실패-그리스도의 성취'에 대한 대조는 로마서 5장과 고린도전서 15장에서 직접적으로 대조함으로써 아담과 그리스도를 통해 인류 전체의 운명이 어떻게 좌우되고 있는지를 분명하게 보여준다.[115]

또 하나, 우리는 이러한 언약을 '율법'의 성격에서 이해할 수 있다. 보통 우리는 '율법'의 수여 시기를 생각할 때, 시내 산에서의 모세의 때를 생각하기 마련이나 모세 시대에는 그 율법이 성문화(成文化)된 것이지, 그 이전에 율법이 전무했던 것이 아니다. 잘 생각해 보면 하나님께서 창조 때부터 온 세상의 왕으로서 그의 백성들을 다스리셨을 텐데 '법 없이' 다스리시지는 않았을 것이다. 그런 의미에서 우리는 아담에게 내려진 언약을 율법이라는 측면에서 받아들일 수 있다. 이에 대해서는 네덜란드의 개혁신학자 빌헬무스 아 브라켈(Wilhelmus á Brakel)이 잘 설명했는데, 브라켈에 따르면 하나님과 아담 사이에 맺어진 행위 언약의 이행에서 선과 악을 규정하는 율법을 주셨다고 설명하고 있다.[116] 브라켈은 하나님과 아담 사이에 맺어진 언약이 율법적 전제를 갖는 이유는 그 명령을 잘 이행하게 되면 '영생'이라는 결과가 주어지기 때문으로 보고 있다.[117]

모세 시대에 이스라엘에 수여된 율법 역시도, 이스라엘이 그것을 지킬 시 영생을 얻는다는 측면에서 아담에게 주신 언약과 그 형식이 다를지언정 효력 면에서는 동일하다고 볼 수 있다. 더욱이 율법은 인

---

[115] 레온 모리스, 『신약의 십자가』, 203.
[116] 빌헬무스 아 브라켈, 『그리스도인의 합당한 예배 1』, 김효남·서명수·장호준 옮김 (서울: 지평서원, 2019), 673.
[117] 위의 책, 672.

간이 선택한 것이 아니라 하나님께서 일방적으로 주셨다는 점에서 그 자체로 신적 권위를 가지게 된다. 즉, 하나님의 입술을 떠나 인간에게 도달한 율법은 즉시 선과 악, 보상과 형벌에 대한 규칙이 되는 것이다. 당연히 그 율법을 받는 인간들은 순종의 의무를 함께 받게 된다. 즉, 아담이나 모세나 하나님의 율법을 받은 즉시 순종해야 할 의무를 함께 지게 되었다는 것이다.

이러한 전제 아래서 보면, 로마서 5장 12-19절에서 아담과 그리스도에 대한 대조를 하고 있는 중에 13절과 20절에서 갑작스럽게 '율법'에 대한 이야기가 나오는 것은 전혀 이상한 것이 아니다. 언약을 말하는 중에 율법을 말하는 구절들은 아담이 실행(순종)하지 못해 우리를 죽음에 이르게 한 그 '율법'(노모스, Νόμος)을 그리스도께서 실행(순종)하셔서 저주를 은혜로 바꾸셨다는 것을 말하기 위함이다.

물론 하나님께서 에덴에서 아담에게 율법("먹으면 죽으리라!")을 주신 이유는 그를 죽게 만들거나 저주하기 위함이 아니다. 하나님은 아담이 그 명령을 지키지 못해서 죄와 사망의 저주를 받도록 하기 위해 율법을 주신 것이 아니라, 단지 아담이 그 명령을 자신의 의지로 순종하여 영생을 받기 원하시는, 지극히 아담을 사랑하시는 마음으로 율법을 주셨다. 아담은 그 율법의 내용을 그의 자유로운 의지로써 순종할 수 있었고, 하나님도 이를 원하셨다. 다만 아담에게도 순종하지 못해 형벌을 받을 가능성이 내재하고 있었기에 불순종 시 사망의 형벌을 받게 될 것이라는 경고를 받게 된 것이다.[118] 그러한 점에서 아담이 하나

---

[118] 아 브라켈은 아담이 하나님으로부터 받은 율법의 성격과 내용적인 측면이 '십계명'과 동일한 것이었다고 말한다. 빌헬무스 아 브라켈, 『그리스도인의 합당한 예배 1』, 677.

님으로부터 받은 명령은 율법적인 것이며 언약적인 것이라고 말할 수 있다. 이러한 맥락에서 아담은 언약의 머리인 것이 분명하고, 로마서 5장 12-21절에서 언약의 머리인 그리스도와 대비되는 것이 설득력을 갖는다.[119]

그렇다면 아담이 실패한 언약을 그리스도께서 실행하시고 완성하셨다는 것은 무슨 의미인가? 우리는 이러한 질문에 대해 아담과 인류, 그리고 그리스도와 인류에 대한 도식으로 설명할 수 있어야 한다. 즉, 아담의 실패가 인류에 미치는 영향과 그리스도의 성취가 인류에 미치는 영향을 봐야 하는 것이다. 앞서 언급된 바와 같이 아담의 범죄는 언약 이행의 실패로 연결되어 인류에게 죄책과 사망이라는 결과를 가지고 왔다. 즉, 모든 이들이 아담의 실패한 언약 관계로 들어가 아담과 같은 운명이 되고 만 것이다. 그러나 인애하신 하나님은 인간을 죽음의 운명 가운데 놓아두시지 않고, 그의 아들을 이 땅에 보내심으로 아담이 실패한 언약을 갱신하도록 하셨다.

우리는 이러한 논의를 '그리스도의 율법적 순종'이라는 측면에서 볼 수 있는데, 즉 아담이 실패한 율법에 대한 순종을 그리스도께서 완전하게 순종하심으로써 아담이 잃었던 영생의 은혜를 그리스도를 통해 얻게 되었다는 것이다.[120] 그렇기 때문에 우리는 아담과 그리스도 사이에 연결된 언약적 관계를 인정하면서, 아담으로부터 시작된 죄와 사망을 그리스도께서 영생으로 바꾸시고, 아담으로부터 시작된 정죄를 그

---

[119] Louis Berkhof, *Systematic Theology*, 214.
[120] 이러한 맥락에서 칼뱅은 "그리스도께서 친히 율법 준수에 대한 짐을 지심으로 하나님의 호의를 얻어 그 의를 우리에게 전가하심으로 마치 우리가 율법을 준수한 것처럼 하여 하나님과 우리 사이를 화목케 하였다"라고 고백하기도 한다. Jean Calvin, *Institutes*, 2. 17. 5.

리스도께서 의롭다하심으로 바꾸셨다는 성경의 증언을 받아들일 수 있어야 한다. 더불어 그리스도께서 우리를 위하여 이루신 은혜로운 일들을 믿는 것이 우리를 구원으로 이끌 중요한 열쇠임을 깨달을 수 있어야 한다.

반면 유신진화론자들이 제안하는 창세기의 해설 안에서는 구원과 직결된 중요한 부분들이 폐기되거나 왜곡되거나 희미해짐을 보게 된다. 그들은 에덴에서의 사건을 하나의 상징으로 이해하고, 아담을 가상 인물로 보거나 하나님과 아담 사이에 맺어진 언약을 단지 교훈을 위해 만들어진 이야기로 취급하면서, 아담이 불순종의 죄를 지은 후 인류에게 내려진 사망과 정죄의 형벌을 거부한다. 유신진화론자들은 성경이 중요하게 말하는 아담과 그리스도의 언약 관계에 대하여 깊이 있는 대화를 나누고 싶어 하지 않는다. 성경신학적인 부분을 고려하는 자들일지라도 아담을 최초의 인간이요 인류의 운명을 등진 언약적 대표자로 이해하기보다는 그저 한 시대를 살아갔던 평범한 사람들 속에 파묻어 버리려고 한다. 굉장히 권위 있는 성경학자 마저 아담의 존재와 권위를 유인원 수준으로 끌어내리기도 한다.

그러나 그들의 그러한 시도들은 진화론에 눈이 가려져 성경이 아담을 특별한 한 사람이라고 분명하게 지목하는 구절들을 보지 못하도록 한다.[121] 성경은 분명히 아담을 역사적인 인물로 인정하면서, 그에게 부여된 특별한 역할이 인류 전체에 영향을 미쳤다는 사실을 분명하게

---

[121] 앞서 말했듯이 필자는 진화론을 지지하는 자들을 일일이 반대하고 싶지 않다. 그것은 믿음의 문제이기 때문에 설득할 수 없는 부분이다. 다만 이 책은 성경과 진화론이 완벽하게 조화된다고 말하면서도, 성경의 내용을 마음대로 수정하고 왜곡하는 자들에 대한 불만이다.

언급하고 있음에도 그들은 진화론을 견지하기 위해 성경의 증언들을 애써 무시하는 것이다. 그러나 아담의 역사성과 언약적 대표성이 거부된다면 그리스도의 역사성과 언약적 대표성 역시 힘을 잃게 된다. 따라서 아담의 역사성과 언약적 대표성은 그리스도의 권위를 훼손하지 않기 위해서라도 성경에서 증언하는 그대로의 내용을 가져오는 것이 마땅하다.

깊이 있는 나눔과 토론을 위한 질문

Q1. 진화를 확신할 만한 명확한 증거들이 발견된 예가 있을까요? (종 간의 변화, 중간 단계 화석 등)

Q2. 리처드 도킨스의 족제비 프로그램(weasel program)은 족제비가 '우연히' 키보드 자판을 두드리다 보면, 언젠가는 완벽한 형태의 한 문장을 만들어 낼 수 있다는 주장입니다. 과연 우연의 연속을 통해서 완벽을 만들어 낼 수 있다는 주장이 가능하거나 합리적이라고 생각하나요?

Q3. "하나님의 창조 질서에 관하여, 유신진화론자들이 사용하는 'Tune'과 지적설계지들이 사용하는 'Design'이라는 용어는 어떠한 차이가 있나요?"

Q4. 과학계를 포함해서 대중들이 진화론의 불완전성을 인정함에도 불구하고 진화론을 포기하지 못하는 이유가 무엇이라고 생각하시나요?

Q5. 성경적으로 건강한 창조 해석과 아담 해석은 어떠한 것이라고 생각하나요?

Q6. 유신진화론이 내리는 창조 해석과 아담 해석이 가진 문제점에는 어떤 것들이 있나요? '하나님의 권능'과 '하나님의 형상'과 '아담과 예수 그리스도의 관계'라는 측면에서 생각해 보도록 합시다.

글을 마무리하며

　　인간에게서 모든 우주와 존재의 기원은 늘 흥미로운 주제일 수밖에 없다. 현대에는 과학이 어떠한 학문과 이성의 체제를 주도하기 때문에 우주의 기원에서도 진화론적 가설이 보편적으로 받아들여지고 있다. 자신을 과학적이고 이성적이라고 생각하는 많은 사람들은 우주의 기원에 관해 '빅뱅' 이론 이외의 것을 거의 인정하지 않는다. 그들은 어떠한 점(point)[1]의 폭발을 통해 우주가 발생했으며, 발생한 우주는 이후로 자연스럽게 확장되면서 입자 간의 충돌과 결합 등의 무질서한 운동과 우연히 자리 잡게 된 질서와 균형 등의 보존 형식을 통해 다양한 별들을 만들어 냈다고 주장한다. 이후로는 좀 더 신비로운 형태이긴 하지만, 지구라는 별이 생겨났고, 그 지구라는 별에서는 우연한 기회에 무기물이 유기물로 변하고 그 유기물이 진화되어 인간이 되었다는 것으로 진화론이 완성된다. 현대를 살아가는 많은 사람들은 이러한 우주와 존재에 관한 이야기를 들을 때 큰 경외감을 느끼곤 한다.

　　과거에 철학이 학문과 이성의 체제를 주도하던 시기에는 지금처럼

1　사실 이것을 원자나 입자라고 표현하기도 애매한 것은 원자나 입자라고 표현되는 그것이 어떠한 또 다른 차원의 것들을 발생시킬 힘이 있는 것은 아니기 때문이다. 어찌 됐든 진화론적 관점에서는 그 점(point)의 폭발을 통해 우주가 시간과 공간과 차원을 발생시키게 되었다.

명확하지는 않지만 좀 더 다양한 사유를 통해 우주와 존재에 관한 기원을 추측했다. 이것은 주로 그리스의 철학자들에 의해 사유되었는데, 그중에서도 데모크리토스(Democritus)는 '원자론'을 주장하며 현대 과학이 생각하는 우주의 형성과 비교적 유사한 이론을 내놓았다. 당연히 이것은 유물론적인 주장이었으며, 모든 우주의 형성과 변화가 원자의 운동으로써 생겨났다는 것이었다. 물론 4-5세기에 이러한 주장을 했다는 것만으로도 대단한 것이기는 하지만, 이것은 철저히 사유에 의한 것이었다. 데모크리토스보다 조금 앞서 나온 엠페도클레스(Empedokles)의 4원소론(물, 불, 공기, 흙)도 질료는 다르지만, 그러한 원소의 결합과 분리를 통해 우주가 형성된다는 데에는 결이 같다. 흥미로운 사실은 데모크리토스나 엠페도클레스와 같은 경우 인간의 영혼과 감정까지도 그러한 원소의 결합과 분리로 설명했다는 점이다. 이후 나온 플라톤이나 아리스토텔레스와 같은 경우는 어떠한 우주의 '발생'보다는 '현상'에 초점을 맞춰 설명하는 것에 집중했다.

이러한 사실들은 현대 과학을 주도하는 진화론이 말하는 우주의 기원과 과거 철학적 사유로부터 발생한 우주의 기원론이 어느 정도의 유사성을 가진다는 것을 보여 준다. 결국 진화론은 우주의 기원을 말한다고 하면서도, 그 최초의 빅뱅을 발생시킨 그 점(point)이 무엇인지를 분명하게 말할 수 없다는 치명적인 약점을 가질 수밖에 없다. 왜냐하면 '과학'은 철저히 물질적인 개념에서 자신들의 논리를 펼쳐 나가야 하는데, '존재의 발생'은 지극히 형이상학적인 개념이기 때문이다. 예를 들어 '존재하지 않는 것'을 '존재하는 것'으로 만들기 위해서는 적어도 그 존재를 발생시키도록 하는 존재가 있어야 하는 것인데, 과학적 개념에서는 세상이 존재하기 전에 그것을 존재하도록 만드는 존재를 인정해서는 안 되기 때문이다.

현대 무신론적 진화론자들이 유신진화론자들을 인정하지 않는 것은 바로 이와 같은 이유에서인데, 무신론자들에게 신(神) 개념은 지극히 형이상학적이고 철학적인 개념에 속한 것이기 때문에, 어느 상황에서도 우주의 발생과 유지에 신 개념이 도입되어서는 안 된다. 그러나 유신진화론자들이 진화론을 전적으로 인정한다고 하면서도 중요한 순간에 신 개념을 가지고 들어오기 때문에, 진화론자들 입장에서는 유신진화론을 못마땅하게 생각할 수밖에 없는 것이다. 그래서 일부 유신진화론자들은 그러한 '발생'에 대한 부분을 하나님께서 말씀으로 창조하셨다고 말하지 못하고, 그저 '미스터리(mystery)'라고 말하기도 한다.

그러한 점에서 필자가 강력하게 주장하는 바는 크게 두 가지이다. 첫 번째, 진화론은 절대로 과학과 동일한 개념이 아니라는 것이다. 그들은 종종 과학과 진화론을 동일시하면서 마치 진화론을 받아들이지 않는 경우 과학을 부정하는 것처럼 이야기한다. 그러나 그들의 진술 속에 이미 과학과 진화론은 같지 않다는 개념이 담겨 있다. 그들은 그들이 실험을 통해 확정적으로 얻어 낸 과학적 결과에 대해서는 결코 오류가 있을 수 없으며 100% 확신한다고 말하면서도, 진화론을 설명할 때만큼은 중간중간 '확신할 수 없다', '미스터리이다', '추측된다'라는 말을 반복한다. 물론 진화론을 연구할 때 사용되는 과학적 전제와 기법들은 충분히 과학적인 것들이다. 그러나 그 방식이 과학적이라고 해서 진화론 전체를 다 과학이라고 말할 수는 없다. 왜냐하면 진화론은 상당 부분 상상에 의존해야 하는 부분이기 때문이다.

우리는 오늘날 우리의 상상 속에 머물고 있는 어떠한 대상이라도 실제처럼 만들어 낼 수 있다. 만일 단군 시대에 날아다니는 용이 있었다고 상상할 수 있다면, 우리는 현대의 다양한 과학적 기법을 통해 그 상상을 실제화(實際化)시킬 수 있다. 진화도 마찬가지다. 우리는 만일 어딘가에서 커다란 이빨 화석 하나를 발견했을 때 다양한 현대의 동물 데이터베이스를 입력시켜 3D 소프트웨어를 가동시키면, 현재 이 세상에 없는 동물을 만들어 낼 수 있다. 필자는 현대의 많은 고생물학자들이나 과학자들의 수고와 권위를 무시하려고 하는 것이 아니다. 단지 과학과 진화론을 동일시할 경우, 과학의 권위가 추락한다는 것을 말하려는 것이다.

보편적인 개념에서 과학은 분명하게 실험되고, 검증되고, 확증된 사실을 전달하는 '오차 없는 학문'이다. 그래서 과학은 많은 이들에게 절대적인 신뢰를 받고 있다. 그러나 진화는 분명하게 실험되거나, 검증되거나, 확증된 사실을 가지고 말하는 분야가 아니다. 이미 우리가 앞서 많은 내용들을 다루었듯이 진화는 진화론자들조차도 확실하게 말할 수 없는 막연한 부분이 있을 수밖에 없다. 그러한 불완전한 이론이 단 200년도 안 되어 전 세계의 과학과 사회와 문화와 종교를 지배했다는 것이 놀라울 뿐이다.

두 번째, 필자가 이 책을 통해 강력하게 주장하고자 하는 것은 진화론과 성경의 창조론은 결코 조화를 이룰 수 없다는 것이다. 알리스터 맥그래스나 팀 켈러, 많은 유신진화론자들은 진화론과 성경의 창조론이 갈등할 필요가 없으며, 두 영역이 완벽하게 조화를 이룰 수 있다고 말한다. 하지만 그것은 지혜로운 제안이 아니다. 물론 그들의 심정은 충분히 이해된다. 진화론적 패러다임이 이 세계를 지배하는 상황 속에서 교회가 진화론을 인정하지 않으면, 세상이 교회를 보는 시각이 곱지 못하다는 점에서, 그들이 어떻게든 교회가 진화론을 품어야 한다고 생각하는 것은 적어도 선한 의도에서 나온 것이라고 여겨진다.

그러나 우리가 앞서 보았듯이 진화론과 성경적 창조론을 억지스럽게 결합시키려고 했을 때 돌아오는 파장은 작지 않다. 특별히 유신진화론자들이 진화론에 대한 수정을 전혀 고려하지 않는다고 가정한다면, 그들은 결국 성경의 창조론을 수정해야만 할 것이다. 자연스레 하나님께서 말씀으로 창조하신 그 모든 사건들은 부인되어야 하며, 아담의 역사성과 인류의 대표로서 하나님과 언약을 맺은 사실이 부인되어야 하고, 아담이 에덴에서 일으킨 최초의 범죄 사건이 부인되어야 할 뿐만 아니라, 아담과 예수 그리스도의 병행적 구조 및 예수님께서 이 땅에 오셔서 공생애를 보내시고 십자가에 달리신 동기가 애매해진다.

만일 우리가 진화론을 받아들이면서 성경의 창조론을 수정할 시 우리는 우리가 가지고 온 건강한 성경 해석의 전통을 다 부인해야만 한다. 필자가 이 주제를 가지고서 많은 강의를 진행해 보지는 않았지만, 톰 라이트의 주장을 빌려 보자면 '호미니드'의 모습이 담긴 사진을 아담이라고 소개했을 때 많은 회중들은 거부감을 보였다. 즉, 그들은 진화론과 성경의 창조론이 충분히 조화를 이룰 수 있다는 말에 혹하여 유신진화론에 마음을 열었지만, 유신진화론을 받아들일 시 전통적인 성경적 창조 개념을 수정해야 한다는 점에서는 거부감을 보인 것이다. 이러한 사실은 결국 대부분의 사람들이 유신진화론에 대한 명확한 개념 없이 유신진화론을 받아들이고 있다는 사실을 반증하는 것이다.

유신진화론의 가장 큰 문제점은 진화론적 개념을 도입하여 아무 문제 없는 성경적 창조 개념을 무리하게 수정하고 난도질한다는 데 있다. 그들은 성경적 창조 개념을 교회에서 점점 밀어내고서, 성경의 진술대로 하나님께서 이루신 완전한 창조 개념을 믿는 사람들에 대해서 무시하고 조롱하는 상황을 만들었다. 사실 이를 지켜보고 있기란 여간 마음이 불편한 것이 아니다. 왜 진화론에 의해 성경의 진술을 거부해야 하는 것인가? 왜 진화론에 의해 하나님의 완전한 창조를 부인해야 하는가? 왜 진화론에 의해 하나님의 형상으로 지어진 인간이 원숭이와 동등한 서열에 있다고 억지스럽게 인정해야 하는가? 사실 그것은 참으로 불편한 문제다. 결국 성경의 창조 사건을 부인하기보다는 진화론을 거부하는 편이 낫다는 말이다. 앞서 말했듯이 진화론은 대부분 상상에 기초한 이론이다. 그러므로 과학이 아니다. 따라서 진화론을 거부한다고 해서 과학을 거부하는 것은 결코 아니며, 실제 우리 삶에 크게 영향을 미치지도 않는다.

　이 책을 읽는 독자들은 당장 진화론을 거부해야만 할 것만 같은 부담감을 가지게 될지도 모르겠다. 그러나 그러한 부담감을 당장에 가질 필요는 없다. 본 책의 저술 목적은 어떠한 견해를 강요하거나 설득시키고자 함에 있지 않고, 유신진화론에서 발견되는 문제점을 나누어 봄으로써, 그 속에서 함께 답을 찾아가려는 것에 있기 때문이다.

　물론 필자는 개인적으로 진화론을 받아들이기 어렵다. 그것이 필연 성경의 내용과 부딪치는 부분이 있기 때문이기도 하지만, 진화론자들이 내놓은 증거들만으로 진화를 확신하기에 부족함이 있기 때문이기도 하다. 그렇다고 해서 진화를 무조건 거짓이라고 말하고 싶지도 않다. 다만 누구든지 진화론을 마치 확실한 근거와 증거가 확보되어 있는 것처럼 절대화시키지 않았으면 좋겠다. 현시대는 진화를 인정하는 것이 곧 과학적이고 이성적인 것이며, 진화를 인정하지 않는 것은 비과학적이고 비이성적이라는 사고를 당연시하는 경향이 있지만, 우리는 일단 그러한 단순하고 그릇된 사고들을 버려야 할 것이다.

부디 다양한 견해들을 성경에 근거해서 판단하는 가운데, 각자가 가진 신앙 양심에 의존하여 가장 성경적인 결론을 선택하기 바란다. 그러나 무엇보다 우리가 중요하게 여겨야 할 것은 과학이나 이성보다 위에 있는 성경의 진술, 하나님의 진술이다. 하나님께서 말씀하실 때 우리의 모든 인간적인 주장과 사유들은 침묵해야 한다. 우리의 모든 이성적이고 합리적인 결론은 과학이나 문학, 혹은 철학에 있지 않다. 우리의 모든 이성적이고 합리적인 결론은 성경으로부터 나와야 한다. 부디 이 책이 서로에 대한 불필요한 갈등을 유발하기보다는 성경적 창조론자들과 유신진화론자들 간의 '건전한 대화'의 교두보가 되기를 바란다. 다시 한번 강조하지만, 진화론 문제로 인하여 그리스도의 몸 된 교회가 찢어지기보다는 그리스도의 사랑 안에서 서로를 이해하고, 존중해 주는 가운데 하나가 되어 갈 수 있는 은혜가 있기를 간절히 원한다.

깊이 있는 나눔과 토론을 위한 질문

Q1. 성경적 창조론과 진화론이 완벽하게 조화를 이룰 수 있다고 생각하나요?

Q2. 우리는 어떠한 자세로 진화와 창조를 대해야 할까요?

부록 [Q&A]

　필자가 유신진화론의 문제점을 지적하는 강의를 시작할 때만 해도, 이 강의를 듣고 동의하지 않는 이유로 많은 반발들이 있으면 어떻게 하나 걱정을 했었다. 하지만 막상 강의를 들은 대다수의 학생들의 반응은 필자의 주장에 동의하는 편이었다. 몇몇 학생들은 그동안 으레 절대시하고 있었던 진화론이 가진 이론적 허술함에 대해 다시 한번 생각해 보면서 자신의 입장을 분명하게 수정하기도 했고, 또 어떤 학생은 추후에 어떠한 방식으로 이 부분을 더욱 깊이 살펴보고 연구할 수 있는지를 묻기도 했다. 그리고 그들에게는 혼란스러움뿐만 아니라 당면한 과제들도 있었다. 우선, 앞서 유신진화론자들이 주장했던 바와 같이, 마치 진화론을 포기하게 되면 과학을 포기해야만 할 것 같은 불안함이 있다는 것과 중고등학생의 경우 교과서를 통해 진화론을 배우고 있는 와중에 어떻게 받아들이고 이해할 수 있을지에 대한 문제였다.

　아래의 질문과 답변들은 필자가 몇 차례 강의를 하면서 강의 중간에 학생들과 나누었던 질의 응답의 내용인데, 이 글을 읽는 독자들에게도 도움이 되리라 생각되어, 당시 나눈 내용들에서 약간 수정하고 보완하여 나눠 보려 한다.

Q 1. 우리가 진화론을 포기해야 한다면, 더 이상 과학을 공부하지 못하거나 과학자가 될 수 없는 것 아닌가요? 또 우리가 담당하고 있는 주일학교 학생들에게 과학 시험 문제에서 진화론과 관련한 문제가 나온다면 '진화론은 틀린 답'이라고 가르쳐야 할까요?

A. 우선 앞서 말씀드린 대로, 우리는 '진화'의 개념과 '과학'의 개념을 분리해서 생각할 필요가 있습니다. 사실 이러한 개념은 제 주장 중에 가장 중요한 내용이기도 합니다. 진화와 과학을 분리하지 않으면 여러 가지 개념과 적용함에 혼선을 가져올 수 있습니다. 유신진화론자들은 진화를 인정하지 않으면 마치 과학을 공부할 수 없다거나 과학자가 될 수 없을 것처럼 말하기도 하지만, 사실은 그렇지 않습니다. 우리는 진화를 가정하지 않더라도 충분히 과학이 가능하다고 결론을 내릴 수 있습니다. 본문에서 나누었던 것처럼 다수의 지적설계자들과 창조과학자들이 진화를 인정하지 않고도 과학자나 과학 교수, 과학 교사직에 종사하면서, 무난하게 과학을 가르치고 있습니다. 분명한 사실은 진화론을 인정하지 않더라도 과학을 공부하거나 과학자가 되는 것이 가능하다는 점입니다. 다만 천문학과 지질학, 생물학과 같은 과학의 대표적인 영역에서는 이론적 근간을 '진화론'에 두고 있기 때문에, 진화론을 인정하지 않으면서 과학자로 활동할 때는 분명 제약이 있을 것입니다. 그 부분은 우리가 인정할 수밖에 없습니다.

두 번째 질문 역시 자주 받는 질문입니다. 현재 일반적인 학교의 과학 교과서는 진화론을 기정사실화하고 있기 때문에 진화론과 관련한 시험 문제가 출제될 가능성이 높습니다. 그렇다면 진화론을 인정하지 않는 기독교인 학생들은 진화론과 관련한 문제들을 일부러 틀려야 할까요? 물론 그렇게 생각하는 부모나 아이들도 있겠지만, 저는 굳이 그럴 필요 없이 그냥 학교에서 과학 시간에 배운 대로 답하라고 말하고 싶습니다. 학교에서의 시험은 교과서의 내용을 잘 숙지하고 있는지 확인하는 과정입니다. 그렇기 때문에 일부러 교과서의 내용과 다른 답을 쓸 필요는 없습니다. 혹 시험을 볼 때 불교에 대한 문제나 이슬람교에 대한 문제가 나오더라도 우리는 그냥 배운 것을 답하면 됩니다. 학교에서 행하는 시험은 신앙적으로 접근할 문제가 아닙니다. 오롯이 지식과 학문적으로 접근할 문제입니다. 교과서를 토대로 요청되는 답을 한다고 해서 우리의 신앙이 변질되었다거나 진화론 자체를 인정하는 것은 결코 아닙니다. 그렇기 때문에 "어떤 경우에서는 진화론이 이렇게 설명한다"라는 식의 '학문적 차원'으로 학생들이 정답을 쓰도록 안내하면 됩니다.

Q 2. 유신진화론자들이 진화를 선택함으로써 성경이 말하는 창조론에 왜곡을 가지고 왔다면, 그들이 쓴 책들을 불신할 수밖에 없습니다. 그렇다면 지금 가지고 있는 유신진화론자들의 책들을 다 버려야 하는 것입니까?

A. 절대 그런 불필요한 짓은 하지 않기를 바랍니다. 왜냐하면 본문에서 설명한 프랜시스 콜린스나 알리스터 맥그래스, 팀 켈러와 같은 유신진화론자들은 굉장히 훌륭한 복음주의자들입니다. 그들은 각자의 영역에서 그리스도인으로 살기 위해 진심으로 힘쓰는 사람이며, 그들이 쓴 책 다수는 기독교인들의 신앙 성숙을 위해서나 무신론자들에 대한 변증을 위해서, 또 성경 이해와 성경적 삶을 위해 필요한 책들입니다. 그들의 책을 잘 묵상하시길 바랍니다. 다만, 우리는 성경을 해석

할 때, 유신진화론자들의 성경 해석을 주의 깊게 살펴볼 필요가 있습니다. 우리가 생각하는 '아담' 이해와 유신진화론자들이 생각하는 '아담' 이해가 다르다면 그들이 정리한 '아담'과 관련한 성경 해석 또한 다르기 때문입니다. 예를 들어 맥그래스는 그의 주석에서 창세기 1장에 나오는 '아담'을 비유 혹은 상징적 인물로 해석하면서도 로마서 5장에 나오는 '아담'에 대해서는 전통적인 해석과 크게 차이가 없는 것으로 해석합니다. 그의 로마서 주석 5장만을 보면 그 해석이 전통적인 역사적 아담이나 아담의 에덴 사건을 인정하는 것처럼 보인다는 것입니다. 그러나 엄밀히 말하면 그가 창세기 1-3장에서 아담을 상징적인 인물로 보거나, 대표성이 없는 인물로 묘사한다는 점에서 그가 말하는 로마서 5장의 아담 역시 역사적 인물이자, 언약적 대표이자, 원죄를 일으킨 장본인이라고 볼 수 없습니다. 적어도 맥그래스가 해석한 창세기 1-3장 이해에 따르면, 아담이 에덴에서 일으킨 범죄는 상징적인 일일 뿐입니다. 그렇게 되면 성경을 해석할 때 분명 모순이 발생합니다. 앞에서는 아담을 하나님의 형상이자 언약적 대표자로 인정하지 않고, 에덴 사건을 상징이라고 말했으면서도, 뒤에 가서는 아담의 에덴 사건을 실제로 일어난 사건이자, 죄와 저주의 원인, 그리고 전 인류의 구속사적 차원에서 다룹니다. 사실 이것은 유신진화론자들이 자주 하게 되는 성경 해석의 오류입니다. 팀 켈러도 마찬가지고요. 우리는 그러한 부분을 인정할 수 없습니다. 물론 이러한 상황을 유신진화론자들도 인식은 하고 있습니다. 그들은 아담의 언약적 대표성이나 에덴의 역사성을 인정하지 않는 부분은 부각하면서, 전통적인 성경 해석과의 갈등은 일으키고 싶어 하지 않습니다. 웬만하면 피해 가려고 하죠. 만일 우리도 이러한 부분을 충분히 인지하고서, 어떤 전투적인 자세로 그들을 대하기보다는 그들의 주장에서 좋은 점들을 발견하고자 최대한 노력하고, 그들의 견해 안에서 발견되는 문제점들을 분명하게 인식하고 분별할 수 있다면, 충분히 유신진화론자들의 책 속에서도 큰 은혜와 도전과 유익을 얻을 수 있다고 생각합니다. 그러므로 현재 가지고 있는 훌륭한 목회자들과 신학자들의 책은 절대로 버리지 마시고, 문제가 될 수 있는 부분들을 잘 분별하면서 읽고, 또 그들의 책에서 유익이 되는 부분들을 적극적으로 지지하면서 신앙의 유익을 얻길 추천합니다.

Q 3. 진화를 인정하지 않으면 자연적으로 비과학적이고 비이성적이라는 선입견이 생기기 마련입니다. 그렇다면 일반 사람들을 대상으로 하는 전도에도 부정적 영향을 미치는 것 아닌가요?

A. 우선 진화론을 믿는 사람들에게 진화론을 믿지 말라고 설득할 방법이나 용기가 적어도 저에게는 없습니다. 물론 진화를 믿는다는 것 자체가 과학적이거나 이성적이라고 말할 수도 없습니다. 왜냐하면 앞서 말했듯이 진화론은 '확정된 영역'이 아니라, '믿음의 영역'이기 때문입니다.[2] 만일 진화가 분명한 근거와 확정적인 증거가 있다면 저부터 그것을 믿을 것입니다. 그러나 진화에 대한 확성석인 승거는 지금까지 발견되지 않았습니다. 그럼에도 불구하고 진화론을 믿는 사람들은 스

---

2   토마스 쿤(Thomas S. Kuhn)은 다윈의 진화론을 패러다임 시프트(paradigm sift)의 예로 들며 과학자들은 그 시대를 지배하는 패러다임 아래에서는 어떠한 정당한 개념을 새롭게 구축하려고 시도할 필요성을 느끼지 않으며, 그로 인해 확정된 패러다임 안에서만 의견을 개진한다고 말했다. 쿤은 진화론에 대한 연구는 사실상 이루어지지 않았지만, 사람들은 진화라는 결괏값을 모두 명백하게 받아들이고 있으며, 이러한 패러다임의 지배 아래서 사람들은 억압적인 방식으로 변화된다고 말했다. Kuhn, *The Structure of Scientific Revolutions*, 20.

스로 진화론을 믿기로 결정한 것이니 우리는 그것을 설득할 수 없습니다. 그러나 솔직히 교회가 진화론을 받아들이지 않는다고 해서 교회에 나오지 않겠다고 말하는 사람들은 많지 않습니다. 사람들이 교회에 나오지 않는 이유는 오히려 교회가 세상과 구별되지 않기 때문입니다. 세상과 교회가 생각하는 것이나 행동하는 것이 별반 차이가 없기 때문에, 세상 사람들은 교회에 나올 이유나 매력을 느끼지 못합니다. 오히려 교회가 더욱 성경적인 방법으로 세상과 구별되어 살아간다면 세상은 교회에 매력을 느낄 것입니다. 그러한 이유에서 교회가 세상 사람들과의 갈등을 의식해서 진화론을 받아들여야만 한다는 주장은 솔직히 납득되기 어렵습니다. 어디 세상 사람들이 이해하지 못할 일들이 진화론뿐이겠습니까. 물론 유신진화론자들은 믿지 않는 내용이지만, 하나님께서 오직 그의 말씀으로 세상을 창조하신 일과 노아 시대에 물로 세상을 심판하신 일, 바벨탑 사건 때문에 언어를 가르신 일, 생리가 끊어진 90세 여인으로 하여금 친아들을 보게 하신 일, 열 가지 재앙으로 애굽을 초토화시키신 일, 이스라엘 백성들로 하여금 두 동강이 난 바다의 마른 바닥을 걸어서 건너게 하신 일, 이 밖에 하늘에서 불이 떨어지고, 땅이 갈라지고, 시간이 멈추고, 죽은 자가 살아나는 일 등은 그들에게 어떻게 설명할 건가요? 그런 일이 세상 사람들에게서 충분히 납득할 만한 일인가요? 저는 아니라고 생각합니다. 만일 세상 사람들이 받아들일 만한 내용만을 성경에 남긴다면 성경은 매우 평범한 책이 될 것입니다. 그러나 성경은 하나님의 충만한 능력을 담은 책입니다. 즉, 성경은 결국 믿음으로 받아들여야 하는 책입니다. 그렇기 때문에 전도를 이유로 진화를 받아들여야 한다는 주장은 별로 설득력이 없습니다. 다만, 세상 사람들과의 간격을 줄이기 위해서는 평소에 여러 분들이 신앙을 핑계로 이상하게 살아가지 마시고, 지혜롭게 이성적으로 살아가시면 됩니다.

Q 4. 결국 신학도 인간이 만든 불완전한 학문인데, 만약 후에라도 진화론이 확정적으로 결론이 난다면 목사님도 진화론을 받아들일 용의가 있나요?

A. 일단 신학이 불완전한 학문이라는 점은 저도 인정합니다. 신학은 성경을 바로 해석하기 위한 좋은 도구일 뿐입니다. 아무리 뛰어난 신학자라 할지라도 그도 불완전한 인간일 뿐이고, 당연히 그들이 쓰고 주장하는 모든 신학적 이론에는 오류가 있을 수밖에 없습니다. 그리고 어떠한 확정적인 신학 해석이라 할지라도, 해석학적 발전에 따라서 당연히 신학도 수정이 됩니다. 개인적으로 저는 신학자 중에서 장 칼뱅(Jean Calvin)의 견해를 신뢰하고 따라가는 편인데, 칼뱅의 견해 안에서도 동의할 수 없는 부분들이 종종 나옵니다. 칼뱅의 책은 신학책이지 성경책이 아니기 때문입니다. 이는 건전한 신학자들 모두가 인정하는 바입니다. 즉, 우리는 누군가의 신학을 절대화할 수 없습니다. 계속해서 어느 것이 더 성경적인 것이냐를 따라서 신학을 건전하게 발전시켜야 합니다. 또 시대적인 상황에 따라서도 적절한 성경적·신학적 해석을 찾아가려고 노력하는 것도 중요합니다. 어느 시대에는 당연시되던 신학이 전혀 다른 사회문화적 환경을 만나면 수정되어야 하는 때가 있습니다. 물론 이것은 진화론에 대한 태도도 마찬가지입니다. 만일 진화론이 여타 실험 과학이나 과학 법칙과 같이 절대적이고 확증할 수 있는 분명한 진실로 밝혀진다면, 저는 제가 하는 모든 주장을 바로

취소하고, 모든 진화론자들에게 진심으로 사과할 것입니다. 그리고 그 순간부터 저도 당연히 유신진화론을 지지할 것입니다. 진화론뿐만 아니라 확정된 사실들에 대해서 우리는 우리의 신앙을 핑계로 의도적으로 부인해서는 안 됩니다. 하나님은 하나님의 영광을 드러내시기 위해 성경이나 신학뿐만 아니라, 일반 은총적인 측면에서 다양한 영역들을 사용하셨습니다. 즉, 의료, 예술, 과학, 인문학, 정치, 역사 등을 통해서도 우리는 하나님께서 주시는 지혜를 발견할 수 있습니다. 이 모든 것은 옳을 수도, 틀릴 수도 있습니다. 당연히 제가 연구하고 공부한 신학적 내용들도 절대적으로 다 옳다고 말할 수 없으므로, 저 역시 다른 사람들의 말에 귀를 기울이고 제가 틀린 부분들은 수정할 것입니다. 만일 이 자리에서 진화를 신뢰하는 누군가가 저에게 진화에 대한 확실한 증거를 가져온다면 저는 언제든지 저의 주장을 바꿀 것입니다. 그러나 아직까지 진화론의 주창자인 다윈을 포함해서 진화에 대한 확실한 증거를 제시한 사람은 없었습니다. 물론 저는 진화론에 대한 확실한 증거를 가져오는 것은 불가능하다고 생각합니다. 왜냐하면 진화는 일어난 적이 없기 때문입니다. 그렇기 때문에 적어도 제가 아는 범위 안에서는 성경적 창조론과 진화론은 공존할 수 없습니다. 이것은 당연한 이치입니다. 성경은 자명한 진리이고, 진화론은 아직 확실하게 검증되지 않았다는 점에서 비진리이기 때문입니다. 진리와 비진리는 결코 함께 옳을 수 없습니다.

Q 5. 우리 주변에서 진화론을 끝까지 포기할 수 없다고 말하는 사람이 있다면, 그들에게 어떻게 반응하는 것이 좋을까요?

A. 앞서 말씀드린 대로 진화론은 설득의 문제가 아닙니다. 그럴 수도 없고요. 만일 여러분 중에 진화론을 믿는 친구들을 설득하려고 열심히 노력하고 있다면, 굳이 그러한 노력을 할 필요가 없다고 말씀드리고 싶습니다. 누군가가 진화론을 믿기로 결정했다면, 어떠한 증거와 논리를 앞세우더라도 그를 설득시킬 수 없을 것입니다. 저는 한편으로는 그것이 진화론이 가진 '종교성'이라고 생각합니다. 앞서 저희가 나누었듯이 무신론적 진화론자들은 물론이고, 권위 있는 유신진화론자들도 역시 진화론이 설명할 수 없는 어느 부분에 가서는 그저 믿기로 결정하고 가야 한다고 말했습니다. 근거나 증거가 분명하지 않음에도 불구하고 믿어야 하기 때문에, 그것은 분명한 종교성이라고 말할 수 있습니다. 당연히 저도 저의 논문이나 책, 강의 등으로 진화론자들의 마음을 쉽게 설득시킬 수 있다고는 전혀 생각하지 않습니다. 다만 제가 논문과 강의로 사람들 앞에 서는 이유는 진화론과 성경의 창조론이 완벽히 조화를 이룬다고 말하면서도, 진화론의 내용은 전혀 건들지 않고, 오직 성경의 내용만을 임의로 수정하여 왜곡하는 사람들이 있기 때문입니다. 성경에서 분명하게 말하고 있는 창조 기사를 그저 상징이나 허구로 만들어 버리고, 역사적 아담이 가진 중요한 의미를 전혀 쓸모없는 것으로 해석하여 신학의 중요한 뼈대인 인간론, 기독론, 구원론의 중요한 신학적 근간을 흔들고 있는 사람들이 늘어나고 있기에, 저는 목사로서, 학자로서 분명 무슨 말이라도 해야 하는 상황이었습니다. 진화론을 절대적인 지식으로 믿고 받아들이겠다고 말하는 사람들에게는 더 이상 할 말이

없지만, 진화와 성경을 억지스럽게 교합하면서 성경을 왜곡하려 한다면, 그 부분에서는 가만히 있을 수 없는 일 아닙니까? 다시 한번 말하지만 유신진화론자들과 대화의 여지가 혹 있다면, 적극적으로 서로의 견해를 들어 주고 서로의 발전을 위해서 서로의 견해를 참고하십시오. 그리고 혹 서로의 견해가 다르다는 이유로 다투어야 하는 상황이라면, 속히 그 비건설적인 다툼을 멈추시기 바랍니다.

Q 6. 목사님도 자녀가 있으시죠? 만일 목사님의 자녀가 나중에 커서 과학자가 된다고 말한다면 어떻게 답해 주실 건가요?

A. 제 딸이 얼마 전 초등학교에 들어갔는데, 어릴 때부터 과학과 관련한 책을 참 좋아했습니다. 물론 저도 아이가 잠들기 전에 아고스티노 트라이니(Agostino Traini)가 쓴 『물 아저씨 과학 그림책』이나 『내셔널 지오그래픽 키즈』 공룡 시리즈 같은 것들을 자주 읽어 주었습니다. 아이가 과학을 좋아하는 것은 부모로서 매우 환영할 만한 일입니다. 저는 의도적으로 아이에게 일반 과학책을 읽어 줄 때 거기에 성경이나 신학적인 내용을 더해 설명해 주지 않습니다. 일반 과학책의 내용을 읽고, 그 책의 내용 그대로를 숙지할 수 있도록 책을 읽어 줍니다. 이것은 세계 문화에 관한 책을 읽어 줄 때 이슬람교나 불교에 관한 내용이 나오는 경우에도 마찬가지입니다. 아이가 특별히 질문을 하지 않는 이상은 그 책에서 전달하고자 하는 지식이 왜곡되지 않도록 그대로 읽어 준다는 것이죠. 책 속에 있는 이슬람적 문화나 불교적 문화를 기독교적으로 재해석해 주지 않습니다. 하지만 제 입장에서 다행인 건 우리 아이가 우주의 형성과 지구의 형성에 대한 책을 읽어 줄 때 그 내용

에 대해 의문을 갖는다는 점입니다. 예를 들어 성경에서는 하나님께서 세상을 창조하셨다고 말하는데, 왜 책에서는 성경과 다른 이야기를 하느냐는 것입니다. 제 입장에서는 그러한 질문을 듣게 되면, 성경에 나와 있는 대로 설명을 해 줄 수밖에 없습니다. 즉, 이 책을 쓴 과학자들의 말이 옳고, 우리가 읽는 성경의 내용이 틀리다고 말할 수 없다는 것입니다. 물론 아이가 읽고 있는 책들을 쓴 일반 과학자들 사이에서도 지구의 형성, 혹은 물의 형성에 대하여 서로 다른 이야기를 하고 있기도 합니다. 특히 공룡에 관한 내용들은 읽을수록 의문이 많이 생기는 것이 사실입니다. 뭐 이런 내용들은 차치하더라도 만일 제 아이가 이 다음에 커서 과학자가 된다고 한다면 저는 일단 환영할 것입니다. 과학을 정직하고 명확하게 잘 연구해서 사람들에게 유익을 주는 과학자가 되기를 기대할 것입니다. 다만 개인적으로 아쉬운 것은 딸의 꿈이 과학자가 아니라, 목사의 아내(사모)가 되는 것입니다. 그건 정말 말리고 싶습니다.

Q 7. 유신진화론자들과 어떠한 관계를 유지하는 것이 좋을까요?

A. 단언컨대, 어떤 기독교인이 유신진화론을 지지한다고 할지라도 절대 그것 때문에 그들의 신앙을 평가하거나 무조건적인 비판을 가하면 안 됩니다. 그들도 그리스도 안에서 다 형제자매요 한 지체이기 때문입니다. 적어도 서로가 진화론에 관한 내용을 깊이 있게 다루지 않는 이상, 우리 사이에는 그저 평범한 신앙적 대화가 오갈 것입니다. 저 역시 여전히 팀 켈러나 프랜시스 콜린스, 알리스터 맥그래스와 같은 훌륭한 그리스도인들의 업적에 감사드리고, 필요하다면 이후로도 그

들의 책을 구매해서 필요한 신앙의 유익들을 얻을 것입니다. 다시 말씀드리지만 진화론을 받아들인다고 해서 그들의 신앙을 마구 판단해서는 안 됩니다. 우리는 진화와 창조에 관한 대화에 앞서 서로의 견해에 대한 이해가 필요합니다. 상대방이 왜 그러한 주장을 중요하게 여기는지, 왜 뜻을 굽힐 수 없는지, 그 이유에 대해서 먼저 이해해야 합니다. 물론 그것을 이해하더라도 서로의 견해에 대하여 동의하지 않을 수 있습니다. 예를 들어 기독교 안에는 장로교, 감리교, 순복음교, 침례교 등 다양한 교파들이 있습니다. 각 교단들은 서로의 신학적 입장에 동의하지 않습니다. 그럼에도 불구하고 서로를 이단이라고 말하지 않고 한 복음 안에 있으며 '형제'라고 부르기를 서슴지 않습니다. 그리고 그것은 사실입니다. 우리는 예수 그리스도를 우리의 유일한 구주로 고백하고 있으며, 하나님의 은혜 안에서 살고 있습니다. 다만 우리는 대화의 준비가 되어 있다면 충분히 이 부분에 대해서 깊이 논의할 수 있습니다. 그러나 만일 서로의 견해를 잘 알지 못하거나 상대방의 이야기를 들어 줄 준비가 되어 있지 않다면, 차라리 그 부분에 대해 침묵하는 편이 낫습니다. 혹 서로의 견해에 대한 어느 수준의 이해가 있다 하더라도 우리는 늘 정직하고 겸손한 태도로 대화에 임해야 합니다. 이때 서로를 억지로 설득시키기보다는 계속해서 서로에게 질문을 던져 가며 우리의 견해가 성경에서 말하는 바대로 향하고 있는지를 확인해야 합니다. 적어도 우리 모두에게는 하나님의 말씀을 통해 하나님의 뜻을 알아 가고자 하는 소망이 공유되어야 합니다. 만일 그렇지 않다면 우리의 논의는 큰 의미가 없습니다. 마지막으로 부탁드리는 것은 그리스도 안에서 서로를 사랑하며 연합되기를 힘쓸 수 있길 바랍니다.

참고 문헌

국내 도서 & 논문

김병훈, 한윤봉. 『성경적 창조론이 답이다』. 수원: 합동신학대학원출판부, 2019.
김진수. 『아담은 역사적 인물인가』. 수원: 합신대학원대학교출판부, 2018.
_____. "아담의 역사성 연구". 「신학정론」. 34/2 (2016).
다윈, 찰스. 『종의 기원』. 이민재 옮김. 서울: OLJE CLASSICS, 2012.
뎀스키, 윌리엄. 『지적설계』. 서울대학교 창조과학연구회 옮김. 서울: IVP, 2002.
라슨, 에드워드 J.. 『신들을 위한 여름』. 한유정 옮김. 서울: 글항아리, 2014.
마이어, 스티븐. 『하나님 존재 가설의 귀환』. 소현수 옮김. 서울: 부흥과개혁사, 2022.
모리스, 레온. 『신약의 십자가』. 이승구 옮김. 서울: CLC, 1987.
모어랜드, J. P., W. L. 크레이그. 『과학 철학』. 김명석 옮김. 서울: 기독교문서선교회, 2013.
모어랜드, J. P., 스티븐 마이어, 크리스토퍼 쇼, 앤 게이저, 웨인 그루뎀 편집. 『유신진화론 비판-상』. 소현수 외 3인 옮김. 서울: 부흥과개혁사, 2019.
_____. 『유신진화론-하』. 소현수 외 3인 옮김. 서울: 부흥과개혁사, 2019.
맥그래스, 알리스터. 『과학과 종교: 충돌과 조화』. 정성희, 김주현. 고양: 린, 2017.
_____. 『우주의 의미를 찾아서』. 박규태 옮김. 서울: 새물결플러스, 2013.
_____. 『정교하게 조율된 우주』. 박규태 옮김. 서울: IVP, 2014
_____. 『구속사로 본 핵심 주석』. 서울: 국제제자훈련원, 2008.
_____. 『알리스터 맥그래스의 이신칭의』. 서울: 생명의말씀사, 2015.
바빙크, 헤르만. 『개혁교의학 2』. 박태현 옮김. 서울: 부흥과개혁사, 2011.
박희주. "과학과 이념으로서의 진화: 캔자스 교과서 논쟁의 경우". 「한국과학사학회지」. 24 (2002): 2.
벌코프, 루이스. 『조직신학』. 권수경, 이상원 옮김. 고양: 크리스챤다이제스트,

2011.
베히, 마이클. 『다윈의 블랙박스』. 김창환 옮김. 서울: 풀빛, 2001.
브라켈, 빌헬무스 아. 『그리스도인의 합당한 예배 1』. 김효남, 서명수, 장호준 옮김. 서울: 지평서원, 2019.
스태나드, 러셀 엮음. 『21세기 신과 과학 그리고 인간』. 이창희 옮김. 서울: 두레, 2002.
신국현, "알리스터 맥그래스의 유신진화론적 이해에 대한 개혁신학적 비평". 합동신학대학원대학교, 2023.
월키, 브루스. 『구약신학』. 김귀탁 옮김. 서울: 부흥과개혁사, 2007.
위덤, 래리. 『생명과 우주에 대한 과학과 종교 논쟁, 최근 50년』. 박희주 옮김. 서울: 혜문서관, 2008.
제스펠, 프레드. 『유신진화론 비판-하』. 소현수 외 3인 옮김. 서울: 부흥과개혁사, 2019.
쿤, 토머스 새뮤얼. 『코페르니쿠스 혁명』. 정동욱 옮김. 서울: 지식을만드는지식, 2016.
하라리, 유발. 『사이엔스』. 조현욱 옮김. 파주: 김영사, 2015.
호트, 존. 『과학과 종교, 상생의 길을 가다』. 구자현 옮김. 파주: 들녘, 2021.
호튼, 마이클. 『언약신학』. 서울: 부흥과개혁사, 2009.
헤페, 하인리히. 『개혁파 정통 교의학』. 이정석 옮김. 고양: 크리스천다이제스트, 2011.

해외 도서

Berkhof, Louis. *Systematic Theology*. Grand Rapids, Michigan: Wm. B. Eerdmans Publishing Co, 1949.
Bryson, Bill. *A Short History of Nearly Everything*. New York: Broadway Books, 2003.
Collins, Francis S.. *The Language of God*. New York: Free Press, 2006.
Darwin, Charles. *The Origin of Species*. London: Cambridge University Press, 1872.
Dawkins, Richard. *The Selfish Gene*. New York: Oxford University Press, 1989.
_____. *The Blind Watchmaker*. New York: W·W·Norton & Company, 1996.
Dembski, William A.. *The Design Inference: Eliminating Chance Through Small Probabilities*. New York: Cambridge University Press, 1998.
Draper, John W.. *History of the Conflict between Religion and Science*. New York: Cambridge Universe Press, 1875.

Gray, Asa. *Darwiniana: Essays and Reviews Pertaining to Darwinism*. New York: Appleton and Company, 1889.

Haarsma, Deborah B.. *Four Views on Creation, Evolution, and Intelligent Design*. Grand Rapids, Michigan: Zondervan Academic, 2017.

Harrsma, Deborah B., Loren D. Haarsma. *Origin*. Mi: Faith Alive Christian Resources, 2011.

Haught, John F.. *God after Darwin: A Theology of Evolution*. London: Routledge, 2007.

Hodge, Charles. *Systematic Theology*. vol. 1. Michigan: Grand Rapids, 2005.

_____. *Systematic Theology*. vol. 2. Michigan: Grand Rapids, 2005.

Kingsley, Charles. *Westminster Sermons*. London: Macmillan and Co, 1881.

Kuhn, Thomas S.. *The Structure of Scientific Revolutions*. Chicago: The University of Chicago Press, 1970.

Lamoureux, Denis O.. "Evolutionary creation: Beyond the Evolution vs. Creation Debate". *CRUX* (2003): 19.

Lewin, Roger. "Evolutionary Theory under Fire". *New Series*, Vol. 210, No. 4472 (1980): 883–887.

Martin, Amy E.. "Victorian Ireland: Race and the Category of the Human". *Victorian Review*. Vol. 40 (2014): 52.

McGrath, Alister. *Science and Religion: An New Introduction*. New York: Paulist List, 1995.

_____. *NIV Bible Commentary*. London: Hodder & Stoughton, 1984.

_____. *The Order Things: Explorations in Scientific Theology*. Oxford: Blackwell Publishing, 2006.

Orr, James. *God's Image of Man*. London: Hodder & Stoughton, 1904.

_____. *Christian View of God and the World*. Grand Rapids, Mi: Christian Classics Ethereal Library, 1897.

Paley, William. *Natural Theology*. London: Cambridge University Press, 1803.

Philpot, Joshua. "See the True and Better Adam: Typology and Human Origins". *BET*. 5/2 (2018): 93.

Polkinghorne, John C.. *Science and Creation: The Serach for Understanding*. Philadelphia: Templeton Foundation Press, 2006.

Vos, Geerhardus. *Reformed Dogmatics* vol. 1. Richard B. Gaffin, JR. Trans. WA: Lexham Press, 2014.

_____. *Biblical Theology: Old and New Testament*. Mi: Grand Rapids, 1971.

Walton, John H.. *The Lost World of Genesis One: Ancient Cosmology and the Origins Debate*. Westmont, Illinois: InterVarsity Press, 2009.
Warfield, Benjamin B.. *Study in Theology*. New York: Funk & Wagnalls, 1908.
_____ . *Sermons and Essays From the Works of B. B. Warfield*. New York: Funk & Wagnalls, 1908.
White, Andrew D.. *A History of the Warfare of Science with Theology in Christendom* vol 1. New York: Cambridge University Press, 2009.
Witham, Larry. *By Design: Science and the Search for God*. New York: Encounter Books, 2003.
Wright, N. T.. *Surprised by Scripture Engaging Contemporary Issues*. SanFransisco: HaperOne, 2015.
Young, Edward J.. *Studies in Genesis One*. New Jersey: Presbyterian and Reformed Publishing Co, 1964.
Zaspel, Fred G. *The Theology of B. B. Warfield: A Systematic Summary*. Wheator Illinois: Crossway, 2010.

웹 사이트

https://creation.kr/Articles
https://biologos.org/
https://www.gcu.edu/blog/theology-ministry/dear-theophilus-creation-and-evolution
https://youtu.be/-IgXZEdJ5Zw?si=ToIw7bT26xIIjqUe
https://youtu.be/gYf_cb4ZVn8?si=pId98snjmP-_sMil
http://www.youtube.com/watch?v=0qKLkN4JFP0